U0112648

席位爵与品位爵

阎步克 ——

著

东 周 礼 书 所 见
饮 酒 席 次 与 爵 制 演 生 研 究

上海古籍出版社

图书在版编目(CIP)数据

席位爵与品位爵：东周礼书所见饮酒席次与爵制演生研究/阎步克著.--上海：上海古籍出版社，2023.12

ISBN 978-7-5732-0919-1

Ⅰ.①席… Ⅱ.①阎… Ⅲ.①酒-古器皿-研究-中国-东周时代 ②礼仪-制度-研究-中国-东周时代 ③官制-研究-中国-东周时代 Ⅳ.①K875.24 ②K892.9 ③D691.42

中国国家版本馆 CIP 数据核字(2023)第 200969 号

席位爵与品位爵

东周礼书所见饮酒席次与爵制演生研究

阎步克 著

上海古籍出版社 出版发行

(上海市闵行区号景路 159 弄 1-5 号 A 座 5F 邮政编码 201101)

(1) 网址：www.guji.com.cn
(2) E-mail：guji1@guji.com.cn
(3) 易文网网址：www.ewen.co

浙江新华数码印务有限公司印刷

开本 635×965 1/16 印张 21.25 插页 6 字数 286,000

2023 年 12 月第 1 版 2023 年 12 月第 1 次印刷

印数：1—5,100

ISBN 978-7-5732-0919-1

K·3494 定价：118.00 元

如有质量问题，请与承印公司联系

阎步克

　　1954年生。1988年毕业于北京大学历史系，获历史学博士学位。此后在北京大学中国古代史研究中心任教。1993年任教授。专业方向为魏晋南北朝史、政治制度史和政治文化史。主要著作有《察举制度变迁史稿》《士大夫政治演生史稿》《品位与职位：秦汉魏晋南北朝官阶制度研究》《波峰与波谷：秦汉魏晋南北朝的政治文明》《从爵本位到官本位：秦汉官僚品位结构研究》《服周之冕：〈周礼〉六冕礼制的兴衰变异》《中国古代官阶制度引论》《酒之爵与人之爵：东周礼书所见酒器等级礼制初探》及论文百余篇。

目 录

自 序

    2022 年初，我把自己在先秦饮酒器等级礼制方面累积的札记，做了一番修订，结集交付出版。在这部文集的序言中，已说明了这些札记的主题，来自授课时的偶然所得。我开了一门课，讲授历代爵秩品阶。"先秦爵制"居各讲之首，备课时难免遇到疑点，检索核对之事便从这一讲开始了。若有心得，就写成札记，一篇又牵出了下一篇，都是在意料之外的。意料之外的"偶遇"才令人激动，因为有可能赢得新知。预定纲目、再把"已知"填充进去，总难免有"嚼剩饭"的感觉。以前曾写过这样一段话：写作的动机"不一定来自预想好述的填表征婚；不妨跟着感觉走，茫茫人海中的蓦然回首，或许有不期而遇的心心相印"。就这样，不由自主地迈入了先秦礼制史的地界，"不期而遇"地积累了若干篇文字。

    这些札记大致分为两类：一部分围绕着饮酒礼器，一部分围绕着饮酒席位。饮酒礼器的那部分文字先行结集了。最初的想法，是积累到十篇八篇就"曲终奏雅"，但实际上，总是一个问题又牵出了另一个线索，弄得欲罢不能。而且后来遇到了麻烦，饮酒席次上的一个设想，久久没找到足够支撑，就在半路上"卡"住了。"偶遇"是小概率事件，"蓦然回首"也可能啥都没有。觉得自己很像一个单核处理器，只能同时处理一个线程，一旦卡壳就全停。约有大半年陷入停滞之中，什么都没写。之所以把饮酒礼器方面的札记先行结集，也是因为饮酒席次方面的写作一度阻塞了。

不知怎么回事，我逐渐又意识到，眼下的这堆乱麻，某一细部其实别有洞天，所搜集的资料并没有完全白费。于是抛弃初心、弃暗投明，转向"洞天"了。由此写成了另一篇文章，就是后面的"诸公与寄公"那一篇。此文交付刊发之时，算来在这个课题上已花了四年时间了，虽然仍有文章可作，但还有别的事情一直积压着，无心恋战，随即把饮酒席位方面的札记结集，暂时告一段落。将来若有新作，再设法补入吧。

这个集子题为《席位爵与品位爵：东周礼书所见饮酒席次与爵制演生研究》，下面就此书题，对论文集的主题做一简述。

对饮酒礼器与饮酒席次的研究，是由"酒爵与封爵为什么使用同一个'爵'字"这个问号引发的。清人朱骏声、俞樾曾引述一个旧说："古人行爵有尊卑贵贱，故引申为爵禄。"朱、俞本人并不赞成其说，西嶋定生却被它点燃了灵感。他在论述秦汉二十等爵的身份功能时，提出了这样一个观点：周代乡饮酒礼上的坐席次序和行爵次序，严格依照长幼尊卑，这种用以维系长幼尊卑的席次、爵次，其实就是原初意义的爵序、爵位。汉朝普赐民爵，往往同时赐百户牛酒、赐酺，其目的就是让一里百户举行饮酒礼，好让获爵者展示他的新席次[1]。也就是说，赐爵的本意就是赋予你更高的乡饮坐席，那就是你的社会地位之集中体现。沿着西嶋视线向前展望，便能看到，原生意义上的"爵位"，竟是"乡饮酒礼上的执爵而饮之位"。"酒之爵"与"人之爵"由此沟通了，两种"爵"不仅仅是字面相同而已，其背后还真就隐藏着内在联系。而"爵"为什么是一套区分尊卑贵贱的品位，也在穷流溯源之余，得到了更深入的理解。

"酒之爵"与"人之爵"的内在联系，可以分为两个方面。一是"爵"的方面，即，作为王朝品位的"爵"既然与酒爵同名，则其演

---

[1] 西嶋定生：《中国古代帝国的形成与结构：二十等爵制研究》，武尚清译，北京：中华书局2004年版，第409—435页。

生必定与酒爵相关，也就是跟饮酒礼相关，所以这套品位称"爵"。二是"位"的方面，即，执爵而饮的席位布局，可以用来、而且确实曾被用来区分尊卑贵贱。由此举一反三，可以在方法论方面引发很多联想。

其所引发的，首先就是对"爵"的联想。晚商时的饮酒器在青铜礼器中的占比首屈一指，竟达到了 3/4 以上，似乎就暗示了含有饮酒环节的典礼，曾具有特殊政治社会意义，以致酒尊、酒爵变成了身份标识。周人虽然禁止日常酗酒，但酒精强大的麻醉与兴奋功能，仍是其他饮料无法比拟的，所以在隆重的典礼上，例如祭祀、燕飨之时，献酒饮酒的环节仍然不可或缺。"尊"字象手捧酒尊之形，"爵"字象手捧酒爵之形，初见于商代的这两个字，自初就是、而且后来一直都是最重要的身份地位用词，这暗示在商周时代，使用酒尊、酒爵的饮酒礼，集中体现了那个社会的等级秩序。

其所引发的，同时还有关于"位"的联想。从制度发展的角度看，整齐的爵号序列、细密的升降规则，通过成文法规来确认、维系，乃是行政体制充分发展的产物，是较晚时候才出现的。公卿大夫士爵、公侯伯子男爵，在西周尚未形成，直到春秋才发展为制度。但在西周，以及夏商，甚至可以说在更早时候，"位次"这东西已被用来区分尊卑贵贱了。因为无论古今中外，利用空间关系、相对位置来区分身份的做法，简便易行，在人群中可以随时发生。《左传》《国语》中所见"位""班"概念，跟"爵"的含义非常接近，爵、位、班三者都具有可视性，都涉及了典礼上的坐席或站位。战国以降，"爵"与"班"分道扬镳了，"爵位"由一套尊号构成，"班位"特指朝堂上的队列，历代王朝仍把"班位"用作等级手段。

酒爵、席位都可归类于"原生性可视化等级标识"。这种标识的"原生性"，体现在"可视化"上，举目即见，一望便知，造成视觉冲击，诉诸心理感受，由此塑造了观者的神经系统、认知结构。它可以是"物品化"的。西周册命授职时的"赐物"，就通过物品的质料、形制与种类，而发挥了等级标识功能。酒尊、酒爵即在其中。它也可以是"空间化"的，诉之于人与人的相对位置，行礼的先后次序。乡区中的乡饮酒礼，进而是朝廷上的燕礼，都"爵""位"并用、双管齐下，通过各种酒爵、酒尊，通过不同坐席、站位，让各色人等各得其所。

针对这种寄托于席次与爵次之中的"爵位"，我创制了这样一对概念："席位爵"与"品位爵"。"席位爵"相当原生态，是在一次次的行礼中"自然"形成的，"品位爵"则是抽象规定的级别，诉之于法规，载之于文本。"席位爵—品位爵"这对概念，为我揭举论题和展开分析，提供了重大便利。本文集中的各篇札记，都辐辏于这一论点：中国古代的"品位爵"，最初是从"席位爵"脱胎而出、发展而来的，两种"爵"的关系就是这些论文的研讨对象，所以这部论文集就题名为"席位爵与品位爵"了。这样题名也是为了跟另一部论文集遥相呼应——刚才提到，此前我还有另一批论文先已结集，题为《酒之爵与人之爵》"，其所讨论的，是东周礼书所见饮酒器的等级礼制。两个集子算是姐妹篇。

把"爵"之起源追溯到乡饮酒礼，让人们更深入地理解了"爵"为什么是一套区分尊卑的品位。可是除了区分尊卑，传统爵制还有另一功能：褒奖功勋。"褒奖功勋"这一功能，是不是也能追溯到某种古礼去呢？这个疑问，就成了《饮酒庆功礼与班位、命数——周代的品位制与功绩制》一文的写作动机。在这篇文章中，我把视线投向了饮酒庆功之礼。饮酒庆功就要使用酒爵，就会有坐席与行爵问题，这时的席次与爵次是否跟功勋相关呢？庆功之礼首推"饮至"。饮至主要举行于三事之后：即凯旋、田猎及君臣出使归国之后。饮至的程序包括饮酒、策勋、大赏，这就把饮酒与勋赏联系起来了。

应该承认，这篇文章最初刊出之时，我虽断言"爵（酒爵）"与"功"存在必然联系，但席次、爵次与功勤大小是否直接对应呢？我当时只说"可能"而已，因为那时手头资料不足。此后我在《吴子·励士》中看到了一条证据：吴起在激励将士时，使用了"三行"之法，即在宗庙举行庆功宴时，把将士分为上功、次功、无功三等，把坐席分为前行、中行、后行三行，把酒肴、茵席、餐具也分成三等；随后向将士的父母妻子颁赐，所赐物品也分三等。"励士三行"之法，意味着先秦时确实存在着这样的制度：庆功礼上的席次、爵次，同功次一一对应。尽管证据仅一条，但"说有易，说无难"，这条证据属于"说有易"的那种情况，只要有一条存在，就能成立。

与饮至相伴随的策勋、大赏事宜，具体说包含"书名、书服、书勋"三事，其事由最高行政长官司徒、司马、司空负责。"书勋"或"策勋"就是把功劳记录存档。"书服"事涉大赏，就是把赏赐的物品记录存档，"书名"就是把所获名位记录存档。在此，周代铭文中的"有爵于周邦"一语值得注意。学者说这个"爵"字读"功"，系"功"字之别体。本文进而推测，此字做两手捧爵敬酒之像，这个爵当即饮酒庆功之爵，所以这个"爵"不是一般意义的"功"，而是特指经过了饮至、策勋两道程序之功，特指业已记录存档、"勋在王室，藏于盟府"之功。

"书服"还涉及了命服的赐予，赐命服又意味着个人位阶、命数的上升。史料表明，一命、再命、三命之类命数的晋升，与功劳相关。命数的晋升又将影响班位，不但朝堂班位会因命数而异，就连乡饮席位也会因命数而异，所谓"一命齿于乡里，再命齿于父族，三命而不齿"。由此一个链条展现了：军功→命服→命数→席位。而饮酒礼上的席位，其实就是一种"席位爵"。总之，西嶋把爵之区分尊卑的功能，追溯到了一种古礼，即乡饮酒礼；而我的这篇文章，把爵之褒奖功勋的功能，也追溯到了一种古礼，而且也是一种饮酒礼，即饮酒庆功之礼。

《〈易·中孚〉"我有好爵，吾与尔靡之"与饮酒庆功礼俗》一文，取自以往一篇札记的部分内容。这部分内容跟饮酒庆功礼有关，于是加以修订，收入此集，用以充实前一篇文章的论述。

《易·中孚·九二》："鸣鹤在阴，其子和之；我有好爵，吾与尔靡之。"语中所说的"好爵"通释好酒，"吾与尔靡之"则被说成是与对方共饮。跟谁共饮呢？或说是请恋人共饮，或说是祭祀时请尸共饮。而我采取了另一观点：这句爻辞与《中孚·六三》的"得敌，或鼓或罢，或泣或歌"一句，来自同一首古老的史诗，其内容涉及一场战事。"我有好爵，吾与尔靡之"是战前誓师之词，"好爵"是君主对庆功酒的许诺，进而是对共享战果、厚报战功的许诺。《中孚·六三》则是战胜之后的欢庆景象。

马王堆帛书《二三子问》与《缪和》，可以给"涉及一场战事"的论点提供佐证。这两篇的主要内容是孔子解《易》，其特点是不取神秘主义思辨，而是由史事、由情理作论。《二三子问》的"唯饮与食，绝甘分少"一语，似乎是就善待将士而言的。在《缪和》中，孔子把"鸣鹤在阴"的"鹤"说成是君，把"其子和之"的"子"释之为臣，用"君发号出令，（臣子）以死力应之"来阐述《中孚·九二》。这不就是一场战事么？《缪和》还有"爵禄在君、在人，君不徒□，臣不徒受"，这等于说"好爵"不只是酒爵，也意味着"爵禄"，一语双关了。《二三子问》与《缪和》对《中孚·九二》的阐释，不但让各种臆说黯然失色，而且印证了周代"庆功酒"的存在，由此强化了酒爵与封爵的相关性。

随后是《乡饮酒礼上的遵、僎异同及相关礼图纠葛》一文。此文初刊时，原题《乡饮酒礼上的遵与僎》，因文中对礼图讨论较多，今改。以此文为始，就开始涉入饮酒坐席的诸多细微之处了。按，西嶋定生推测乡饮酒礼上的爵次与席次，就是最早的爵位、爵序。但他的研究对象是二十等军功爵，因而对乡饮席次的具体场景，未予深究。我在课上介绍西嶋的观点时，期望能在屏幕上展示乡饮席位，让学生一目了然。于是，我开始搜集古人绘制的乡饮酒礼图。

这时我就看到，传统礼学家所绘制的乡饮酒礼图，竟有两种不同样式，一种是主、宾、僎、介在堂上各居一隅，一种是来宾沿着北壁依次就坐。在后一种礼图中，两个酒尊构成"界标"，酒尊之西是本乡来宾，酒尊之东是所谓"遵"或"遵者"，"遵者"包括"诸公""大夫"两种人。前一种礼图本于《礼记》，后一种礼图本于《仪礼》；前一礼图中有僎而无遵，后一礼图中有遵而无僎。这是怎么回事呢？我又看到，东汉郑玄注礼书时，曾说"今文遵为僎""古文《礼》僎作遵"，文字学者遂认为，遵与僎是通假字关系。若然，则或者其中一个是本字，或是同一种人之异名，总之"遵、僎为一"。近代以来，研究乡饮酒礼的论文约数十篇，其叙述主要围绕主人与宾、介，虽然也有人触及了遵、僎关系，但仍有发掘空间。

本文的工作大致有三。第一，对自郑玄以来的遵、僎纠葛，进行了系统梳理，指出遵、僎关系，历代含糊不明，至清代中叶才有变化，"遵、僎为二"的主张蔚为时风。第二，对两种乡饮酒礼图，即，以杨甲《六经图》为代表的、本于《礼记》的乡饮图，以杨复《仪礼图》为代表的、本于《仪礼》的乡饮图，就二者关系及此消彼长，也提供了系统梳理。宋明朝廷制定仪注，主要采纳前者；至清乾隆、嘉庆时，后者时来运转、取而代之了。第三，以此为基础，我指出"遵、僎为二"的论点较优，遵与僎判然有别，遵是应邀观礼的诸公、大夫，地位相当崇高；僎只是乡饮主人的家吏而已，行礼时作为"主人之辅"担任相与司正。两种人不容混为一谈。作为主人的家吏的"僎"与其读 zūn，不如读 zhuàn 更好，以示遵、僎非一。

"遵"或"遵者"的称谓相当奇特。在《乡饮酒礼上的"遵"词义小札》一文中，我对"遵"之词义进行了推敲。在先秦古文献中，"遵者"仅仅出现在《仪礼·乡饮酒礼》与《乡射礼》两篇之中，总计不过四见。想来这是某时某地的礼乐人员使用的特殊称谓，仅仅用于乡饮乡射之礼。所以，在乡饮礼俗阙如的地方与时期，就看不到这个称谓了。

就我所见，对"遵"这个称谓的含义，向有三说。一是郑玄的"遵法"说，即，遵者是本乡之人在朝廷中仕至大夫者，前来观礼，他们为民众所遵法，有"以礼乐化民"之功，所以谓之"遵者"。二是以"尊"读"遵"，直接把"遵者"释为"尊者"，即身份尊贵者。三是敖继公的一个看法，他推测"遵"有"遵承主人之命而来"之意。推敲三说，把它们代入原句加以比较，就可以看到，郑玄之说不甚可取，第二说、第三说则不妨综合为一，即，把"遵者"释为"应邀前来的尊者"，这在原文的语境中最为融洽。

所谓"遵者"，包括"诸公""大夫"两种人。"大夫"应系三命卿大夫，就春秋时代而言，那就是一国的执政大臣了；而"诸公"一名，自秦汉至今无人知其本义。如前所述，我在另一项研究失败之时，意外地翻开了"诸公"的谜底，因有《〈仪礼〉饮酒礼丧礼所见"诸公"与春秋寄公》一文。

由《仪礼》所见，除了乡饮、乡射之外，在燕礼、大射及丧礼上，也能看到"诸公"。在乡饮、乡射礼上，诸公跟卿大夫同在遵席就坐；在燕礼、大射礼上，国君的坐席左侧设有专席，以待"诸公"；在士丧礼上，"诸公"与"国宾"另有站位，二者都不站在本国卿大夫的行列之中。可见"诸公"高于卿大夫，仅次于国君，是一种显赫人物。按，礼书中"公"略有二义，一是王廷公级大臣，亦即"三公"，二是列国国君。列国典礼上的"诸公"却不在二者之列。

经学家郑玄把"诸公"说成大国才有资格设置的四命之孤，还说"三监"也在"诸公"之列。然而这两点都于史无征。偶有清人猜测"寓公"也属诸公。寓公又称"寄公"，系失国寄寓的国君之称。我以为"寄公"这个猜测，值得深化。深化之方，是饮酒礼与丧礼双管齐下。首先从饮酒礼就能看到，诸公并不是典礼的主角，而是或有或无、可能应邀前来也可能无人可邀的贵宾；列国国君称公，而诸公也以"公"为称；诸公的礼数高于卿大夫，被给予了贵宾席——这种种特点，恰好都跟寄公的特征吻合。进而再看丧礼。据《礼记·丧大记》所记，诸侯丧礼上有寄公到场。若拿诸侯丧礼上的寄公站位，同士丧礼上的诸公站位相比，二者的一致性随即呈现：寄公与诸公都不在本国卿大夫的队列之中，而是与"国宾"一起，另行站在门之两侧，北面而立。

饮酒礼与丧礼两路进军，给了我足够信心，判定寄公即在"诸公"之列。从经学、礼学方面说，这个秦汉以来的礼制悬案，现在看来有望冰释了；从史学方面说，对春秋寄公的日常生活，由此也有了更多了解——在乡饮酒礼、乡射礼、燕礼、大射礼及丧礼上，都看得到诸公的身形，其社交活动居然丰富多彩。

《"统于尊"或"统于君"：先秦饮酒礼的两种席位原则》一文，讨论不同饮酒礼上人与人、人与酒尊的空间关系。具体所涉是乡饮酒礼与燕礼，二者因参与者之异，其"人—尊关系"因之而异，一个遵循"统于尊"，一个遵循"统于君"。

乡饮酒礼的坐席规则，首先是堂上堂下之分：父老、贵宾在堂上执爵坐饮，子弟在堂下西阶立饮。进而在堂上的北壁偏东处（所谓"房、户之间"），摆放着两个酒尊，酒尊之西是父老之席，他们以年齿定先后，坐席越近酒尊者身份越尊，也就是年高德劭者离酒尊最近。酒尊之东是遵席，即"遵者"诸公、大夫就坐之处，这里也是越接近酒尊者身份越尊，因诸公尊于大夫，所以诸公离酒尊最近。于是两个高耸的酒尊，就成了身份标识了，谁离它们最近，谁就是"尊者"。是为"统于尊"，即，两个酒尊构成了坐席布局的基准。

燕礼不同，此时国君出场了，其宴请对象是卿大夫，"人—尊关系"为之一变。具体说来，第一，国君在堂上东部，面西就坐，四个酒尊南北排列，以其正面正对着国君，正面就是有"尊鼻"的一面。这叫"唯君面尊"，据说这象征着恩惠为国君所专，恩惠由国君而来。第二，卿大夫们靠着北壁，面南而坐，这就只能看到酒尊的侧面了，是所谓"侧尊"。第三，卿大夫按爵命高下由东向西排列，也就是越接近国君地位越尊。是为"统于君"，国君变成了坐席布局的基准。

问题的关键，显然在于参与者是身份对等，还是一人独尊。燕礼上国君一人独尊，而"尊君"是臣民之最高"政治站位"，所以无论诸人之坐席、酒尊之摆放，都要体现"统于君"。而乡饮主人是乡大夫，其身份与来宾相去不远，大致对等，所以坐席布局"统于尊"。还有一种燕礼是两国国君相见，这时酒尊摆放在双方之间，尊鼻、也就是酒尊的正面不朝向任何一方，以示双方平起平坐。

《"三命而不齿"与"三命逾父兄"——先秦饮酒礼上的命数与席次》一文，继续在饮酒礼的席位中发掘等级信息，主要是"爵位"与"齿位"关系方面的信息。"朝廷莫如爵，乡党莫如齿"，政治秩序与民间秩序之孰轻孰重，无可避免地会影响到典礼坐席。

乡饮酒礼上的主角，是主人与本乡的父老子弟，但也会有官员应邀观礼。据《周礼·党正》《礼记·祭义》及《荀子·大略》三篇，到场观礼的官员，应依命数而定席位，一命者与乡人序齿，再命者与父族序齿，"三命而不齿"。《礼记·祭义》在"三命而不齿"之后，还有"族有七十者，弗敢先"一语。东汉郑玄的相应解释，是三命者不敢先于本族七十岁以上者入场，而是在典礼进行到"一人举觯"的环节才入场，以示礼让；今人又有"虽有三命之尊，也不敢出入居老人之先，座次在老人之上"之类说法。本文认为，三命是一国之卿的品位，极其崇高，所谓"三命不齿"，是说三命以上者在酒尊之东的贵宾席就坐，不与任何人序齿，包括七十岁以上的老人。《荀子·大略》杨倞注"言不唯不与少者齿，老者亦不敢先也"，才是最优解，意谓族人即便七十岁了，也不敢越过两个酒尊、到贵宾席去同三命者序齿。《周礼》《礼记》《荀子》三书，其实都是这个意思。

对礼书所见命数、爵位与席次的关系，异说颇多。尽管诸说都言之有故，若求以简驭繁，本文认为以下三说比较可取：1. 爵称与命数之关系，可以认为士一命、大夫再命、卿三命；2. 命数与席位之关系，可以认为一命居堂下，再命、三命居堂上；3. 爵称与席位之关系，可以认为士立于堂下，大夫、卿坐于堂上。

《左传》又有"三命逾父兄，非礼也"之文，这个说法同"三命，族人虽七十，不敢先"，看上去似乎存在矛盾。我利用《礼记·文王世子》的有关内容，对"逾"或"不逾"的具体情况进行分析，指出若国君在内寝里举行族燕，就会采用"序齿""燕毛"之法，完全按年齿定坐席，在这时候，不但三命者，甚至连国君本人也要居父兄之下。在外朝及在宗庙里则判然不同，站位列队要依爵、依官、依命数，此时三命必逾父兄。而"三命逾父兄，非礼也"一语所针对的，其实是叔孙昭子的庶子身份，而不是说三命不能逾父兄。

古人已有了命秩之爵来自饮酒之爵的猜想，西嶋定生认为乡饮爵次与席位就是原生态的爵序、爵位。但从"酒之爵"到"人之爵"的具体转化机制，尚无人触及。我的《"层级化"与"席位爵"——试论东周卿大夫士爵之演生》一文，即以揭示其间的转化机制为务。我决意在"原理"层面处理这一问题，为此创制了"席位爵"的概念，相应地，就有了"品位爵"概念。同时又创制了"层级化"概念，好把"层级""爵级"两种不同的"级"，清晰区分开来。

本文首先认定，在西周时，卿、大夫、士作为职名和泛称虽已存在，但它们并没有组成一套爵级，也没有被用来指称层级。西周已进化出"层级"意识了，不过，其时人们是用"卿士—师尹—御事"这套概念、而不是用"卿—大夫—士"概念，来称呼高、中、低各层级的职官。这就说明，用"卿—大夫—士"来指称西周层级与爵级的既往做法，都不妥当。

若把爵制视为一个结构，则其生成，必定是若干制度因子的互动结果。所涉制度因子，我概括为五：1.层级：即卿士、师尹、御事；2.命数：即一命、再命、三命；3.各种宾主：即子弟、父老、首领，拥有爵命的官吏；4.三等席位：即堂下站位、堂上坐席、贵宾专席；5.三个人称：即卿、大夫、士。

卿大夫士爵的生成原理，可概括如下：卿本是族长、元老之称，大夫本是"大人"之意、父老之称，士则是成年男子之称。在乡饮时，卿、大夫、士被用作礼宾用语，用作三等来宾之称，进而变成了三等执爵而饮的席位之称，即，变成了三等"席位爵"。前来观礼的官员按其层级、命数，在三等席位就坐，由此获得了相应的"席位爵"——他们在乡饮典礼上，分别被视为卿、大夫、士了。而这三等席位之法，又被朝廷承用了。在朝廷的燕礼上，也设有三等席位，这三等席位也分别以卿、大夫、士为称，高中低三等官员分别在三等席位就坐，于是也分别以卿、大夫、士为称了。逐渐地，"卿—大夫—士"由饮酒礼上的三等席位之称，取代了"卿士—师尹—御事"，变成了三个官职层级之称，进而变成了三等爵称。如此这般地，"席位爵"进化为"品位爵"了。

本文又指出，春秋官员用朝会时是否有堂上坐席、燕饮时是否有资格参与，来指代大夫与士之区别，这就反映作为"品位爵"的大夫、士，本是"席位爵"之名。本文还指出，春秋器铭所见卿、大夫、士字样，恰好都出现于乐器之上，恰好都出现在燕飨记述之中，这就强化了"卿、大夫、士原是饮酒礼上的礼宾用语"这一论点。

《礼书"五十养于乡""五十而后爵"新论：父老体制、同代群与"爵礼"》这篇文章，在最初刊发时，原题为《先秦礼书中的"五十养于乡""五十而爵"：一个基于"父老体制"的观察》，那时还没有使用"爵礼"一词，因为犹有顾虑，担心过分"标新立异"了。后来感觉"爵礼"的提法还是可以成为一家之言的，于是在修订时把它写入了正文。文章在2022年初刊。这次结集时，我又吸收了人类学的"同代群"概念，提出周代社会也曾存在过四个同代群。这样一来，"父老体制""同代群"及"爵礼"三者，都成了本文的核心概念了，为此，就把篇题改成了现在这个样子。

文章的切入点，是《礼记·王制》及《内则》在叙述养老之礼时，所叙"五十养于乡"及"五十而爵"的礼俗。《仪礼·士冠礼·记》《礼记·郊特牲》亦云"古者五十而后爵"。推敲相关史料，"五十养于乡"意味着贵族年至五六十岁，即可成为乡饮酒礼的尊崇对象，由作为"子弟"或"冠士"在堂下侍立，一变而在堂上安坐、执爵而饮了。我决定把这个由堂下侍立到堂上安坐的变化，视为一种身份转换仪式，年长贵族通过这种仪式跻身"父老"行列，进入社群的领导层。

跻身"父老"的身份转换礼俗，我还找到了另外两样。一是五十用杖，"杖"成了五十岁以上父老的可视化标识；二是"五十以伯仲"，即五十岁时须改变名氏称谓，转而使用由"伯仲"字样构成的尊称。把这些礼俗合称"爵礼"，"爵礼"就丰满起来了。之所以名之"爵礼"，是因为堂上安坐、执爵而饮之位，就是所谓"席位爵"。乡饮时堂上安坐的人就是大夫（大夫即"大人"），"大夫"由此发展为爵称。

进而，有个"士非爵"的传统论点也有解释了：在"席位爵"这个阶段，堂上的饮酒坐席才算"爵位"，子弟即"冠士"立于堂下，堂下的站位一度不算"爵位"。还有，汉朝养老自七十岁始，这同"父老体制"已无干系，纯是对丧失劳动能力者的一项优惠，故有"七十养于乡"之说。历史早期的"五十养于乡"不同，它兼有"爵礼"意义，发挥着为长辈领导层吸收新人、充实"父老同代群"的功能。五十岁者尚有足够的体力精力，承担起领导社会的重责，七十岁就得退居于"致事同代群"了。

总之，在周族的某个发展阶段，贵族的一生将穿越四个阶段和四个同代群，并有特定礼仪，来助成其间的身份转换：1. 三月起名，以童子而总角，处于童子同代群；2. "二十而冠"，取字称"甫"，乡饮时作为"冠士"在堂下侍立，进入成年同代群；3. "五十而爵"，乡饮时跻身堂上，通过"爵礼"升入父老同代群，主持公共事务，出行用杖，称谓"以伯仲"；4. "七十致事"，退居致事同代群。

《〈增修互注礼部韵略〉之"大夫以上云云"——一条涉及"席位爵"的史料溯源》一文，是一则史源考辨。清人朱骏声引用了一个"旧说"，即"古人行爵有尊卑贵贱，故引申为爵禄"。俞樾也提到了这个旧说，大概是从朱氏那里转引的。我一直没能查到这个"旧说"的来源，却看到了一句类似论述："大夫以上与燕享，然后赐爵以章有德，故因谓命秩为爵。"这句话也表明，封爵得名于酒爵，酒爵之"爵"是通过燕享之礼，而成了命秩之名的。这就引起了我追根寻源的兴趣。

最初我误以为"大夫以上云云"出自唐《开元文字音义》。又有人说它出自宋代陆佃所作《埤雅》。经查皆非。现在看来，此语最早来自《增修互注礼部韵略》。此书系南宋绍兴进士毛晃所作，其子毛居正校勘重增。我还看到，明清时不少易学家用"大夫以上云云"，来解释《易·中孚·九二》"我有好爵，吾与尔靡之"，用以说明"好爵"一语双关，兼指酒爵与封爵。恰好我也是如此解释《中孚》所见"好爵"的，当然我主要利用的是出土文献。

而且我发现，朱骏声本人的《六十四卦经解》，在解说《中孚》所见"好爵"一词之时，居然也引用了《增韵》"大夫以上云云"！虽然缺乏更多证据，我仍然认为有一丁点儿可能性：朱骏声所引"旧说"，其实来自《增韵》"大夫以上云云"。换句话说，那个"旧说"其实是朱骏声对《增韵》"大夫以上云云"的概括转述。无怪一直找不到那个"旧说"的出处呢，原来它是个改头换面的"新说"。当然，古籍浩如烟海，而我的检索非常有限，若那"旧说"居然在什么角落里被发现了，我乐于随即宣告"'旧说'系朱骏声从《增韵》概括而来"这个猜想作废。

最后一篇《制度史视角中的酒爵酒尊——周代爵制的原生可视形态》，来自我在 2018 年 9 月 17 日的一场学术讲座，讲座系应北京大学人文社会科学研究院院长邓小南教授之邀。原记录稿已收入研究院所编系列讲座合集《多面的制度》（三联书店，2021 年）。那份稿子录自现场口语，表述比较粗糙。这次又加修饰增删，插图全部重新制作了。因其内容浅白，可供非专业读者选择阅读。

以上就是这部论文集之大略。所涉及的饮酒礼（及丧礼等），都出自学人熟知儒家经典，被无数次钻研诠释的文本。但这些论文所揭论题，大多数仍比较冷僻，此前关注寥寥，也不是现今的热点、前沿。学术热点有如风景名胜，吸引了如织的游人，而我的读写习惯，则像是一位"率意独驾，不由径路"的孤独漫游者，偶然迈入了人迹罕至的角落，或说"误入藕花深处"了。

对这些角落中所见事象，首先要梳理、陈述，遇到暧昧疑难还要考述，比如何为"遵者"，何为"诸公"，什么是"三命逾父兄"，为什么"五十而后爵"，等等。进而出于个人偏好，还会不由自主地思考现象背后的"原理"。这一点跟墨子有些类似。圆形的东西触目皆是，日月啦，碗盘啦什么的，常人习以为常，墨子却尝试在"原理"层面认识"圆"："圆，一中同长也。"在制度史研究上，一种做法是在事实考述之余，随即就跳跃到政治层面上去。然而我觉得，在事实层面与政治层面之间，其实还有一个"技术原理"的层面。

解析"制度"，则必定涉及结构、功能与机制，这地方就有"技术原理"潜藏着。有一个"邓巴数字"（Dunbar's number），认为人类的智力局限，决定了148人是社交之极限。那么，人类史上的独裁者如何仅仅直接联系148人，就能让千百万人俯首帖耳呢？这148人又被分为几个圈层，据说"深度联系者"的圈层为5人左右。总之独裁不仅是政治问题，也涉及了技术问题。管理学又认为，管理宽度以4—6个（人或机构）为宜，而传统的尚书六部恰好是6个。再比如孟德斯鸠指出，若三权分立就会怎样怎样，若三权合一又会怎样怎样，这就触及"技术原理"了。又如顾炎武论云，刺史制度的特点是"小大相制、内外相维"，这也触及了"技术原理"。

在研究爵秩品阶时，我运用了"品位—职位"的原理分析它们的结构及变迁。面对历代服饰等级，我拟定了"自然分类""职事分类""级别分等""场合分等"概念，用以阐述不同的服饰等级模式。对礼书所载爵、觚、觯、角、散"五爵"，我指出宋人和今人的理解并不妥当。若有人问：那你说"五爵"是什么样子呢？我的回答出人意表：那根本不是"样子"的问题，而是"称谓原理"的问题，"五爵"遵循着一种特殊的"称谓原理"，系"容量化器名"。本论文集也体现了类似努力，"席位爵"与"品位爵"，"父老体制"与"同代群"，都是"原理"层面的概念。这算是一种"个人特色"吧。我在青年时代曾有一段理工经历，对"原理"的偏好，也许就是这时养成的。

就职务而言，个人的教研方向是魏晋南北朝史，先秦礼器、礼制研究超出这个范围很远，越界了。不过回想当年，自己在魏晋南北朝史领域中也是边学边写的，就入手之初的陌生程度而言，其实无大不同。那么，出现瑕疵也同样难以幸免。可以期望的只是"瑕瑜互见"，也就是在瑕疵之外，仍然有"瑜"可取，有一得之见可参。

附带说明：所收论文大多曾刊发于学术期刊，或收入其他文集。这次结集，或多或少都有改动增删。由于它们最初是分别刊出的，都需要交代背景、提供示意图，而在结集之后，就会出现叙述重复、插图重复。为保证各篇文章的自身连贯性，仍其原貌，只删掉了两幅重复图片。又，我的《酒之爵与人之爵》那部论文集，由于同样原因，各篇也有重复，也听之任之了。

黄承炳、熊昕童、章名未、徐冲、孙正军、陈奕玲、厉承祥、布依宁诸君协助校对，纠正各种讹误，提出修改建议。编辑胡文波君，也屡屡订误指瑕。因年近古稀，这种协助就特别宝贵。谨此致谢。

2022 年 10 月 9 日

饮酒庆功礼与班位、命数

——周代的品位制与功绩制

西嶋定生在论述二十等军功爵的身份功能之时，提出了这样一个观点：周代乡饮酒礼上的坐席次序和行爵次序，严格依照长幼尊卑；这种席次与爵次，其实就是原初意义的爵序、爵位。汉朝在普赐民爵时，往往同时赐百户牛酒、赐酺，究其目的，就是通过里中举行的酒食之礼，来确认获爵者的新席次、新身份[1]。这个做法有其悠久的来源，它提示人们，赐爵的本来意义，就是赋予你在饮酒礼上的更高坐席，那就是你的社会地位的集中体现。

　　若依照西嶋之阐述，则所谓"爵位"的最初形态，可以说就是"乡饮酒礼上的执爵而饮之位"了。对酒爵与封爵为什么都称"爵"这个问题，这是一个颇精彩的解释，推动人们去继续发掘二者间的内在联系。这个内在联系，至少包括两个方面："爵"的方面及"位"的方面。"爵"的方面，是说作为品位的"爵"，其演生与使用酒爵的饮酒礼息息相关；所谓"位"，是说人与人的空间关系，不同坐位与站位的布局与排列，被用来区分身份高下。社区中举行的乡饮酒礼，还有朝廷上举行的燕礼，都是左右开弓、双管齐下，通过执爵而饮时的不同坐位与站位，让各色人等各得其所，从而强化等级秩序的。对于这种寄托于席次与爵次之中的"爵位"，我专门拟定了一个概念——"席位爵"，以同被抽象规定的、诉诸法规形式、并载之于文本的"品位爵"，区分开来。

---

〔1〕 西嶋定生：《中国古代帝国的形成与结构：二十等爵制研究》，北京：中华书局2004 年版，第 409—435 页。

　　由此举一反三，在方法论方面继续推论。首先是关于"爵"的联想。晚商时的饮酒器在青铜礼器中竟然占到了 3/4 以上，首屈一指，似乎就暗示了含有饮酒环节的典礼，具有特殊政治文化意义，酒尊、酒爵已是身份地位的物化标识了。周人虽禁止日常酗酒，但酒精强大的麻醉与兴奋功能，是其他饮料无法比拟的，所以在隆重的典礼上，如祭祀、燕飨上，献酒饮酒的环节仍不可或缺。象手捧酒尊之形的"尊"字，成了最重要的身份用词；象手捧酒爵之形的"爵"字，成了最重要的品位之名，都提示着人们，在古人心目之中，饮酒礼上席次、爵次是尊卑贵贱的集中体现。

　　同时还有关于"位"的联想。从制度史的角度看，整齐的爵号序列、细密的升降规则，乃是行政体制发展到较高阶段的产物，是较晚时期才形成的。在春秋时发挥着主要品位功能的公卿大夫士爵、公侯伯子男爵，在西周时很可能尚未发展成形。但在西周，甚至夏商、以至更早时代，席次、礼次这东西，早已被用来安排尊卑贵贱了。因为无论古今中外，利用空间关系和相对位置来区分身份的做法，在群聚时可以随时发生。《左传》《国语》中所见"位""班"概念，跟"爵"的意义非常接近，爵、位、班三者都具有空间意义，具有可视性，涉及了典礼上的坐席或站位。战国以降"爵"与"班"分道扬镳了，"爵位"由一套尊号构成，"班位"则是朝堂上的站位，历代王朝仍把班位用作等级手段。

　　在传统政治中，"爵"发挥着两大功能：区分贵贱，褒奖功勋。前一功能可以追溯到古老的乡饮酒礼，乡饮席次依从于长幼贵贱。而后一功能，即褒奖功勋的功能，也十分重要，"量能处位，计功受爵"，"褒功重爵"，"建侯以褒功"，"官以任能，爵以酬功"之辞[1]，

---

〔1〕 分见《艺文类聚》卷五三《魏武帝让九锡表》，上海：上海古籍出版社 1982 年版，第 956 页；《晋书》卷四四《华表传附华廙传》，北京：中华书局 1974 年版，第 1261 页；《宋书》卷二《武帝纪中》，北京：中华书局 1974 年版，第 44 页；《资治通鉴》卷二一九，北京：中华书局 2013 年版，第 7222 页。

历代都被反复申说。"褒功"这一功能是否也可以追溯到某种古礼，甚至某种使用酒爵的饮酒之礼呢？这时我们就看到，周代还存在饮酒庆功之礼，例如"饮至"等。本文认为，古老的饮酒庆功之礼，把"功"与"爵"联系起来了；功勋大小，会影响庆功礼上的执爵而饮之位，并通过若干环节，影响到朝堂班位。而较早时候班位≈爵位，所以这就具有"晋爵"的意义了。

饮至礼涉及了宴享、策勋、大赏多个环节。完整意义的策勋，又可以包含"书名""书服""书勋"三事。"书勋"就是记录功勤。"功勤"在铭文中写作"爵勤"，"爵"字读"功"，字义也是"功"，但其字从爵。其字从爵却读为"功"，我想这就暗示了"功勤"与酒爵、与饮酒礼存在内在联系。"书名""书服"，则是对"名器"、即所授予的名位与赐物加以记录。此时所获名位，是有可能改变命数、命服，并进及典礼席次、行政班位的。

随后的讨论，将从饮酒庆功礼的考察开始，逐次观察功勋大小对饮酒坐席的影响，进而是对命数、班位等等的影响。期望以此深化对周代等级制与功绩制的认识。

一、饮酒庆功：宴享·策勋·大赏

对饮至之礼，以往学者考述颇多。饮至礼被视为军礼之一种。就相关史料看，存在饮酒以庆功慰劳环节的典礼，大致有四种类型，前三种都称饮至，第四种是藉田。

第一种是战争胜利后的庆功饮至，通常在宗庙献捷之后进行。例如：

1. 清华简《耆夜》：武王八年，征伐鄐，大戡之。还，乃饮至于文太室[1]。

2.《左传》襄公三年（前570）：楚子重伐吴，为简之师。……子重归，既饮至三日[2]。

3.《左传》僖公二十八年（前632）城濮战后：振旅，恺以入于晋。献俘、授馘、饮至、大赏、征会、讨贰[3]。

第二种是治兵之礼——或称"蒐""狩""观兵"等——结束后的饮至。例如：

1.《左传》隐公五年（前718）：故春蒐、夏苗、秋狝、冬狩，皆于农隙以讲事也。三年而治兵，入而振旅，归而饮至，以数军实，昭文章，明贵贱，辨等列，顺少长，习威仪也[4]。

2. 宰甫卣：王来狩，自豆麓，在葰次。王飨酒，王贶宰甫贝五朋[5]。

3. 效卣：王观于尝公东宫，纳飨于王。王赐公贝五十朋[6]。

第1条表明，无论"四时讲武"还是"三年而治兵"，事毕都有饮至之礼。治兵讲武多采用田猎的形式。田猎虽无俘敌执馘之功，然而也有击射搏杀之事，战力得以提高，所获禽兽可供炊烹、制作，将士全力以赴、付出了辛劳，宴享就是必要的激励之方。第2条表明殷朝已有类似做法了：殷王狩毕，有飨有赐。卜辞亦显示，殷朝大蒐之后，

---

〔1〕 李学勤主编：《清华大学藏战国竹简（壹）》，上海：中西书局2010年版，第150页以下。

〔2〕《春秋左传正义》卷二九，阮元校刻：《十三经注疏》，北京：中华书局1980年版（后文简称"阮本"），第1930页上栏—中栏。

〔3〕《春秋左传正义》卷一六，阮本，第1826页下栏—1827页上栏。

〔4〕《春秋左传正义》卷三，阮本，第1726页下栏—1727页中栏。

〔5〕 中国社会科学院考古研究所：《殷周金文集成（修订增补本）》，北京：中华书局2007年版，05395，第4册第3365页。

〔6〕《殷周金文集成（修订增补本）》，05433，第4册第3414页。

宴享、赏赐继踵而来[1]。周朝列国蒐、苗、狝、狩，同样有宴享、赏赐、处罚等环节[2]。第3条中的"观"即观兵，观兵之后有飨有赐，飨、赐之事，有外饔一官参与。《周礼·天官·外饔》："师役，则掌共其献、赐脯肉之事。"郑玄注："献谓酌其长帅。"既曰"酌"，那就包括献酒了，而不只是献食了。贾公彦疏："云'师役'者，谓出师征伐及巡狩、田猎"，"长帅，军将已下至五长，有功者飨献之。"[3]外饔官名中的"外"字，意味着征伐、巡狩及田猎之后的飨献，发生在王城之外。

第三种是国君出国朝聘盟会，返国之后的饮至。例如：

　　1.《左传》桓公二年（前710）：公至自唐，告于庙也。凡公行，告于宗庙；反行饮至，舍爵、策勋焉，礼也。

　　杜预注：爵，饮酒器也。既饮置爵，则书勋劳于策，言速纪有功也。

　　孔颖达疏：饮至者，嘉其行至，故因在庙中饮酒为乐也[4]。

　　2.《左传》襄公十三年（前650）：公至自晋，孟献子书劳于庙，礼也[5]。

国君归国后，若从行者有功有劳，则在告庙之后饮至舍爵、策勋书劳；若无劳无勋，则仅告庙书至而已[6]。又杨伯峻释云："凡国君出外，行时必告于宗庙，还时亦必告于宗庙。还时之告，于从者有慰劳，谓之饮至。其有功者书之于策，谓之策勋或书劳。"[7]杨氏特别

———————

〔1〕　钟柏生：《卜辞中所见殷代的军礼之二——殷代的大搜礼》，《中国文字》新16期，旧金山：美国艺文印书馆1992年版。
〔2〕　杨宽：《西周史》，上海：上海人民出版社2003年版，第697页。
〔3〕　《周礼注疏》卷四，阮本，第662页下栏。
〔4〕　《春秋左传正义》卷五，阮本，第1743页中栏。
〔5〕　《春秋左传正义》卷三二，阮本，第1954页上栏。
〔6〕　可参马智全：《饮至礼辑考》，《简牍学研究》第5辑，兰州：甘肃人民出版社2014年版，第211—212页。
〔7〕　杨伯峻：《春秋左传注（修订本）》，北京：中华书局1990年版，第43页。

指出，这种饮至所慰劳的对象是"从者"。则"孟献子书劳于庙"的所书之"劳"，可能既包括用以告慰祖宗的国君个人之劳，也包括国君将加奖酬的从者旅途之劳。由《春秋》一书所见，鲁国的"公至自×"、"公至自伐×"之类告至记载，即不下数十处。其余各国的国君以酒慰劳从行者，也不会是罕见的事情。第 1 条杜预注对"舍爵"的解释，明确地把酒爵，进而是饮酒礼，与奖酬勋劳联系起来了。

除了饮至，另一些礼典也存在以酒酬功或以酒慰劳的环节，如藉田之礼。请看：

> 1.《国语·周语上》:（藉田）毕，宰夫陈飧，膳宰监之。膳夫赞王，王歆大牢，班尝之，庶人终食[1]。
>
> 2.《吕氏春秋·孟春纪》:（藉田）毕，反，执爵于太寝，三公九卿诸侯大夫皆御，命曰"劳酒"[2]。（又见《礼记·月令》）
>
> 3. 令鼎：王大藉农于諆田，飤。王射，有司暨师氏小子倗射[3]。

第 1 条表明，藉田结束后有宴享之事，从天子、公卿、百吏直到庶人全都参与。负责宴享事宜的有宰夫、膳宰、膳夫等。宴享不光提供"食"，也提供酒，第 2 条中的"劳酒"就是证据。"劳酒"之名，表明这是褒功慰劳之酒。称"劳酒"而不称"劳食"，可见"酒"的慰劳功能比"食"强大。"执爵于太寝"说明宴享举行于宗庙，这个地点与饮至相同，这也表明"劳酒"与饮至礼上的庆功酒性质相同。第 3 条中的"藉"即藉田。"飤"字通"觞"，杨树达认为是射礼之前的宴享[4]，杨宽认为"指'籍礼'完毕后的宴会"[5]。若从杨宽之说，这个"觞"就可以看成"劳酒"了。《吕氏春秋·上农》："天子亲率诸

---

〔1〕《国语》，上海：上海古籍出版社 1978 年版，第 18 页。
〔2〕许维遹：《吕氏春秋集释》，北京：中华书局 2010 年版，第 18 页。
〔3〕《殷周金文集成（修订增补本）》，02803，第 2 册第 1472 页。
〔4〕杨树达：《积微居金文说》（增订本）卷一《令鼎跋》，北京：科学出版社 1959 年版，第 17 页。
〔5〕杨宽：《"籍礼"新探》，收入《古史新探》，北京：中华书局 1965 年版，第 220 页。

侯耕帝籍田，大夫、士皆有功业。"[1] "皆有功业"，《亢仓子》作"第有功级"[2]。总之，"劳酒"是对"功业""功级"的回报。

《礼记》称天子藉千亩，亲耕于南郊；诸侯藉百亩，亲耕于东郊。由此，"周代'藉田'及'藉礼'就形成一个从天子到诸侯的等级秩序"[3]。假设列国每年都依礼藉田，那么藉田礼的举行频度并不很低。后代行藉田之礼，沿用了"劳酒"之制。南朝江总《劳酒赋》："乃遵执爵之典，爰降食苹之燕"[4]；唐玄宗《答张九龄贺雪批》："藉田劝农，劳酒成礼。"[5] 在唐代皇后主持的先蚕礼上，也有了劳酒："车驾还宫之明日，内外命妇设会于正殿，如元会之仪，命曰劳酒。"[6] 宋明时的藉田之礼，也有劳酒的环节。

在凯旋礼的全过程中，献捷告庙阶段是面向祖宗的；饮至阶段以下，便是面向立功人员的了[7]。饮至的目的就是以酒褒功，那么"爵"

〔1〕　许维通：《吕氏春秋集释》，第 684 页。

〔2〕　《亢仓子》卷下《农道》，上海：上海古籍出版社 1990 年版，第 36 页。

〔3〕　宁镇疆：《周代"籍礼"补议——兼说商代无"籍田"及"籍礼"》，《中国史研究》2016 年第 1 期。

〔4〕　《艺文类聚》卷三九《礼部中·藉田》引，上海：上海古籍出版社 1982 年版，第 704 页。

〔5〕　《全唐文》卷三七，北京：中华书局 1983 年版，第 403 页下栏。

〔6〕　《新唐书》卷一五《礼乐志五》，北京：中华书局 1975 年版，第 403 页下栏。

〔7〕　清华简《耆夜》之"乃饮至于文太室"，这个"饮至"就不包括告庙献捷。塱方鼎："公归狱于周庙。戊辰，饮至。饮，公赏塱贝百朋。"（《殷周金文集成（修订增补本）》，02739，第 2 册第 1409 页。"饮至"二字，从谭介甫、李学勤说。）"归获于周庙"与"饮至"显然不在一天。《孔丛子·问军礼》："舍奠于帝学，以讯馘告。大享于群吏，用备乐，飨有功于祖庙，舍爵、策勋焉，谓之饮至。"（傅亚庶：《孔丛子校释》，北京：中华书局 2011 年版，第 421 页。）"舍奠于帝学，以讯馘告"属献捷，"大享"以下的舍爵、策勋，才算饮至。《问军礼》一篇大约写成于秦汉之间，去古未远，是最接近春秋时代的礼学认识，所以其中对饮至的叙述，可信度颇高。（参看黄怀信：《孔丛子〉的时代与作者》，收入黄怀信、李景明主编：《儒家文献研究》，济南：齐鲁书社 2004 年版，第 324 页。）《隋书》卷八《礼仪志三》所见北齐军礼，告庙献捷与饮至也不在同一天进行，需要另挑日子："振旅而还，格庙诣社讫，择日行饮至礼。"（北京：中华书局 1973 年版，第 159 页。）《隋志》所述北齐军礼，被认为与《孔子家语·问军礼》高度相关。（参看王钧林、周海生译注《孔丛子》，北京：中华书局 2009 年版，第 263 页；又梁满仓：《魏晋南北朝五礼制度考论》，北京：社会科学文献出版社 2009 年版，第 487—489 页。）唐朝的告庙与饮至也分为二事，如："太宗……俘二伪主及隋氏器物辇辂献于太庙。高祖大悦，行饮至礼以享焉。"（《旧唐书》卷二《太宗本纪上》，北京：中华书局 1975 年版，第 28 页。）先行献捷，皇帝开心了，然后才决定举行饮至，以款待将士。

（酒爵）与"功"就密切联系起来了。杜预把"舍爵"解释为"置爵"，有的学者不赞成这个解释，或云"舍爵"是"放下酒爵"的意思，或者把"舍爵"说成一种祭祀仪式。杨伯峻释"舍爵"："设置酒杯，犹言饮酒。"[1]仍释"舍"为"置"。小盂鼎铭文记饮至，"服酒"字样凡三见。"服酒"就是设置酒与酒具[2]，为饮酒做准备。又前引《吕氏春秋》叙"劳酒"，有"执爵于太寝"之辞。"执爵""舍爵"，还有"服酒"，都是用设置或使用酒具的动作，来指代宴享或饮酒的。

既然认定了饮至是面向立功者的，那么同样面向立功者的策勋、大赏二事，就不妨视为饮至礼的一部分，或其扩展部分。浴血奋战也好，恪勤职守也好，总之都是为了荣耀、财富和地位，君主深知"速纪有功"之必要，"欲民速得为善之利"，所以紧接着宴享就是策勋、大赏，以满足立功者的殷殷之望。合而观之，庆功礼用以激励立功人员的，含宴享、策勋、大赏三事。

古人说饮至礼有"明贵贱，辨等列"之功。赏功行爵，当然也应遵循贵贱等列。评价战功，一般会先认定军职较高者贡献较大，然后再考虑某分队、某个人的特殊贡献。《左传》襄公二十六年（前547）记"郑伯赏入陈之功"，有"享子展"之事[3]。子展作为主帅，运筹制胜、居功最高，所以郑伯要先享他。其时子产担任副帅，其爵次应该在子展之后。其余的将士也会有人去"享"，即便不是郑伯亲享。

除了军职，军功之大小，也可能影响宴享的爵次与席次，这是我们特别关心的。清华简《耆夜》所叙饮至，在场者有周武王及毕公、召公、周公、辛公、史逸、吕尚等。随后看到了这样的情况：周武王"舍爵酬毕公"、作歌祝颂，又"舍爵酬周公"、作歌祝颂。随后周

---

[1] 杨伯峻：《春秋左传注（修订本）》，第91页。

[2] 方濬益认为，"服之谊为服事"，"服酒"即"共郁鬯之事"。见其《缀遗斋彝器款识考释》卷三《盂鼎》，上海：商务印书馆1935年版，第30页。李学勤也认为"'服酒'即事酒"。见其《小盂鼎与西周制度》，《历史研究》1987年第5期，第21页。

[3]《春秋左传正义》卷三七，阮本，第1989页中栏。

公"舍爵酬毕公",再"舍爵酬王"。这一点便引人注目了:周武王和周公都先酬毕公。刘光胜认为,这"说明饮至酬酒首要考虑的因素是军功"。又,小盂鼎中记载盂伐鬼方,战果辉煌,在饮至时"宾即位,献宾。王乎献盂,王以□□□进宾"。刘光胜指出,王命人先向盂献酒,再向其他宾客敬酒,即是表彰军功之意[1]。军功居先则先酬先献,酌情度势,理或然也。

再看如下史料:

1.《左传》襄公二十一年(前552):(齐)庄公为勇爵。殖绰、郭最欲与焉。州绰曰:"东闾之役,臣左骖迫,还于门中,识其枚数。其可以与于此乎?"公曰:"子为晋君也。"[2]

杜预注:设爵位以命勇士。

2.《汉书·霍光传》:客有过主人者,见其灶直突,傍有积薪。客谓主人:"更为曲突,远徙其薪;不者,且有火患。"主人嘿然不应。俄而,家果失火,邻里共救之,幸而得息。于是杀牛置酒,谢其邻人,灼烂者在于上行,余各以功次坐[3]。

3.《吴子兵法·励士》:武侯曰:"致之奈何?"对曰:"君举有功而进飨之,无功而励之。"于是武侯设坐庙廷,为三行,飨士大夫。上功坐前行,肴席兼重器上牢;次功坐中行,肴席器差减;无功坐后行,肴席无重器。飨毕而出,又颁赐有功者父母妻子于庙门外,亦以功为差[4]。

第1条中的"勇爵",杨伯峻注云:"爵,古代饮酒器,则勇爵所以

〔1〕　刘光胜:《〈耆夜〉中的周代饮至礼》,《中国社会科学报》2013年7月3日第A05版;《清华简〈耆夜〉礼制解疑》,《陕西师范大学学报》2015年第5期。

〔2〕　《春秋左传正义》卷三四,阮本,第1972页上栏—中栏。

〔3〕　《汉书》卷六八《霍光传》,北京:中华书局1962年版,第2958页。

〔4〕　傅绍杰注译:《吴子今注今译》,台北:商务印书馆1976年版,第147—148页。

觔勇士者也。杜注则谓'设爵位以命勇士',沈钦韩、姚鼐均以为犹如汉之武功爵。两说未知孰是。"[1]按,杨氏本人的"勇爵所以觔勇士者也",应该就是"勇爵"的本义。桂馥就是这么看的:"勇爵,以爵酒奖励勇士,如'二桃'也,故殖绰、郭最欲与焉。欲饮此爵酒也。若爵位,岂二臣所敢干与?"[2]然而在引申意义上,"勇爵"可能也包括执爵而饮的荣誉坐席,则杜预的"设爵位以命勇士"也不算错,当然这个"爵位"只是一个具体的席位,尚不是武功爵那样的由尊号构成的爵列。齐庄公的"子为晋君也"一语,意思是说,东闾之役上州绰确实表现出色,不过那是为晋而战,并不是为齐而战,所以不算数。可见这"勇爵"不仅涉及勇力大小,也涉及贡献大小。赘言之,本文猜测"勇爵"与执爵而饮的荣誉坐席相关,以勇力与贡献为条件。

第 2 条中的那个"曲突徙薪"故事,虽然是汉人讲的,但置酒酬功时让奉献最大者居"上行",令有功之人"各以功次坐",这做法不但符合人类一般心理,也符合先秦早已存在的"三行"之法。

所谓"三行",请看第 3 条。吴起为魏武侯设计激励将士的制度,其手段是"飨",其具体办法,是在宴飨上把将士分为上功、次功、无功三级,同时把坐席分为前行、中行、后行三行,肴食餐具也分三等;随后,再向将士的父母妻子颁赐,所赐物品也依照于将士的三等表现,以此表彰有功者,勉励无功者。这"三行"之名,与"曲突徙薪"故事中的"上行"如出一辙,"上行"就是《吴子》中的"前行",可证"功"与"行"即坐席的行列,是一一对应的关系。还不可忽略这样一点:"飨"在"庙廷"即宗庙大廷中举行,这么做显然是上承周制的。周代饮至礼、藉田礼的饮酒庆功地点,恰好也都在宗庙。吴起确有《吴子兵法》一书,这书写成于战国前期,今见《吴

〔1〕 杨伯峻:《春秋左传注(修订本)》,北京:中华书局 1990 年版,第 1063 页。
〔2〕 桂馥:《札朴》卷二《勇爵》,北京:中华书局 1992 年版,第 69 页。按此条系胡文波君提示,谨此致谢。

子》虽然不一定是原本，但其《励士》一篇中的"三行"记载，应系战国军礼之实录[1]。我推测"三行"之法不是吴起首创，春秋以上的饮酒庆功礼，已有类似的以功次定席次、有功者坐上坐的做法了。总之，"功次大小与饮酒席次相关"之推断并非悬拟，吴起"三行"之法即是强证。

此外，对"立功者的位次居前"现象，《墨子·号令》还有一条相关史料，事涉郡太守的门下侍从的朝堂位次："诸门下朝夕立若坐，各令以年少长相次，旦、夕就位，先右有功、有能，其余皆以次立。"岑仲勉云："右，上也，有功有能者上立及上座。"[2]旦夕上朝时侍从们的站位及坐位，首先依功绩、才能而定，有功有能者居上，其他人的位次取决于年龄少长，年长者居上。这条史料虽不涉及饮酒，却能证明"有功有能者上立及上座"这个做法的存在。郡朝如此，饮酒礼就可能也是如此。对眼下的讨论，这一条可算是半个证据吧。

以饮酒奖励军功，其做法相当古老，而且历代都存在着。赵惠文王灭中山国，"还归，行赏，大赦，置酒酺五日"；乐毅克临菑，燕昭王亲临劳军，行赏、飨士、封爵，以乐毅为昌国君；东汉初吴汉平蜀，"大飨将士，班劳策勋"[3]。西嶋定生慧眼独具，还注意到了这样一个细节：汉代下诏赐民爵，往往还同时"赐牛酒"、令民"大酺五日"。在这时候，西嶋就引用了赵惠文王的例子，证明了"置酒酺五

---

〔1〕 战国时确有《吴子兵法》一书，而且非常流行。《韩非子·五蠹》："境内皆言兵，藏孙、吴之书者家有之。"《吴子·励士》所见车兵、步兵、骑兵协同作战之法，也是战国兵制之实录。可参看李硕之、王式金主编：《吴子浅说》，北京：解放军出版社1986年版，第3—12页。又参王式金：《略论吴起与〈吴子〉的军事思想》，《军事历史研究》1987年第2期；徐勇：《〈吴子〉的成书、著录及其军事思想》，《军事历史研究》2001年第3期，第142—146页；单育辰：《从战国简〈曹沫之陈〉再谈今本〈吴子〉〈慎子〉的真伪》，收入中国文化遗产研究院编《出土文献研究》第12辑，上海：中西书局2013年版，第91—95页。

〔2〕 岑仲勉：《墨子城守各篇简注》，北京：中华书局1959年版，第105页。

〔3〕 分见《史记》卷四三《赵世家》，北京：中华书局2014年版，第2172页；同书卷八〇《乐毅列传》，第2933页；《后汉书》卷一下《光武帝纪下》，北京：中华书局1965年版，第62页。

日”的做法古已有之。为什么赐爵的同时还要“赐牛酒”、令民“大
酺”呢？究其用意，乃是让乡里举行饮酒之礼。又西汉初一度出现
了功臣日夜争功、担心漏封的情况，经张良建议，刘邦随即“置酒，
封雍齿为什方侯”，众心遂安。由此西嶋推论说：封爵必定置酒，而
“那就令人推想到，赐民爵的原来的意义，是否就是饮酒仪礼的本
身”！西嶋的意思是说，就“爵”的原始意义而言，赐爵的目的，本
来就是为了改变立功者在集体活动时的席次、爵次，这就等于提高了
其身份地位。

酒爵之次，催生了爵位之名；爵位之次，反过来又影响了酒爵之
次。汉高帝根据灭秦之功大小，定十八功臣侯之位次；高后二年“差
次列侯功以定朝位”，给所有功臣侯确定了朝会的位次。这个位次，
就决定了这一百多位功臣在各种典礼上的席次与爵次。比如说，汉初
叔孙通定朝仪，正旦朝贺时功臣、百官“以尊卑次起上寿，觞九行”。
其时功臣们的“尊卑次”，就是“差次列侯功以定”的那个“朝位”。
朝贺后饮酒作乐的席次，想来也要依照朝位。

至此，我们已形成了如下认识：

1. 庆功酒的古老礼俗，把“爵”（酒爵）与“功”紧密联系起来了；

2. 饮酒庆功礼的席次及爵次，可能与功劳大小相关；

3. 宴享、策勋、大赏可能导致今后的席次、爵次变动。

二、“书勋”与“有爵于周邦”

前文显示，在饮酒庆功这个环节，功绩会影响爵次、席次。而此
后的策勋、大赏环节，也可能改变立功者的未来班位。本文是把策
勋、大赏视为饮至礼的延伸的。那么先来看策勋、大赏。这时将有
“书名”“书服”“书勋”之事。

据《左传》昭公四年（前538），鲁国卿大夫叔孙豹的家臣杜泄，

为叔孙豹的葬礼是否可以使用路车陪葬，与权臣季孙氏发生了争端：

> （杜泄）云：夫子受命于朝而聘于王，王思旧勋而赐之路。复命而致之君，君不敢逆王命而复赐之，使三官书之。吾子为司徒，实书名；夫子为司马，与工正书服；孟孙为司空，以书勋。今死而弗以，是弃君命也。书在公府而弗以，是废三官也。若命服，生弗敢服，死又不以，将焉用之？
>
> 杜预注：书名，定位号；服，车服之器，工正所书；勋，功也[1]。

叔孙豹曾受命出使王室（事在襄公二十四年，前549），其时周王赐给他一辆路车。回国复命时，鲁襄公批准叔孙豹可以使用此车，并命令司徒、工正、司空三官为叔孙豹"书名、书服、书勋"。这样，策勋、大赏的流程就清晰多了。比如策勋、大赏的主持人可以是最高执政官"三官"，策勋、大赏的具体内容有"书名、书服、书勋"三事，相关文书被永久保存在档案馆（"公府"）里，有案可稽，等等。

不过这里隔着一个疑问：本文把策勋、大赏视为饮至礼的延伸，而在《左传》所叙叔孙豹返国复命的过程中，没看到鲁襄公享叔孙豹的情节。如前所述，国君返国，于从者有饮至书劳之礼。而叔孙豹是以鲁卿身份出使王廷的，根据《仪礼·聘礼》，卿大夫出使归国时，要向国君"反命"，反命之礼无"饮"，没有宴享慰劳之事。在反命结束之后，使者"乃至于祢，筵几于室，荐脯醢，觞酒陈。席于阼，荐脯醢，三献。一人举爵，献从者，行酬，乃出。上介至，亦如之"[2]。然而这个"祢"是出使归国的那位卿大夫的个人家庙，"至于祢"就是在家庙告至；其时要"献从者"，即向与其同行的家臣献

---

〔1〕《春秋左传正义》卷四二，阮本，第2036页下栏—2037页上栏。
〔2〕《仪礼注疏》卷二三，阮本，第1068页下栏—1069页上栏。

酒，以示慰劳。"上介至"的"上介"即副使，"至"也是在家庙告至。那么叔孙豹的这次"书名、书服、书勋"，可以跟饮至礼联系起来吗？

列国礼制的各种细节，难免因时因地而异，礼书未必能顾及各种变异；对礼节应是什么样子才合理，礼书作者自己也可能以意为之。若另行征诸史书，则国君宴享归国使臣之事，乃是通行做法。如《左传》成公九年（前582）："季文子如宋致女，复命，公享之"；又如同书襄公二十年（前553）："季武子如宋，报向戌之聘也。……归，复命，公享之。"[1]许子滨注意到《仪礼》没有记载"公享之"的礼数："重贿、复命均见《聘礼》，惟复命后受君享，为《聘礼》所无。"[2]然而国君享归国使臣的做法，虽为《聘礼》所无，却可能另在燕礼之中。对鲁成公宴享季文子一事，陈戍国指出："国君为出使外国归来的卿大夫设宴，以示慰劳，这是行燕礼。"[3]其说甚是。查《仪礼·燕礼》郑玄注："君以燕礼劳使臣，若臣有功，故与群臣乐之。"[4]方苞也把"本国之臣入贡献功于王朝、出聘于邻国而还"，视为燕礼四类之一[5]。无论如何，国君宴享慰劳归国使臣之礼，是存在的。至于这属于燕礼、而不属聘礼或饮至礼，就本文而言无关宏旨。总之，这又可以补充一种酬功慰劳的饮酒之礼了：国君宴享出使归国的卿大夫。

由此再看叔孙豹：第一，其"书名、书服、书勋"情节，与出使归国的"书劳"环节相合，可见记录使臣功劳，系行政常规；第二，

―――――――

〔1〕《春秋左传正义》卷二六、卷三四，阮本，第1905页下栏、第1969页下栏—1970页上栏。

〔2〕许子滨：《春秋左传礼制研究》，上海：上海古籍出版社2012年版，第54页。指出《左传》所见复命之后国君宴享使者的记载与《聘礼》不合的，还有张亮：《周代聘礼研究》，吉林大学2013年中国古代史博士论文，第143页；张君蕊：《春秋左传礼制研究》，郑州大学2014年历史文献学博士论文，第140—141页。

〔3〕陈戍国：《中国礼制史·先秦卷》，长沙：湖南教育出版社2002年版，第324页。

〔4〕《仪礼注疏》卷一三，阮本，第1014页下栏。

〔5〕方苞：《仪礼析疑》卷六《燕礼》，上海：复旦大学出版社2018年版，第136页。

既然出使的国君、出使的卿大夫都有慰劳"从者"之事，则国君宴享归国使臣，并不在情理之外；第三，对季文子、季武子的返鲁复命，国君都有宴享，那么与季氏同居"三桓"、身为世卿、官任司马的叔孙豹返鲁复命，理应一碗水端平吧。只要认定依照鲁礼，国君有义务宴享出使归国的卿大夫，就足够了，就足以把"书名、书服、书勋"跟饮至礼联系起来了。

为叔孙豹"书名、书服、书勋"的"三官"，是司徒、工正、司空。之所以有工正参与，大约是因为"夫子为司马"——叔孙豹本人就是司马，不便为自己"书服"，为了避嫌，就另委工正了[1]。"三官"通常指司徒、司马、司空。《礼记·王制》："大司徒、大司马、大司空斋戒受质，百官各以其成质于三官。"[2] 百官考功，即由大司徒、大司马、大司空三官主持。又《孔子家语·正论》："于奚辞，请曲悬之乐，繁缨以朝。许之。书在三官。"王肃注"三官"："司徒书名，司马书服，司空书勋也。"[3] 王肃的注释兼糅《王制》《左传》，但他对"三官"这个专有名词的解说并不算错。叔孙豹的策勋书劳由"三官"主持，规格最高，代表了春秋功绩制所能达到的最严整程度。鲁襄公十三年（前560）"至自晋"，其时就只有孟献子一官为从者"书劳"。总的说来，"策勋"是由执政大臣主持的。

———————

〔1〕 当然《左传》"夫子为司马，与工正书服"一语，也可以理解为司马与工正一同"书服"。二人同任其事，仍然是为了避嫌。也有人认为，叔孙豹是以司马而兼工正，一身二任为自己"书服"的。如李宗侗《春秋左传今注今译》即是，其译文"我们夫子司马兼工正记上车服的器用"（台北：商务印书馆1971年版，第1086页），张燕瑾主编《文白对照全译左传》的译文亦然，作"夫子担任司马兼工正，负责记录车服器用"（北京：国际文化出版公司1993年版，下册第270页）。柴剑虹、李肇翔主编的《春秋左传》作"他做司马，让工正记载车服之器"（北京：九州出版社2001年版，第634页），似更近实。

〔2〕《礼记正义》卷一三，阮本，第1345页上栏。

〔3〕《孔子家语》卷九《正论解》，上海：上海古籍出版社1990年版，第108页下栏。仲叔于奚之事原出《左传》成公二年，但《左传》原无"书在三官"四字。这四字，应是王肃根据《左传》昭公四年的"使三官书之"及《王制》之文，自作主张添入的。这再次证明王肃对《孔子家语》有窜改。

　　"书名"就是确定并记录位号，"书服"就是确定并记录赐物，"书勋"（及"书劳"）就是确认并记录勋劳。勋劳构成了庆功慰劳的前提、起点，所以我们先来看"书勋"。

　　周代留下了很多军功铭文。小盂鼎铭文所记盂伐鬼方战果，其获馘 4812 个、俘人 13081 名之类，居然精确到了个位数[1]。按，此前殷代的甲骨文所记猎获物，已经精确到个位数了，如"允禽，获虎一，鹿四十，狐百六十四，麑百五十九""获鹿百六十二，□百十四，豕一""允禽，获麋八十八、兕一、豕三十又二"之类[2]。据《逸周书·世俘》，西周初年陈本等人伐宣、伐蜀，"俘艾佚侯小臣四十有六，禽御（战车）八百有三两，告以馘俘"；周武王征四方，"馘魔亿有十万七千七百七十有九，俘人三亿万有二百三十"[3]，击杀与俘获合计约 48.7 万人[4]。若战争宏大、俘获众多，"书勋"之时"数军实"的工作就相当繁重了。

　　周代"有勋而不废，有绩而载"，有了贡献就要"书功于策"[5]。功勋若获认定，被郑重记录并存档，就没有白费。鲁国的勋书藏于"公府"，参前。周王室收藏功臣与诸侯的勋书之处，称为"盟府"。所谓"勋在王室，藏于盟府"，即是。"府"而称"盟"，当有要约取信之意[6]。王室盟府的管理者为大师或大史[7]。晋国的档案馆也以"盟

〔1〕《殷周金文集成（修订增补本）》，02829，第 2 册第 1523 页。

〔2〕转引自陈炜湛：《甲骨文田猎刻辞研究》，广州：中山大学出版社 2018 年版，"甲骨文田猎刻辞选粹释文"部分，第 178、182、184 页。

〔3〕《逸周书·世俘》。黄怀信：《逸周书校补注译（修订本）》，西安：三秦出版社 2006 年版，第 199—200 页。

〔4〕宋镇豪：《夏商社会生活史（增订本）》，北京：中国社会科学出版社 2005 年版，第 196 页。

〔5〕《左传》昭公二十五年（前 527）及杜预注，《春秋左传正义》卷四七，阮本，第 2078 页上栏。

〔6〕《左传》僖公五年（前 655）。孔疏："以勋受封，必有盟要，其辞当藏于司盟之府也。"《春秋左传正义》卷一二，阮本，第 1795 页中栏。

〔7〕《左传》僖公二十六年："载在盟府，大师职之。"《春秋左传正义》卷一六，阮本，第 1821 页下栏。武亿、阮芝生谓此"大师"当作"大史"，杨伯峻认为"理或然也"。《春秋左传注（修订本）》，北京：中华书局 1990 年版，第 440 页。

府"为称。因魏绛有和戎之功，晋侯便赐给他一批乐器与歌女，云："夫赏，国之典也。藏在盟府，不可废也。子其受之！"孔疏："司盟之府，掌藏功勋典策，故有赏功之制也。"[1]

周代若干铜器铭文中，出现了"有爵于周邦"、"爵勤大命"之类语句。这类语句，也可以为策勋书劳的制度提供旁证。兹举数例：

1. 录伯威簋盖：繇自乃祖考有爵于周邦。

2. 师克盨：则繇惟乃先祖考有爵于周邦。

3. 师㝨簋：师㝨，乃祖考有爵于我家。

4. 毛公鼎：亦唯先正襄乂厥辟，爵勤大命。

5. 单伯昊生钟：丕显皇祖烈考，述匹先王，爵勤大命[2]。

6. 四十二年逨鼎甲：则繇唯乃先圣祖考，夹绍先王，爵勤大命，奠周邦。……余唯闲乃先祖考，有爵于周邦。

7. 四十三年逨鼎甲：则繇唯乃先圣祖考，夹绍先王，爵勤大命，奠周邦。……余唯经乃先祖考，有爵于周邦。

8. 逨盘：敷保厥辟孝王夷王，有成于周邦。……则繇唯乃先圣祖考，夹绍先王，爵勤大命[3]。

"爵"这个字从爵从廾，廾亦声，其义为"拱"，即手捧，也就是说这个字作双手捧爵之象。此字郭沫若读"勋"[4]，于省吾读"爵"[5]，唐兰

〔1〕《左传》襄公十一年（前562），《春秋左传正义》卷三一，阮本，第1951页中栏—1992页上栏。

〔2〕以上分见《殷周金文集成（修订增补本）》，04302，第4册第2656页；04467.1，第4册第2873页；04311，第4册第2674页；02841，第2册第1541页；00082，第1册第73页。

〔3〕以上分见吴镇烽编：《商周青铜器铭文暨图像集成》，上海：上海古籍出版社2012年版，02501，第5册第395页；02503，第5册第401页；14543，第25册第605页。

〔4〕郭沫若：《鲁侯爵释文》，收入《殷周青铜器铭文研究》，北京：科学出版社1961年版，第99页。

〔5〕于省吾：《〈师克盨铭考释〉书后》，《文物》1962年第11期，第56页。

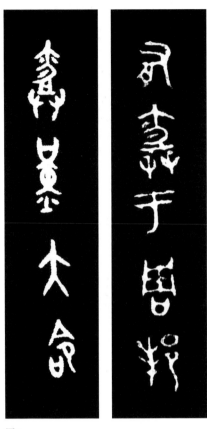

图1

左　毛公鼎：爵勤大命　右　四十二年逨鼎：有爵于周邦

读"劳"[1]；李学勤读"恳"，训为"劳"[2]；裘锡圭认为，它就是训功训劳的"庸"的本字[3]。又，柞伯鼎铭文中有一段类似文句："在乃圣祖周公繇有共于周邦。"朱凤瀚便以"有共于周邦"的"共"字为据，判定"爵"字读共，通"功"。"有爵于周邦"，就是"曾有功绩于周邦"的意思[4]。查上引第8条逨盘铭文，还有一句"有成于周邦"，跟"有爵于周邦"文义无别。按功、成同义。《尔雅·释诂下》："功，成也。"[5]这也可以旁证"爵"字读"功"较优。

我相信，"有爵于周邦"之类文句，乃是以"勋在王室，藏于盟府"的制度为背景的。"爵勤大命"也就是"功勤大命"，"功勤"是两个名词构成的联合词。功、勤既有区别，又往往并称。《周礼·小司寇》："五曰议功之辟"，"七曰议勤之辟。"[6]攻城野战之功称功、称勋，日常勤务则

〔1〕唐兰：《何尊铭文解释》，《文物》1976年第1期，第63页注12。

〔2〕李学勤：《何尊新释》，《中原文物》1981年第1期，第38—39页。

〔3〕裘锡圭：《甲骨文中的几种乐器名称——释"庸"、"丰"、"蠤"》，收入《古文字论集》，北京：中华书局1992年版，第204页。

〔4〕朱凤瀚：《柞伯鼎与周公南征》，《文物》2006年第5期，第68—69、73页。

〔5〕周祖谟：《尔雅校笺》，昆明：云南人民出版社2004年版，第16页。

〔6〕《周礼注疏》卷三五，阮本，第874页上栏。

称勤、称劳，包括出使之劳。出使属于"以言为劳"[1]一类，所以廉颇有"我为赵将，有攻城野战之大功，而蔺相如徒以口舌为劳"之言[2]。《孔丛子·问军礼》："捷则报之，振旅复命，简异功勤，亲告庙告社。"[3]凯旋礼上用来告庙告社的，正为功、勤两项。饮至礼上的策勋、书劳亦然，也是面向勋、劳二事的。汉代官吏晋升的常规条件，就是"积功劳"。"功"按照大中小一件一件地计算，"劳"则以年月日为单位来计算，如"中功五，劳三月""功一，劳三岁一月十日"之类[4]。"功勤"作为联合词，汉唐间为人所习用[5]，究其滥觞，当以周代铭文中的"爵勤"为始；反过来说，这又证明了"爵"这个字以释"功"为最优。

由此提出两点猜想。第一，"爵"字之所以作两手捧爵之形，其最大可能，就是取义于饮酒庆功之礼，来自饮至之时的"舍爵""执爵"。"爵"在字形上是敬酒，在字义上指功勋——君主曾在宗庙之中、鬼神之前，捧爵以享功臣，这是功臣的莫大荣耀。简言之，"爵"就是一爵庆功酒。这个字的构形再度强化了功勋、酒爵与爵位三者的相关性。第二，严格说来，功、爵的字义并不全等。"功"字泛指用力而已，所做出的贡献可能得到了奖酬，也可能没有得到奖酬。而"爵"字不同，此字事关饮酒礼，特指经过了饮至、策勋程序，而记录于勋书之功，是业已正式认定、褒奖过的"功"。所以"有爵于周

〔1〕《史记》卷一八《高祖功臣侯者年表》："以言曰劳，用力曰功。"第 1043 页。

〔2〕《史记》卷八一《廉颇蔺相如列传》，第 2947 页。

〔3〕傅亚庶：《孔丛子校释》，第 421 页。

〔4〕谢桂华、李均明、朱国炤：《居延汉简释文合校》，北京：文物出版社 1987 年版，第 157、528 页，89·24，合 336·13，336·12，340·9。

〔5〕《后汉书》卷六五《段颎传》："并录功勤。"北京：中华书局 1965 年版，第 2149 页。《中论·慎所》："功勤不赏。"孙启治：《中论解诂》，北京：中华书局 2014 年版，第 331 页。《三国志》卷一三《魏书·王朗传》注引《王朗集》："忠义彰著，在职功勤。"北京：中华书局 1959 年版，第 411 页。曹植《求自试表》："功勤济国，辅主惠民。"《文选》卷三七，北京：中华书局 1977 年版，第 518 页。《唐六典·刑部郎中员外郎》："以劝功勤。"北京：中华书局 1992 年版，第 186 页。

邦"话里有话：你的贡献已经过认定、有案可稽，业已"勋在王室，藏于盟府"了。

三、"书服"、"书名"与命服、命数

在"前行政时代"，整齐的品位序列、周密的升降规则还没演生，尊卑贵贱的差异却早已存在了。这时的身份地位标识，采用了"可视化"与"物品化"的方式，体现于集会时的席次与礼次上，以及具有等级意义的物品之上。孔子云："惜也，不如多与之邑。唯器与名，不可以假人。"杜预："器，车服；名，爵号。"[1] 可见，所赏赐的"名""器"比田邑的分量更重。而这"名""器"，恰好对应着"书名""书服"二事。杜预："书名，定位号"，"服，车服之器。"[2]

为叙述便利，先来看"书服"。参照饮至礼的各个环节，"书服"发生在"大赏"环节。"服，用也。"[3] 举凡可以使用、享用之物，都可称"服"。周代铭文所见赐物，形形色色，从甲胄、服饰、旗帜、金、贝、车马，从兵器、玉器、礼器、乐器，直到臣民、田邑，还有畜、兽、禽、鱼。饮至、舍爵之后有大赏，这一点铜器铭文可征，例如：

1. 瑿方鼎：公归获于周庙。戊辰，饮至。饮，公赏瑿贝百朋。

2. 虢季子白盘：丕显子白，壮武于戎功，经维四方。搏伐猃狁，于洛之阳。折首五百，执讯五十，是以先行。桓桓子白，献馘于王。王孔加子白仪，王格周庙，宣榭爰飨。王曰白父，孔显有光。用赐乘马，是用佐王。赐用弓，彤矢其央。赐用钺，用

---

〔1〕《左传》成公二年（前 589），《春秋左传正义》卷二五，阮本，第 1894 页上栏。
〔2〕《左传》昭公四年（前 538），《春秋左传正义》卷四二，阮本，第 2037 页上栏。
〔3〕许慎：《说文解字》卷八下，北京：中华书局 1963 年版，第 176 页上栏。

征蛮方。子子孙孙，万年无疆[1]。

第 1 条表明，在周庙"归获"献捷后，又在戊辰这一天举行饮至、大赏，饮毕赏贝百朋。第 2 条中含有"飨"及"勋""赐"的全记录。"折首五百，执讯五十"之文，其实也是"策勋"的内容；获赐的乘马、弓矢及钺，其实也是"书服"的内容。换言之，我认为在王朝保藏的勋书中，含有同样内容；同样内容的论功行赏文书，除了朝廷存档的那份之外，还有一份授给了功臣本人，后一份就成了器铭的写作依据。请看：

　　1.《仪礼·觐礼》：天子赐侯氏以车服。……诸公奉箧服，加命书于其上，升自西阶，东面，大史是右。侯氏升，西面立。大史述命。侯氏降两阶之间；北面再拜稽首，升成拜。大史加书于服上，侯氏受[2]。

　　2.《礼记·祭统》：古者，明君爵有德而禄有功，必赐爵禄于大庙，示不敢专也。故祭之日，一献，君降立于阼阶之南，南乡，所命北面，史由君右，执策命之，再拜稽首，受书以归，而舍奠于其庙。此爵赏之施也[3]。

由第 1 条所见，天子向诸侯赏赐车服时，由诸公把"箧服"拿到现场，"箧服"之上放置着"命书"。随后太史朗读命书，读毕，再把"命书"放在"箧服"之上，诸侯领受之。也就是说，这份"命书"被诸侯拿走了。第 2 条云，国君向有德有功者赐爵、赐禄时，有史官"执策命之"，而爵禄的领受者也是"受书以归"，拿着一份策命文书踏上归途的。"命书"的用途，同今之立功授奖证书，是很相似的。

----

[1] 分见《殷周金文集成（修订增补本）》，02739，第 2 册第 1409 页；10173，第 7 册第 5480 页。
[2]《仪礼注疏》卷二七，阮本，第 1091 页下栏。
[3]《礼记正义》卷四九，阮本，第 1605 页下栏。

功臣获得了勋书或命书，除了把它藏之家庙、传之子孙外，还会把其内容铸入鼎铭，以为夸耀，以期不朽。所以器铭所见功勋与赏赐的内容，必定与朝廷所藏勋赏文书一致，并不是"自以为铭"[1]。所以我推测，每一份军功铭文或赏赐铭文，都对应着"盟府"或"公府"中的一份勋书，及功臣家庙中的一份命书。赘言之，同一内容见于三份载体：两份是简册，一份是器铭。

"书服"之"服"，广义上可以涵盖各种用品，狭义则特指车、服，这两样东西最富等级标识能力了。西周服饰中的韠（蔽膝）与玉珩，有可能已同特定的命数联系起来了，故《礼记·玉藻》云："一命缊韨幽衡，再命赤韨幽衡，三命赤韨葱衡。"[2]又《诗·小雅·采芑》："服其命服，朱韨斯皇，有玱葱珩。"[3]朱红色蔽膝耀眼夺目，葱色的玉珩叮咚作响。世入春秋，命服以路车、冕服的组合为核心了，仍与命数高低相对应。车、服并用而同赐之制，由此形塑了后代等级礼制，催生了史书中的"舆服志"。春秋之"车"有大辂、戎辂、先路、次路之别，这些路车分别与冕服、戎服等配套成组。在周王册命晋侯为侯伯之时，"赐之大辂之服、戎辂之服"。杨伯峻因云："二辂各有其服装与配备，赐时一同颁赐，故云'大辂之服、戎辂之服'。"[4]《小雅·采菽》："君子来朝，何锡予之？虽无予之，路车乘马。又何予之？玄衮及黼。"[5]也显示"路车乘马"与"玄衮及黼"

〔1〕《左传》僖公二十五年（前635）："二礼从国子巡城，掖以赴外，杀之。……礼至为铭曰：'余掖杀国子，莫余敢止。'"（《春秋左传正义》卷一六，阮本，第1820页中栏）"为铭"二字，金泽书库本多"自以"二字，作"自以为铭"。（竹添光鸿：《左氏会笺》，成都：巴蜀书社2008年版，第561页。）"余掖杀国子，莫余敢止"这句铭文是礼至的自我夸耀，并非朝廷正式认定的功伐，所以史官特别指出这是"自以为铭"。

〔2〕《礼记正义》卷三〇，阮本，第1481页上栏。按，对西周铜器铭文中的韠、珩等级及其与职、与爵的关系，黄然伟、陈汉平、黄盛璋、汪中文、杨宽、何树环、郑宪仁等各有排比。不具引。

〔3〕《毛诗正义》卷一〇，阮本，第426页上栏。

〔4〕事见《左传》僖公二十八年（前632）。杨伯峻：《春秋左传注（修订本）》，第464页。

〔5〕《毛诗正义》卷一五，阮本，第489页上栏。

是配套赐予的。

除了册命之时赐命服，赏功之时也赐命服：

　　1.《左传》襄公二十六年（前 547）：郑伯赏入陈之功，三月甲寅朔，享子展，赐之先路、三命之服，先八邑；赐子产次路、再命之服，先六邑。子产辞邑，曰："自上以下，降杀以两，礼也。臣之位在四，且子展之功也，臣不敢及赏礼，请辞邑。"公固予之，乃受三邑[1]。

　　2.《左传》成公二年（前 589）：公会晋师于上鄏。赐三帅先路、三命之服，司马、司空、舆帅、候正、亚旅皆受一命之服[2]。

　　3.《左传》襄公十九年（前 554）：公享晋六卿于蒲圃，赐之三命之服，军尉、司马、司空、舆尉、候奄皆受一命之服[3]。

第 1 条所叙事涉饮至、大赏，子展的先路三命之服、八邑构成了一等赏赐，子产之次路再命之服、六邑构成了又一等赏赐。《周礼·春官·典命》所云卿、大夫、士"其宫室、车旗、衣服、礼仪各视其命之数"之说[4]，大约就是以这类史实为背景而建构出来的。两组路车、命服、田邑之赐，应即"书服"内容。车服被排在了田邑之前，似表明车服之赐重于田邑，这可以帮助理解前引孔子的"不如多与之邑。唯器与名，不可以假人"那句话。

　　第 2、3 条所述，分别是鲁成公、鲁襄公宴享晋国将士之事。鲁国的国君当然没有权力升黜晋国的将帅了，这应看成两国间的一种友好礼仪，实际就是一种赠礼。郑宪仁认为："甲国之君赐乙国之臣，

---

〔1〕《春秋左传正义》卷三七，阮本，第 1989 页中栏—下栏。
〔2〕《春秋左传正义》卷二五，阮本，第 1896 页上栏。
〔3〕《春秋左传正义》卷三四，阮本，第 1967 页下栏—1968 页上栏。
〔4〕《周礼注疏》卷二一，阮本，第 781 页上栏。

依其乙国之命数而赐。"[1] 其说可从。可以这样想象：在晋国一方根据功过而升黜了军官的名位之后，鲁君便据此向晋升者赠送相应的命服。

概而言之：

1. 宴享后紧接着就是"大赏"；

2. "大赏"的重心是赐命服；

3. 命服以车、服相配；

4. 命服有三命、再命、一命三等。

《公羊传》庄公元年（前693）释"锡命"："锡者何？赐也；命者何？加我服也。"何休注："增加其衣服，令有异于诸侯。"[2] 就是说，公羊学者传述着一个古老的礼数：锡命时必有"加服"。总之，"服"与"命"有必然联系，三等命数对应着三等命服。

随后再看"书名"。《周礼·秋官·司勋》："凡有功者，铭书于王之大常。""大常"是一种旗帜。郑玄注："铭之言名也。"[3] 据此，孙诒让就把《左传》之"书名"跟《周礼》之"铭书"视为一事[4]。若依其说，"书名"就类似于"旌表"了。不过杜预把"书名"释为"定位号"。据此，孔颖达疏便用《周礼·大司徒》的"以贤制爵""以庸制禄"，来解释《左传》之"书名"[5]。按"名者，爵位名也""名，百官尊卑之号"[6]。尤其在以"名""器"对举之时，"名"通常都指爵号，那么在"书名"与"书服"并列时，"名"指爵号的可能性稍大，"定位号"之说优于"铭于大常"之说。

赏功酬勤之时，爵号、班位是可能发生变动的。如前述襄公

〔1〕 郑宪仁：《西周铜器铭文所载赏赐物之研究》，新北：花木兰文化出版社2011年版，第53页。

〔2〕《春秋公羊传注疏》卷六，阮本，第2225页上栏。

〔3〕《周礼注疏》卷三〇，阮本，第841页下栏。

〔4〕 孙诒让：《周礼正义》卷五七，北京：中华书局1987年版，第2368页。

〔5〕《春秋左传正义》卷四二，阮本，第2037页上栏。

〔6〕 分见《吕氏春秋·务本》"其名无不荣者"高诱注，许维遹：《吕氏春秋集释》，第297页；《国语·晋语四》"信于名"韦昭注，第382页。

二十六年（前 547）子产不肯接受命服、田邑之赏，其原因就是那会影响现行班位。在列卿七人中，子产班位第四，子展、伯有、子西等三人排在了他的前面；而"次路、再命之服、六邑"这个赏赐，将使各位执政官的排位变复杂了。子产最终接受的是"三邑"，这也许就免去了排位的麻烦。

我推测命服与命数也是"定位号"的内容之一。顾名思义，"命数"起源于册命次数与赐服次数。在西周册命铭文中，能看到受命两次的，也能看到受命三次的，而且每次的命服并不雷同。比如有一位免，免觯显示他受命为司工，免簠显示他受命为司土，免簋又显示他受命辅佐周师、承担林政。这三次受命都有礼服之赐，而且各次的礼服都不一样[1]。这说明官职变动了就要再受命，再受命时，命数、命服跟着都变了。黄盛璋指出，"服"这个字可以指代官位，如"登于大服""明乃服命""更虢城公服""更乃祖考服"等；他还认为，"服饰之锡必与授职之册命有关，非授职册命一般不赏锡服饰"[2]。韩巍又提示，西周也有一些仅赐命服、但不涉职务的铭文，是所谓"册赐"[3]。而这就表明，即便官职没晋升，履历积累等也可以提升命服。这更说明命服或命数所发挥的是品位功能了，因为其所标示的并非官职高低，而是身份贵贱。赏功时赐之命服、升其命数，这时即便没升职，但地位依然上升了，因为命服、命数上升了。这样看来，"书服"与"书名"之间，存在着"联动"的关系。

对命数的实际运用情况，包括命数与官职的关系，以及命数与班位的关系，我们继续推敲相关史料：

----

〔1〕　白川静对此有专论，见其《金文的世界：殷周社会史》，台北：联经出版事业公司 1989 年版，第 122—123 页。

〔2〕　黄盛璋：《西周铜器中服饰赏赐与职官及册命制度关系发覆》，《周秦文化研究》，西安：陕西人民出版社 1998 年版，第 412 页。

〔3〕　本文初稿曾经韩巍阅读，"册赐"的信息即其所提示。韩巍还纠正了拙稿的若干错讹，谨此致谢。

1.《左传》僖公三十三年（前 627）：晋侯败狄于箕。郤缺获白狄子。……文公以（郤缺）为下军大夫。反自箕，襄公以三命命先且居将中军，以再命命先茅之县赏胥臣，曰："举郤缺，子之功也。"以一命命郤缺为卿[1]。

2.《左传》昭公十二年（前 530）：季悼子之卒也，叔孙昭子以再命为卿。及（季孙）平子伐莒克之，更受三命。叔仲子欲构二家，谓平子曰："三命逾父兄，非礼也。"平子曰："然。"故使昭子。昭子曰："叔孙氏有家祸，杀適立庶，故婼也及此。若因祸以毙之，则闻命矣。若不废君命，则固有著矣。"[2]

首先来观察命数与官职的关系。第 1 条说晋襄公"以一命命郤缺为卿"，反映了卿有一命的。第 2 条又显示还有再命之卿、三命之卿的存在。综合第 1、2 条，可知卿既有一命的，也有再命、三命的。郤缺曾被晋文公任命为下军大夫之职，任命时应曾册命，就是说在升任为卿之前，郤缺至少已是一命了。现在晋襄公"以一命命郤缺为卿"，郤缺便由一命大夫变成了一命之卿，官职变了，命数却没变，依然是一命。而第 2 条中的叔孙昭子呢？他由再命而升三命，命数变了，官职却没有变，依然是卿。《周礼·典命》说，公国与侯伯之国都是"其卿三命，其大夫再命，其士一命"的[3]，可从《左传》实例看，事情并不那么简单，命数与卿、大夫、士这些爵称的等级关系，参差不齐[4]。这再次表明，春秋时的命数，已是一种独立于官职与爵级的品位了。

随后再看命数与班位的关系。在上引第 2 条中，叔仲子有"三命逾父兄，非礼也"之语，叔孙昭子有"若不废君命，则固有著矣"之

[1]《春秋左传正义》卷一七，阮本，第 1833 页下栏—1834 页上栏。
[2]《春秋左传正义》卷四五，阮本，第 2062 页下栏—2063 页上栏。
[3]《周礼注疏》卷二一，阮本，第 781 页上栏。
[4] 我一度有个猜想：卿有三命、再命、一命者；大夫有再命、一命者；士皆一命；共 6 等。则郤缺由一命大夫升一命之卿，是升了两阶；叔孙昭子由再命之卿升三命之卿，则是升了一阶。但这个猜想好像仍不圆满。

言。这些话又是什么意思呢？对"三命逾父兄"，杨伯峻释云："父兄指父辈兄辈，古代礼制，一命之官于乡里中依年龄大小为次，二命之官于父辈中论年龄大小，三命之官则不论年龄，其官大，可以在父辈兄辈之先。"[1] 按，乡饮酒礼的坐席规矩，是子弟立于堂下，父兄安坐堂上。若有官员前来观礼，则一命者在堂下与子弟序齿，再命者在堂上与父族序齿，三命者独尊、另有贵宾之席，位在父兄之上。叔孙昭子原为再命，那时他若参与乡饮，应在堂上与父族序齿；现居三命，则乡饮时改在贵宾席就坐，由此凌驾父兄了。

　　叔孙昭子的"若不废君命，则固有著矣"之"著"，杜预注为"位次"。按，"著"是班位的草本或木本标志物，其功能同于宋代朝廷上的"石位"，以及明清朝廷上的"品级山"。在叔孙昭子从再命升为三命之后，他的班位因之而变，朝廷上的标示其班位的那个"著"，也相应前移了。叔孙昭子斩钉截铁，寸步不让：若你想趁着祸乱而讨伐我，那么我闻命了；如果尊重国君的任命，那么我的因三命而前移了的那个"著"，就原地不动，不容改变。这说明命数变了，不仅乡饮坐席会跟着变，就连朝廷上的班位也跟着变了。则命数与班位之间，也存在着"联动"的关系。

　　现将对春秋命数的初步认识，总结如下：

　　1. 命数是由册命次数发展而来的一种品位，独立于爵级。

　　2. 命数与命服相关。因册命往往赐服，所以命数较高，命服也相应较高。

　　3. 命数的获得跟功劳相关。依功劳而赐命服，是又一种提升命数的途径。

　　4. 命服、命数跟庆功酒相关。即，紧接着饮酒庆功礼赐命赐服。

　　5. 命数与席次、班位相关，命数变化会导致席次、班位发生变化。

---

[1] 杨伯峻：《春秋左传注（修订本）》，第1336页。

学者谓"盖古者有爵者必有位,有位者必有禄,有禄者必有土。故封建、命官,其实一也"[1];"职事、官位、食禄与爵等的具体联系在于策命"[2]。可问题是,在西周册命铭文中根本看不到"爵等"的存在。具体说,既看不到授人以大夫爵、士爵,也看不到授人以公侯伯子男爵。其时铭文中的所谓"侯于某地"之"侯",应视为一种地方军事长官。公卿大夫士、公侯伯子男两个爵列,其实是春秋之制,西周阙如。可在西周铭文中,命服等级是存在的,初命、再命、三命的差异也是存在的。白川静云:"朝廷任命官职,多半赐与礼服,表示授予他参加王室礼仪的资格。"[3]命服是典礼上穿的,若命服、命数较高,则典礼上的席次、班位也相对较高。进而再把这种席次、班位视同于爵等,那么真的不妨认为,册命时有"爵等"在发挥作用,但这是通过命服、命数体现出来的。在公卿大夫士爵、公侯伯子男爵问世之前,席次这种空间化的可视标识,命服这种物品化的可视标识,先已发挥着等级功能了。

战国以降,"命数"制度式微了。此时官僚制迅猛发展,官吏升降频繁,升降的缘由又千差万别,对管理者而言,计算任命次数已无意义了,徒致纷扰。这可能就是"命数"式微的原因之一。不过对于留恋周礼的学者,"命数"的记忆却又激发了他们的想象力,反而踵事增华,在制度畅想中把它弄成"九命"了。

传统爵位有两大功能:授予身份,褒奖功勋。西嶋定生把"爵"的身份功能追溯到一种古老礼俗——乡饮酒礼那里去了,本文则尝试把"爵"的褒奖功勋功能,也追溯到某种古老礼俗那里去,这就是饮酒庆功之礼,主要是饮至礼。考察的初步结果,是确认了"功"与"爵"存在着内在联系,参看下图——

---

〔1〕 齐思和:《周代锡命礼考》,《中国史探研》,北京:中华书局1981年版,第50页。

〔2〕 杜正胜:《编户齐民——传统政治社会结构之形成》,台北:联经出版事业公司1990年版,第325页。

〔3〕 白川静:《金文的世界:殷周社会史》,第120页。

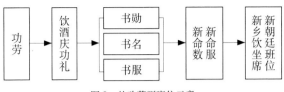

图 2　从功劳到班位示意

宴享、策勋、大赏诸环节，"书勋""书服""书名"诸制度，展示了
"爵"之褒奖功勋功能之起源。进而还通过"功勋→命服→班位"关
系的考察——参看图 2——环环相扣，反过来印证了酒爵与班位的相
关性，以及班位与爵位的一致性。

　　乡饮酒礼的席次、爵次强化了长幼尊卑秩序，适应了宗法贵族社
会的需要；饮酒庆功礼上的席次、爵次，则体现了因功劳而来的身份
变动性，这就是功绩主义性质的了。西周春秋虽是贵族政治时代，但
功绩制仍以某种形式、在一定程度上发挥着作用，使这个社会不致丧
失活力。战国功绩制的巨大发展，也是以此为先声的。

　　当然，西周春秋尚没有进入官僚制时代，功劳与饮酒席次、爵次
的关系，进而与命数、命服、班位的关系，肯定达不到战国以下的那
种严格、整齐程度。我只能说其间存在着"联动"情况，这种情况只
是"往往而有之"，但不敢说每一份功劳都会导致饮酒礼上的席次、
爵次变化，都无例外地经书勋、书劳、书服、书名，而带来命数、命
服与班位的变化。

《易·中孚》「我有好爵，吾与尔靡之」与饮酒庆功礼俗

《周易·中孚》：

> 九二：鸣鹤在阴，其子和之；我有好爵，吾与尔靡之。
> 六三：得敌，或鼓或罢，或泣或歌[1]。

这两条爻辞，我以为同饮至之礼，或说同饮酒庆功之礼，存在着内在联系。下面尝试陈述之。

"我有好爵"的"爵"通释酒爵，"好爵"也就是好酒。如焦延寿《易林·蛊之干》："我有好爵，与汝相迎。"[2]这个"好爵"也是"好酒"。"我有好爵"这句话应事涉宴享，是邀请对方或众人饮酒之辞。在马王堆帛书《二三子问》中，孔子便是这样解说《中孚·九二》的：

> 《卦》曰："鸣鹤在阴，其子和之，我有好爵，与尔羸之。"孔子曰："鸣☒。其子随之，通也；唱而和之，和也。曰和同，至矣。'好爵'者，言旨酒也。我有一爵，与众共之，德之□者也。□□□□来吉（？）会（？）□之德，唯饮与食，绝甘分少，□□□。"[3]

"好爵者，言旨酒也"一语，锁定了"好爵"就是"旨酒"的理解。

---

〔1〕《周易正义》卷六，阮本，第 71 页上中栏。
〔2〕焦延寿：《焦氏易林》，北京：中华书局 1985 年版，第 81 页。
〔3〕裘锡圭主编：《长沙马王堆汉墓简帛集成》，北京：中华书局 2014 年版，第 3 册第 53 页。

"我有一爵，与众共之"与"唯饮与食，绝甘分少"中的"爵"与"饮"字，无疑是相呼应的，这也印证了"好爵"是可饮之酒。"我有一爵，与众共之"就是我拿出酒来款待众人之意。

所以，今人通常把"好爵"说成"旨酒"，把《中孚·九二》说成宴享。当然别出心裁、在宴享之外另觅解释的学者，也是有的。如李镜池不取众人宴享之说，另行释为恋人共饮之诗："翻成现代语是：'我有很好的陈酒，咱们共醉一场吧！'——爵是酒杯，代表酒。靡者共也。'吾与尔'，我们很可以想象出一对青年男女来。"[1]胡宁则把《九二》看成"傧尸崇酒之辞"[2]。

然而"好爵"还有另一个义项：高官厚禄。如"魂而有灵，嘉斯宠荣，好爵显服，以慰母心"，如"而沉沦草莽，好爵莫及，廊庙之宝，弃于沟渠"[3]，如"投冠旋旧墟，不为好爵荣"，如"虽假容于江皋，乃缨情于好爵"[4]，诗文中这些"好爵"的措辞，显指官爵，旧注也往往征引《易·中孚·九二》来诠释这些文句中的"好爵"。酒爵与官爵使用着同一个"爵"字，"好爵"就可能一语双关。比如宋人朱震释《中孚·九二》："'好爵'者，爵命之美。……若曰我君有好爵，吾与尔共靡之。"[5]又如今人高亨释《中孚·九二》："此喻贵族父子世袭其爵位。"[6]则这个"好爵"，可能还有爵命、爵位的寓意。

本文也认为，《二三子问》的"好爵"兼有爵命、爵位或爵禄之义，若然，这个"好爵"便可以同饮酒庆功礼联系起来了。下面试述之。

---

〔1〕 李镜池：《周易探源》，北京：中华书局 1978 年版，第 39 页。

〔2〕 胡宁：《〈中孚〉九二爻辞与傧尸崇酒礼》，《石家庄学院学报》第 17 卷第 1 期，2015 年版，第 20—21 页。

〔3〕 汉和帝《诏追封梁竦》及杨乔《上书荐孟尝》，分见《后汉书》卷三四《梁统传附梁竦传》、卷七六《循吏孟尝传》，北京：中华书局 1965 年版，第 1174、2474 页。

〔4〕 陶潜《辛丑岁七月赴假还江陵夜行涂口》及孔稚珪《北山移文》，分见《文选》卷二六、卷四三，北京：中华书局 1977 年版，第 377 页上栏、第 613 页上栏。

〔5〕 朱震：《汉上易传》卷六，北京：中华书局 2020 年版，第 372—373 页。

〔6〕 高亨：《周易大传今注》，北京：清华大学出版社 2004 年版，第 514 页。

　　通常对《中孚·九二》与《六三》两爻是分别解说的，然而推敲这两爻的内容语气，它们好像可以构成一首歌谣，或者说，它们似乎摘自同一首歌谣。胡朴安还认为，整个《中孚》六爻都是一场田猎全过程的记录，主题是"田猎示信"；《九二》之"爵"意为"雀"，是所猎之禽；《六三》意谓"或鼓而进之，或罢而退之"，"不得而泣，得而歌也"[1]。黄玉顺则认定《中孚》事涉一场战斗，《九二》"我有好爵，吾与尔靡之""是誓师犒军之举"，意谓"我与你们共饮"，这是"把酒誓师，以诚取信"；《六三》"得敌"意为"大敌当前"，"罢"通"鼙"，即小鼓；四句所叙为迎敌场面："面对敌人，大鼓伴着小鼓，哭声和着歌声。"[2]

　　众所周知，《易经》中的部分爻辞来自对史事、史诗的摘录。对《周易》卦爻辞中的历史故事，很早就有了专门考察[3]，甚至有人把《周易》看成"商周之交史实录"[4]。"某次占婚礼就可能留下《贲》六四的爻辞，某次占旅行又可能留下《夬》九三的爻辞"，歌谣也可能被认为有预言作用而被取为爻辞[5]。比如"贲如皤如，白马翰如，匪寇，婚媾"，最初并不是占婚之辞，而是一次婚礼所催生的歌谣，那次抢亲——当然是象征性的——用的是白马，那首美好的歌谣流传开来了，随后被占筮者取为爻辞，分置于《贲》《屯》两卦四处[6]。与之类似，某一场战斗催生了一首歌谣，随后被占筮者

〔1〕　胡朴安：《周易古史观》，上海：上海古籍出版社 2006 年版，第 174—176 页。

〔2〕　黄玉顺：《易经古歌考释（修订本）》，上海：上海古籍出版社 2014 年版，第330—332 页。

〔3〕　例如顾颉刚：《周易卦爻辞中的故事》，《燕京学报》第 6 期，北京：燕京大学1929 年。

〔4〕　可参看黄凡：《周易：商周之交史实录》，汕头：汕头大学出版社 1995 年版。

〔5〕　可参过常宝：《制礼作乐与西周文献的生成》，北京：中国社会科学出版社 2015年版，第 197—199 页。

〔6〕　《易·贲·六四》："贲如皤如，白马翰如，匪寇婚媾"；《屯·六二》："屯如邅如，乘马班如，匪寇，婚媾"；《屯·六四》："乘马班如，求婚媾"；《屯·上六》："乘马班如，泣血涟如"。分见《周易正义》卷三、卷一，阮本，第 38 页上栏，第 19 页下栏—20 页上栏。

取为爻辞，分置于《中孚·九二》及《六三》，这样解释我想最为近实。

首先，《中孚·九二》确应判断为战前誓师之辞，"鸣鹤在阴，其子和之"，意谓"你们应像小鹤追随老鹤一样，同心听命、跟随主帅（或君主）"。至于"我有好爵，吾与尔靡之"那句话，说的是战前犒军饮酒，还是战后庆功饮酒呢？像"甘宁百骑劫魏营"之前将士被赐饮五十瓶酒那样的战前犒军，倒不敢说没有，出征时的犒军宴享还是找得到实例的，但就先秦古礼而言，"我有好爵，吾与尔靡之"与其说成战前犒军，不若说成是对战后饮酒庆功礼的预告，更好一些。字面上说的是"将有一爵好酒与你们共享"，然而将士心里全都明白，那不仅仅是一爵好酒而已，饮酒庆功后还会有策勋、大赏，那才是"好爵"的真正意义；君主郑重许诺：你们的舍命搏杀不会徒劳，你们付出的热血，将换来禄位、荣耀与财富。

《中孚·九二》的"靡"字，虞翻释"共"[1]，王弼释"散"，孔颖达正义综合共、散二说："若我有好爵，吾愿与尔贤者分散而共之。"[2]朱熹读"靡"为"縻"，意思是"系恋"[3]。来知德继踵而来，还说是用绳子系恋[4]。"縻"字的本义，还真的就是系牛的缰绳[5]。

又，在马王堆帛书《周易》及《二三子问》《缪和》之中，"吾与尔靡之"的"靡"字作"羸"，句作"吾与尔羸之"。有一些学者认为，这里的"羸"是"靡"的通假字。然而《周易》中另有若干"羸"字，俞樾已指出这些"羸"字通"累"，事涉绳索，是"以索

---

〔1〕李鼎祚：《周易集解》卷一二引虞翻，北京：中华书局 2016 年版，第 370 页。

〔2〕《周易正义》卷六，阮本，第 71 页中栏。

〔3〕朱熹："靡与縻同。言懿德人之所好，故好爵虽我之所独有，而彼亦系恋之也。"《周易本义》，北京：中华书局 2009 年版，第 211 页。

〔4〕来知德："靡与縻同，系恋也。巽为绳，系之象也。"《周易集注》，上海：上海古籍出版社 2013 年版，第 280 页。

〔5〕许慎：《说文解字》卷一三上："縻，牛辔也。"北京：中华书局 1963 年版，第 276 页下栏。

系物"的意思[1]。刘大钧云："靡，又作'縻'、'纚'、'劘'。帛书《易经》作'赢'，'赢'、'縻'、'劘'、'靡'同在'歌'部，或可相通。其义为大索。引申为系恋、共享。"[2]总之，"縻"或"赢"的意思都是系连。我拿出"好爵"与你们共享，这象征着我愿意跟你们共富贵、同命运，彼此如有绳索相系，这就是"吾与尔靡之"的意思。王弼所谓"不私权利，唯德是与，……故曰'我有好爵，与物散之'"[3]，"权利"就是权势利益，"物"就是众人[4]。权势利益众人都有份儿。这个与权势利益紧密相关的"好爵"，与后世所谓爵禄，真的相去不远了。所以这个"靡"与"羁縻"的语义相近，兼有系连、笼络、控制之意。然则所谓"好爵"，就是富贵的许诺了。

在马王堆帛书《二三子问》中，孔子在解说《中孚·九二》时，还引人注目地采用了"唯饮与食，绝甘分少"之辞。"绝甘分少"意谓哪怕只有一点儿美食或饮食，也一定与之分享。与谁分享呢？首先可以跟将士分享，如司马迁《报任少卿书》："以为李陵素与士大夫绝甘分少，能得人之死力，虽古名将不过也。"[5]此外还可以跟亲人分享，如《孝经援神契》所云："母之于子也，鞠养殷勤，推燥居湿，绝少分甘。"[6]而"我有好爵，吾与尔靡之"这个许诺，肯定不是对亲人说的，最大可能是对将士说的，那么孔子所赞扬的"绝甘分少"，大概率是跟将士分享。

把《中孚·九二》的内容说成誓师，是以《六三》所述"得敌"

---

〔1〕俞樾：《群经平议》卷一《赢其角》，南京：凤凰出版社2010年版，第15页下栏。

〔2〕刘大钧：《今、帛、竹书〈周易〉疑难卦》（二），《周易研究》2004年第6期，第11页；《周易概论（增补本）》，成都：巴蜀书社2008年版，第211、364页。

〔3〕《周易正义》卷六，阮本，第71页中栏。

〔4〕"与物散之"的"物"意为"人"。"物"有"他人""众人"之义，如"人物"。又，"物望"就是在众人心中的声望，"物议""物论"就是众人的议论，"慎于接物"就是要谨慎待人。

〔5〕萧统：《文选》卷四一，上海：上海古籍出版社1986年版，第1859页，《报任少卿书》正文及李善注引《孝经援神契》。

〔6〕《后汉书》卷五四《杨震传》注引，北京：中华书局1965年版，第1762页。

场景为条件的。两爻所叙，一为战前，一为战后。当然，对"得敌"二字，学者的理解也不一样，有人说是"得知敌情"，有人说是对敌作战，高亨则认为"得敌者，虏得敌人也"[1]。我认为高亨之说较优，"得敌"就是已经克敌制胜了。这样来理解，才能同"或鼓或罢，或泣或歌"八字无缝对接。这个"或鼓或罢"的"罢"字，有人解释为"罢归"，即班师。按"罢"通"疲"，帛书《周易》作"皮"[2]，所以释"罢"为"疲"为是。高亨把"或罢"译为"力已竭也"[3]，最合本义。总之"得敌"之后，将士们随即陷入狂喜，有人兴犹未尽、狂欢击鼓，有人方经苦战、疲惫不堪；有人喜极而泣，有人放声高歌。场面栩栩如生，景象鲜明若画。两句爻辞联袂携手、相得益彰，共同组成了一首精彩的史诗。

"好爵"意味着庆功酒，对这一点，马王堆帛书《缪和》还可以继续提供证据。学者称《缪和》与《二三子问》两篇有一个共同优点——"以史证《易》"[4]。相应地，对于《中孚》的卦义，《缪和》不是用神秘主义思辨，而是用事理常情来解说的。请看：

> ［子］曰：□鹤者，□□□□所独擅也，道之所见也，故曰"在阴"。君者，人之父母也；人者，君之子也。君发号出令，以死力应之，故曰"其子和之"。"我有好爵，吾与尔赢之"者，夫爵禄在君、在人，君不徒□，臣不［徒受。圣君之使］其人也，

---

〔1〕高亨：《周易古经今注（重订本）》，北京：中华书局 1984 年版，第 340 页。

〔2〕《长沙马王堆汉墓简帛集成》，第 3 册第 37 页。

〔3〕高亨："鼓者，勇有余也；罢者，力已竭也。泣者，有所哀也；歌者，有所乐也。"同前注。

〔4〕廖名春指出：(《二三子问》、《缪和》等篇)"可以说开了以史证《易》派的先河。"《帛书〈周易〉论集》，上海：上海古籍出版社 2008 年版，第 348 页。刘大钧指出："《缪和》篇用以《易》阐史或以史证《易》的方式……提供了先儒从未得见的依据和旁证。"《周易概论（增补本）》，第 309 页。又徐强也认为，帛书《易传》的解释指向"治道"和"君子之道"，体现了一种"历史性思维"，见其《帛书〈易传〉解〈易〉研究》，北京：人民出版社 2014 年版，第 142 页，第 222—236 页。

欣焉而欲利之；忠臣之事其君也，欢然而欲明之。欢欣交通，此
圣王之所以君天下也。故《易》曰："鸣鹤在阴，其子和之；我
有好爵，吾与尔靡之。"其此之谓乎[1]？

有学者推测《缪和》中的"子"就是孔子，缪和等人则是孔子的弟
子[2]。《缪和》对《中孚》的解说，与《二三子问》好像不太一样，其
实却存在着内在一致性。下面试加分析。

第一，《缪和》把"鹤"解为君主，把"其子和之"的"子"解
作"君之子"，这一点至关重要。由于后文又说到了"忠臣"如何如
何，可知所谓"君之子"指的不是王子、公子，而是臣。如王化平
所论："帛书以'鹤'为君，以'子'为民、为忠臣，传世释《易》
文献好像没有这样的比喻。"[3]传统易学家在阐述"鹤与子"的寓意
时，或把它说成父与子的心意感通，或把它说成人与人的心意感通，
不一而足；而《缪和》却给了学人一个全新视角："鹤与子"的意象
事涉君臣。

第二，《缪和》指出这位君主正在"发号出令"，其臣子须"以死
力应之"。什么样的事情需要"以死力应之"呢？无疑就是战争吧。
《中孚·九二》事涉一场战斗、与《六三》所叙同为一事的论点，由
此大大强化了。君主在"发号出令"时揭举"好爵"，目的就是激励
臣子。君主"欣焉而欲利之"，则臣子"欢然而欲明之"。君主肯让
利，则臣子肯出力，双方利益都最大化了。

第三，《缪和》把"好爵"释为"爵禄"，这一点同样至关重要。
"'我有好爵，吾与尔靡之'者，夫爵禄在君、在人，君不徒□，臣不

---

〔1〕《长沙马王堆汉墓简帛集成》，第3册第130—131页。
〔2〕丁四新：《帛书〈缪和〉、〈昭力〉"子曰"辨》，《中国哲学史》2001年第3期；
　　《论帛书〈缪和〉、〈昭力〉的内在分别及成书过程》，《周易研究》2002年第3期。
　　郭沂：《郭店竹简与先秦学术思想》，上海：上海教育出版社2001年版，第310
　　页以下。
〔3〕王化平：《帛书〈易传〉研究》，成都：巴蜀书社2007年版，第189页。

徒受"这句话，明明就是在"好爵"与"爵禄"之间画等号了。"与尔靡之"的那个"爵"，也就是君主所授、臣子所受的那个"爵"。这与《二三子问》把"好爵"说成"旨酒"，似不相同。然而如前所述，"旨酒"与"爵禄"并不矛盾，二者可以在"爵"上并存兼容。把酒爵与封爵系连在一起的纽带，就是饮至之类的饮酒庆功礼。在庆功典礼上，"好爵"只是序幕，随后还有重头戏策勋、大赏，将士们得以把"爵禄"满载而归。所以说，《缪和》与《二三子问》存在着内在一致性。

《缪和》中"夫爵禄在君、在人，君不徒□，臣不徒受"一句，其中的阙字"□"，学者或推测为"予"，或推测为"圣"。而我想还有一种可能：这个阙字原文是"赢"，原文作"君不徒赢，臣不徒受"。"赢"是"縻"的假借字，意为系连、共享。"爵禄在君"意谓爵禄掌握在君主的手里，"爵禄在人"是说"爵禄"已拿出来与人共享了。由此，"君不徒赢，臣不徒受"，双赢。《中孚》的"孚"字通释为"信"，"信"被认为是《中孚》的主题。旧注是从"豚鱼"来阐述"信"的，而我想这个"信"，可以从"好爵"、从"君不徒赢"获得更佳解释：君主许诺的"好爵"——旨酒与爵禄，最终都在饮酒庆功礼上兑现了，君主是很守信的。

概而言之，《周易·中孚·九二》及《六三》所组成的那首歌谣，旁证了周代以酒酬功的礼俗的存在，强化了酒爵与封爵的相关性。

乡饮酒礼上的遵、僎异同及相关礼图纠葛

乡饮酒礼是一种古老礼俗，载入了先秦礼书。因其强化基层社会长幼尊卑秩序之功，在帝制时代，这个礼俗仍得到了许多王朝的重视。传统礼学家在乡饮酒礼上倾注了大量精力，现代学者也提供了深入的研究，似乎题无剩义了。然而眼下，我还是遭遇了一个小小疑难。

据礼书记载，在先秦的乡饮酒礼上，有一种参与者称"遵"，还有一种参与者称"僎"。前者见于《仪礼·乡饮酒礼》及《乡射礼》，后者见于《礼记·乡饮酒义》。多数学人的看法是把遵、僎认作一事的，二字被认为是通假关系，至于遵、僎哪一个应看成本字一点，则是分歧之所在。古人绘制的乡饮酒礼图，相应地也分化为两个类型：以《仪礼》为本的礼图取"遵"，图上无"僎"；以《礼记》为本的礼图取"僎"，图上无"遵"。进而"遵"或"僎"的具体身份是什么，也成了一个聚讼之所，诸说不一。这还影响到了宋明清王朝的乡饮酒仪注，两种礼图此起彼伏。清中期这样一种观点高涨起来："遵"与"僎"是两种不同的人，"遵"是应邀观礼的朝廷官贵，而"僎"是辅助主人行礼的家吏之长，把他们混为一谈是郑玄造成的，二者以区别开来为好。

本文的写作目的，就是对上述"遵""僎"纠葛，以及相关的礼图纠葛，做一个初步的梳理，搜集相关史料与论点，提示分歧、疑难之所在，以俟礼学专家取舍定夺。

一、遵、僎问题与两种乡饮礼图

先来看几条记载，以供了解"遵"之概貌：

1.《仪礼·乡饮酒礼》：宾若有遵者诸公、大夫，则既一人举觯乃入。席于宾东，公三重，大夫再重。

郑玄注：不干主人正礼也。遵者，诸公、大夫也。谓之宾者，同从外来耳。大国有孤，四命谓之公。席此二者于宾东，尊之，不与乡人齿也。天子之国，三命者不齿。于诸侯之国，爵为大夫则不齿矣。

2.《仪礼·乡饮酒礼》：遵者降席，席东南面。

郑玄注：遵者，谓此乡之人仕至大夫者也，今来助主人乐宾，主人所荣而遵法者也，因以为名。或有无，来不来，用时事耳[1]。

3.《仪礼·乡射礼》：大夫若有遵者，则入门左。……席于尊东。

郑玄注：尊东，明与宾夹尊也。不言东上，统于尊也[2]。

4.《周礼·地官·党正》：以礼属民而饮酒于序，以正齿位：一命齿于乡里，再命齿于父族，三命而不齿。

郑玄注：齿于乡里者，以年与众宾相次也。齿于父族者，父族有为宾者，以年与之相次；异姓虽有老者，居于其上。不齿者，席于尊东，所谓遵[3]。

---

[1]《仪礼注疏》卷一〇，阮本，第989页下栏、上栏。
[2]《仪礼注疏》卷一一，阮本，第995页上栏、中栏。
[3]《周礼注疏》卷一二，阮本，第718页中栏。

第1—3条表明，"遵"是一种拥有爵命的高级来宾，身份是诸公、大夫。乡饮酒礼的来宾除了本乡的父老、子弟、乡人，诸公、大夫也可能应邀前来、观礼助兴，所谓"助主人乐宾"。参照第4条，乡饮坐席大致分三等：1.堂下是子弟们的站位；2.堂上为父老之坐席。北墙放置着两个酒尊，父老在酒尊西侧按年齿就坐，南面东上；3.拥有爵命的诸公大夫，其一命者在堂下与子弟序齿，再命者在堂上与父族序齿，三命以上的诸公、大夫称"遵"，其席位在酒尊之东、主人之北。

下面在宋人杨复的《仪礼图》和清人张惠言的《仪礼图》中，各选一幅，以供了解"遵者诸公、大夫"的坐席位置。请看：

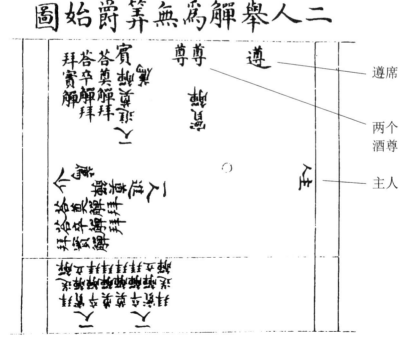

图1 杨复《仪礼图》卷四《乡饮酒礼·二人举觯》

《景印文渊阁四库全书》，台北：商务印书馆1986年版，第104册第58页。

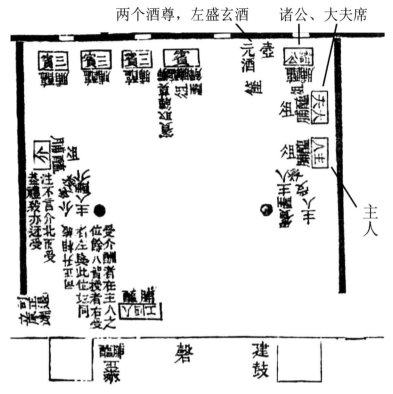

图2　张惠言《仪礼图》卷三《乡饮酒礼·旅酬》
日本国立国会图书馆藏本。

图1中的"尊尊"，就是图2中的那两个酒壶，为显示左侧酒壶里盛的是玄酒，图2把那个酒壶径标为"元（玄）酒"。图1中的两个酒尊之东的"遵"，就是图2中的诸公、大夫。主人、大夫西面，诸公南面。赘言之，"遵者"的席位是酒尊之东，位于整个场面的东北一隅。

　　不过郑玄又提出，古文《礼》中"遵"字，在今文《礼》中作"僎"、作"全"或作"驯"：

　　　　1.《仪礼·乡饮酒礼》"遵者降席"郑玄注：今文遵为僎，或为全[1]。

[1]《仪礼注疏》卷一〇，阮本，第989页上栏。

2.《礼记·少仪》"僎爵"郑玄注：古文《礼》僎作遵。……僎或为馴。

3.《礼记·乡饮酒义》"介僎"郑玄注：古文《礼》僎皆作遵[1]。

遵、僎、馴、全诸字，被认为同音可以通假[2]。于是，就有学者开始讨论这几个字中哪个是本字、哪个是假借字的问题。

宋人杨复、清人张惠言的仪礼图，采用的都是"遵"字，参上。元儒敖继公取"遵"，还提出了两种推测："谓之遵者，以其遵承主人之命而来欤？或曰'遵之为言尊也'，大夫尊于士，故以是名之。未知孰是。"[3]清人朱骏声："据郑则遵为本字。"[4]胡承珙、俞樾二人也讨论了遵、僎、馴、全几个字的通假关系，认为"遵"才是正字。胡承珙："是古文作遵者正字，今文假僎为之。僎或为全者，声近假借。"[5]俞樾："是遵正字，僎假字。"[6]今人杨天宇："是当以作遵为正字。今文僎则是遵的音近通假字。……或本作馴者，馴、僎古音叠韵，皆属文部；馴是邪母，僎是床母，邪床准旁纽，故二字亦音近可通，是馴又僎之通假字，则义迂远矣。故郑宁从通假字

---

[1] 分见《礼记正义》卷三五、卷六一，阮本，第1515页上栏、第1683页上栏。
[2] 如胡培翚论遵、选、僎相通："按《史记·周本纪》'遵修其绪'，徐广曰'遵一作选'，亦遵、僎相通之一证。"《仪礼正义》卷七《乡饮酒礼三》，南京：江苏古籍出版社1993年版，第401页。又如宋世举《仪礼古今文疏证》卷上《乡饮酒礼》论僎、全音同义近："《说文·人部》：'僎，具也。'《玉篇·入部》：'全，具也。'《论语》：'异乎三子者之撰。'《释文》：'撰，郑作僎，读曰诠。'《说文·言部》：'诠，具也。从言全声。'"《续修四库全书》，上海：上海古籍出版社2002年版，第91册第298页上栏。
[3] 敖继公：《仪礼集说》卷四《乡饮酒礼》，《景印文渊阁四库全书》，台北：商务印书馆1986年版，第105册第128页上栏。
[4] 朱骏声：《说文通训定声》乾部第十四，北京：中华书局1984年版，第765页上栏。
[5] 胡承珙：《仪礼古今文疏义》卷上《乡饮酒礼》，《续修四库全书》，第91册第519页上栏。
[6] 俞樾：《礼记异文笺·僎爵注古文礼僎作遵僎或为馴》，《春在堂全书》，南京：凤凰出版社2010年版，第3册，第413—414页。

僎，而不从或本通假字之通假字。"杨天宇还把郑玄对相关诸字的处理，归入"从通假字而不从通假字之通假字"的义例[1]，意思是说，在面对"遵→僎→驯"这样的通假关系之时，郑玄尽量选择前一个字。

今之学者也有以"僎"为本字的。如张富海："今文之'僎'似可看作本字。"[2]又华学诚："陆德明《释文》：'僎音遵，辅主人者。'是古文《仪礼》之'遵'乃'僎'之假字，为典礼时辅佐主人导行仪节之人。"[3]

据郑玄所云，古文经一个"遵"字，在今文礼中却衍生出了僎、驯、全好几个字。古文礼据称出自先秦旧本，刘歆强调古文经的价值高于今文经。暂不考虑其他因素，仅仅就此而言，"遵"是本字的可能性似乎稍大一些。然而"僎"也未必没有道理。"僎"见于《礼记·乡饮酒义》：

> 宾主象天地也，介僎象阴阳也，三宾象三光也。让之三也，象月之三日而成魄也；四面之坐，象四时也。天地严凝之气，始于西南而盛于西北，此天地之尊严气也，此天地之义气也。天地温厚之气，始于东北，而盛于东南，此天地之盛德气也，此天地之仁气也。主人者尊宾，故坐宾于西北，而坐介于西南以辅宾。宾者接人以义者也，故坐于西北；主人者，接人以德厚者也，故坐于东南；而坐僎于东北，以辅主人也[4]。

这段叙述以宾、主、介、僎并称，介是辅宾的，僎是辅主人的。主与

---

〔1〕 杨天宇：《郑玄校〈礼记〉不从或本异文的五原则》，浙江大学古籍研究所编《礼学与中国传统文化》，北京：中华书局2006年版，第253页；《郑玄三礼注研究》，天津：天津人民出版社2007年版，第553页。
〔2〕 张富海：《汉人所谓古文之研究》，北京：线装书局2007年版，第190页。
〔3〕 华学诚：《扬雄方言校释汇证》，北京：中华书局2006年版，第165页。
〔4〕《礼记正义》卷六一，阮本，第1683页上栏。

宾，介与僎，由此对称了、镜像化了。进而还能看到，语中的三光、四时、天地、四方之类语词，都属于神秘主义、形式主义概念。

视遵为僎，除了遵、僎同音之外，《礼记·乡饮酒义》被看成又一依据。清人齐召南："按《仪礼》……独于遵不言坐处。遵坐东北，赖此《记》以明之。"[1]他说《仪礼·乡饮酒礼》中的遵席位不明，靠着《礼记·乡饮酒义》，"遵坐东北"这一情况才为人所知[2]。现代字典在解释"僎"时，或云"乡饮酒辅主人者"[3]，或云"典礼宴饮时辅佐主人行仪节的人"[4]，大抵都是以《礼记·乡饮酒义》为本的。

叙述至此，读者已看到了这一情况：遵与僎（及驲、全）哪一个是本字的讨论，是以"遵、僎是同一种人之异称"这个认知为前提的。

遵、僎问题上的《仪礼》《礼记》之异，直接影响到了后儒所绘礼图。在南宋杨复的《仪礼图·乡饮酒礼图》中，位于场面东北的是"遵"，而南宋杨甲的《六经图·礼记图·乡饮礼图》就不同了，位于场面东北的是"僎"而不是"遵"。可参下页图3和图4。

在传世的杨甲《六经图》的各种版本中，能看到其乡饮礼图有图3与图4两种样式，这里分称A式、B式。据吴长庚揭示，杨甲《六经图》在流传中，形成了书本、碑本两个不同的版本系统。而本文所展示的A式、B式，据我一一对比，恰好分别属于书本系统与碑本

---

[1] 齐召南：《礼记注疏考证》，《礼记注疏》卷六一末附，《景印文渊阁四库全书》，第116册第506页上栏。

[2] 按，齐召南说《仪礼》中不见遵者坐处，似不准确。遵者之席，《仪礼·乡饮酒礼》明云"席于宾东"，《乡射礼》明云"席于尊东"，其事甚明。不知齐召南何据，其说恐非。

[3] 王力主编：《王力古汉语字典》，北京：中华书局2000年版，第47页。

[4] 如罗竹风主编：《汉语大词典》，上海：上海辞书出版社1986年版，第1册第16页；冷玉龙等编：《中华字海》，北京：中华书局、中国友谊出版公司1994年版，第91页右栏；徐中舒主编：《汉语大字典》，武汉：崇文书局，成都：四川辞书出版社2010年版，第262页右栏。

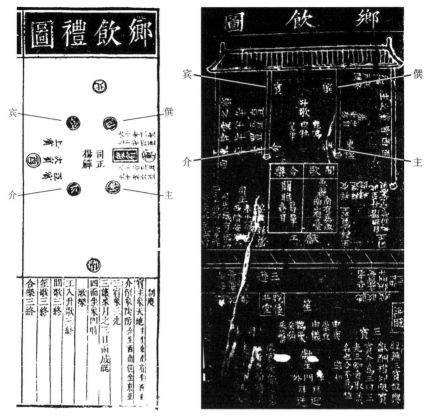

图 3　杨甲《六经图·乡饮礼图》(A 式)

吴承仕《七经图》,《四库全书存目丛书》, 济南:齐鲁书社 1997 年版,第 150 册第 569 页。

图 4　杨甲《六经图·乡饮图》碑本 (B 式)

吴长庚:《六经图碑本研究》,南昌:江西人民出版社 2017 年版,第 508 页。

系统[1]。无论 A 式、B 式,主、宾、僎、介都位于堂上四隅,处于场

---

[1] 杨甲《六经图》的两个版本系统,即宋抚州本系统、昌州石本系统。前一系统的版本,如吴继仕《七经图》,潘采龙《六经图考》,四库全书本《六经图》等;后一系统的版本,如卢谦、章达《五经图》,郑之侨《六经图》,卢云英《重编五经图》,江为龙、叶涵云《朱子六经图》,杨魁植《九经图》等。参看吴长庚:《六经图碑本书本之流传与演变》,《江西社会科学》2003 年第 2 期;《六经图碑述考》,《孔子研究》2003 年第 2 期;《六经图碑本研究》,南昌:江西人民出版社 2017 年版,绪言第 12 页以下。我对各个版本的《乡饮礼图》加以比较,其结果是:宋抚州本系统的《六经图》均作 A 式,昌州石本系统的《六经图》均作 B 式。至于哪一式是杨甲《六经图》的原作,哪一式在流传中出现了后人改绘现象,还有待于进一步研究。

面东北的都是"僎"，而不是"遵"。

　　同为宋人，杨复之图以《仪礼》为本，故取"遵"不取"僎"；而杨甲之图以《礼记》为本，故取"僎"不取"遵"。观察杨甲之图，图3所见的"宾主象天地，介僎象阴阳"等文字，图4所见的"三宾""三光"等文字，都出自《礼记·乡饮酒义》。图3表现的是"一人扬觯，乃立司正焉"的场面，图4表现的是"工入，升歌三终"的场面，这也都是依据《乡饮酒义》的。后代续作的乡饮酒礼图，由此分化出了两大类型，一类是本于《仪礼》的"杨复型乡饮图"，一类是本于《礼记》的"杨甲型乡饮图"。

　　对《礼记·乡饮酒义》的那段论述，可以从理论与实用两个层面来审视。从理论层面说，以宾主象天地，以介僎象阴阳，让他们分居西北、东南、东北、西南，东西两方分别体现严凝尊严之气与温厚盛德之气，或"义气"与"仁气"，这种阐述，显系神秘主义、形式主义思维，应属战国儒生的踵事增华。对这种阐述，古人也有不以为然的，如朱熹云其"何相戾之甚耶"，王应电云其"皆不免于傅会也"，姚际恒云其"取象之说近迂，然图行文好看则可耳"[1]。乡饮酒礼发源于氏族时代，相当古老，最初似不会有那些稀奇古怪的念头。而从实用层面说，由介辅宾、由僎辅主人，其实又相当合理。乡饮酒仪节繁多、事务琐碎，当然需要有人"辅主人"了。主人若没人辅，就成了"光杆司令"了。宾、主各有其辅、辅主人者为僎，这个认识应有现实礼制做基础，并非无因而发。当然，问题在于这些"辅主人"的人具体是谁、当时他们被称为什么，跟所谓"遵者"又是什么关系。

〔1〕分见朱熹：《仪礼经传通解》卷七《乡饮酒义》，《朱子全书（修订本）》，上海、合肥：上海古籍出版社、安徽教育出版社2010年版，第2册第307页；王应电：《周礼图说》，《景印文渊阁四库全书》，第96册第337页上栏；杭世骏：《续礼记集说》卷九九《乡饮酒礼》引姚际恒，《杭世骏集》，扬州：广陵书社2019年版，第3册第318页上栏。

二、宋明清仪注中之遵僎与两种乡饮礼图之沉浮

南宋之后，采用"介僎模式"的"杨甲型"经图、礼图，就继踵而来了。相应地，"僎"变成了典礼上的常驻角色，宋明清诸朝的官方乡饮仪注中，都曾明文设僎，一度还有了大僎、一僎、二僎、三僎之别，"遵"却无迹可寻，直到乾嘉之后才出面露头。

然而对大僎及一僎、二僎、三僎，杨华指为一个"历史乌龙"："乾隆八年（1743），朝廷认为，各地方的乡饮酒礼形式不一，有的称大宾、介宾、一宾、二宾、三宾，有的称一僎、二僎、三僎，名号纷歧。尤其是'僎'这个身份来历有问题。原来《仪礼》《礼记》中讲到乡饮酒礼时，偶尔会有一种位'遵者'参与仪式。而根据郑玄的注释，'遵'字在今文经的版本中（汉代经学文本有今文与古文两个系统）写作'僎'。……然而不知从什么时候起，这个'僎'竟成为乡饮仪式中位仅次于正宾的一个常客了。乾嘉年间，正是中国考据学的鼎盛期，岂能让这种历史乌龙再得延续。于是朝廷颁诏，规定今后的乡饮酒礼中，省去僎之名，只设宾、介。"[1]对历代乡饮酒礼中的"僎"，杨华另有专文讨论研究，读者可以同时参看[2]。

在乾嘉年间，朝廷发现了什么"乌龙"，又是如何纠正的呢？我们来看乾隆十八年（1753）对于乡饮酒仪注的一份礼部议准，其中对遵、僎有一番具体辨析：

> 其宾介之数，据《会典》所载《乡饮酒图》，有大宾、介宾、一宾、二宾、三宾、众宾，与大僎、一僎、二僎、三僎之名。按

---

[1] 杨华：《从乡饮酒礼到千叟宴（上）》，《武汉文史资料》2017年第9期，第52页。

[2] 杨华：《僎的"复古"与乡饮酒礼流变》。首发于2017年9月第七届中国经学国际研讨会，华中师范大学古籍研究所，后刊于《中国经学》2018年第1期，第11—20页；收入其《古礼再研》，北京：商务印书馆2021年版，第264—281页。

《仪礼》："宾若有遵者诸公大夫，则既一人举觯乃入。"注言："今文遵为僎。"又曰："此乡之人仕至大夫者，来助主人乐宾，主人所荣而遵法者也。或有无、来不来，用时事耳。"又曰："不干主人正礼也。谓之宾者，同从外来耳。大国有孤四命，谓之公。"又疏言："一人举觯，为旅酬始，乃入。即是作乐前入。"又《戴记》："坐僎于东北，以辅主人。"所谓"席于宾东，助主人乐宾者"也。其言"主人亲速宾及介，而众宾自从之，至于门外；主人拜宾及介，而众宾自入"，"三揖至于阶，三让以宾升，拜至、献酬、辞让之义（仪）繁，及介省矣。至于众宾，升受、坐祭、卒饮、不酢而降"，皆无一言及僎者，所谓"不干主人正礼"者也[1]。

这番辨析虽未彻底澄清问题，但毕竟征之古礼古注，指出了关键之点：

1. 遵或遵者是一种宾，"谓之宾者，同从外来耳"。

2. 遵是本乡之人仕至大夫者。

3. 遵或有或无，可能来也可能不来。

4. 遵"不干主人正礼"。即，因为遵身份高贵，过早入场会影响主宾献酬正礼，所以直到正礼结束后，具体说是"一人举觯"之后、作乐之前，方才入场（按，乡饮酒礼的过程，大致分主宾献酬、乐工奏乐、旅酬、无算爵等阶段。"一人举觯"在主宾献酬之后、乐工奏乐之前）。

---

[1] 素尔讷等：《学政全书》卷七五《乡饮酒礼》。霍有明、郭海文：《钦定学政全书校注》，武汉：武汉大学出版社2009年版，第295页。按，其他诸书引此诏，"据《会典》所载《乡饮酒图》"一句中的《会典》二字，往往另作"旧礼"、"旧仪"。相比之下，《学政全书》的《会典》提法，比"旧礼"、"旧仪"更具体，我想它更接近这份公文的原貌，所以选择引用此书。又《清实录》，其事起因是陕西布政使张若震上奏各省乡饮酒礼事，礼部因有议覆，随后得到了乾隆帝诏准。参看《清高宗实录》卷四三八，乾隆十八年五月丙辰朔，北京：中华书局1986年版，第704页。张若震的奏折，又可看中国第一历史档案馆：《乾隆朝乡饮酒礼史料》，《历史档案》2002年第3期，第3—8页。又，《清史稿》卷八九《礼志八》记此事，有"乾隆八年，以各省乡饮制不画一"一句，这个"八年"应作"十八年"。北京：中华书局1977年版，第2655页。《清史稿校注》已指出了这一错误。台北：商务印书馆1999年版，第4册，第2826页。

那么，把这种可能来也可能不来、到不到场都不影响礼典进程的来宾遵，说成是"辅主人者"，若就《仪礼·乡饮酒礼》本文而言，很难说没有牵强之处。

据此乾隆重新规定：

> 顺天府及直省府州县，先期访绅士之年高德劭者一人为宾。……其本地有仕至显官、偶居乡里、愿来观礼者，依古礼坐于东北。顺天府及直省会城，一品席南向，二三品席西向；各府州县三品以上席南向，四五品席西向，无则阙之。不立一僎、二僎、三僎之名[1]。

"一僎、二僎、三僎"之名，至此而废。"僎"这一角色改由"仕至显官、偶居乡里、愿来观礼者"来担任了。之所以"一品席南向"或"三品以上席南向"，显然是比照"遵者诸公、大夫"中的"诸公"的，根据《仪礼》，诸公在酒尊之东的贵宾席南向而坐；之所以"二三品席西向"或"四五品席西向"，显然是比照"遵者诸公、大夫"中的"大夫"的，根据《仪礼》，大夫在酒尊之东的贵宾席西向而坐。可参看图2。虽狃于积习，这种来宾未能改用"遵"名，但其"辅主人者"的意味大为淡化了。既把"僎"认定为"观礼者"而非"辅主人者"，却仍不称"遵"，算是《仪礼》《礼记》之间的调和折衷吧。

乾隆十八年诏显然构成了一个转折点。那么此前此后是什么情况呢？下面就征诸史料，给感兴趣的读者提供参考。

两汉魏晋南北朝的乡饮酒礼记载稀缺、语焉不详，遵或僎的情况更暧昧不明了。唐代的乡饮酒礼和正齿位礼上，也看不清遵或僎的身影。也许在这时候，是把遵、僎视为一种可有可无、无足轻重的角色的。

---

[1] 素尔讷等：《学政全书》卷七五《乡饮酒礼》。霍有明、郭海文：《钦定学政全书校注》，第296页。

南宋初情况一变，"僎"不但崭露头角，而且随即引发纠纷了："（绍兴）十三年（1143），比部郎中林保乞修定乡饮仪制，遍下郡国，于是国子祭酒高闶草具其仪上之，僎介之位，皆与古制不合，诸儒莫解其指意。庆元中（1195—1201），朱熹以《仪礼》改定，知学者皆尊用之，主、宾、僎、介之位，始有定说。"[1]高闶对主、宾、僎、介的具体设计如下："主，州以郡守，县以县令，位于东南。宾，择乡里寄居年德高及致仕者为之，位于西北。僎，州以通判，县以丞或簿，位于东北；介，以次长，位于西南。"[2]

自高闶之后的历朝乡饮仪注，包括前述乾隆十八年诏所改定的制度、宾、僎的担任者，大致涉及了以下四种人：

1. 乡里寄居年德高者。

2. 致仕者。

3. 州县佐贰，即如州通判、县丞簿之类。

4. 仕至显官、偶居乡里、愿来观礼者。

在高闶的设计中，宾、僎的担任者，只限于前三种人。第一种"乡里寄居年德高者"，本来就是乡饮尊礼对象。第二种是"致仕者"，高闶安排他们做宾，也合乎古义。乡饮及乡射来宾，本即包括"先生""君子"两种人，"君子"即乡里"年德高者"，"先生"就是致仕者，致仕后还要在乡间为师任教，所以有"乡先生"之称。作为敬老养老对象的所谓"耆老"，也是包含致仕者在内的[3]。第三种是州县佐贰，高闶让他们担任僎，即所谓"辅主人者"。乡饮主人是州县长官，佐贰就是"辅"长官的人。由此在主、宾、介之外，"僎"初次闪亮

---

[1]《宋史》卷一一四《礼志一七》，北京：中华书局1977年版，第8册，第2722页。

[2]《宋会要辑稿·礼四六》，上海：上海古籍出版社2014年版，第3册，第1759页。

[3]《仪礼·乡射礼》"以告于乡先生、君子"郑玄注："乡先生，乡大夫致仕者也。君子，有大德行不仕者。"同书《乡饮酒礼》"主人就先生而谋宾介"郑玄注："先生，乡中致仕者。……古者年七十而致仕，老于乡里，大夫名曰父师，士名曰少师，而教学焉。"分见《仪礼注疏》卷一三、卷八，阮本，第1009页中栏、第980页上栏。《礼记·王制》"耆老皆朝于庠"郑玄注："耆老，致仕及乡中老贤者。"《礼记正义》卷一三，阮本，第1342页上栏。

登场。僎、介一个在东北、一个在西南，都依《礼记·乡饮酒义》。第四种是现任"显官"，这种人初见于乾隆十八年诏，显由《仪礼》中的"遵"、"诸公大夫"而来。而在高闶的方案中，相当于"诸公大夫"的现任显官付之阙如。

总之，王朝仪注中对"僎"的不同设定，分别来自不同经注，对应着不同的乡饮礼图。简示如下：

表 1　两种礼图的差异简示

《仪礼》之遵	《礼记》之僎
诸公大夫	辅主人者
仕至显官、偶居乡里、愿来观礼者	州县佐贰通判丞簿
杨复型乡饮图	杨甲型乡饮图
例如图 1、图 2	例如图 3、图 4

从"诸儒莫解其指意"一语看，高闶以《礼记》为本而设计的"僎介之位"，并没有得到学人首肯，而是招致非议了。几十年后、也就是庆元年间朱熹改定乡饮席位，即其反弹。朱熹对乡饮席位的设想是什么样的呢？《宋史·艺文志》在"朱熹以《仪礼》改定……始有定说"一句后，接着就是"其主，则州以守、县以令……"一大段叙述，初读下去，似乎这就是朱熹的设想。然而据王美华所考，《宋史·艺文志》"误将绍兴礼文纳入朱熹名下"了[1]。也就是把高闶关于主、宾、僎、介的那番设计，弄成了朱熹"以《仪礼》改定"的内容，张冠李戴了。王美华之说可从。因为那种主、宾、僎、介各居一隅的景象，显以《礼记》为本，以《礼记》为本则必出高闶之手，而不是出自朱熹之手。

朱熹依照《仪礼》而改定的乡饮坐席，若将之绘制为图，我猜想跟杨复的《仪礼图·乡饮酒礼图》相去不远。杨复是朱熹弟子，直接参加了朱熹主持的《仪礼经传通解》的写作。而且杨复作《仪礼

---

〔1〕　王美华：《唐宋时期乡饮酒礼演变探析》，《中国史研究》2011 年第 2 期，第 110 页。

图》，本来就发源于朱熹的启谕[1]。这部《仪礼图》被誉为"朱子学派礼学思想发展的结晶"[2]，其中的乡饮酒礼诸图，必是恪守师法、伸张师说的。有人推测说，宋以来绘制礼图成为风尚，朱熹对《仪礼》经注的考辨，就是以礼图为基础的[3]。若然，最可能为朱熹所参考的礼图，当即杨复《仪礼图》；反过来说，杨复《仪礼图》又是以朱熹的考辨为基础的。乡饮酒礼上的高闶与朱熹之争，等于是《礼记》《仪礼》之争，进而是"杨甲型礼图"与"杨复型礼图"之争。南宋杨甲的《乡饮礼图》与高闶设计的乡饮坐席，都是以《礼记》为本的，所以高闶的"僎介之位"可以由"杨甲型礼图"窥其概貌；反过来说，杨甲《乡饮礼图》又是以高闶的"僎介之位"为基础的。

　　明初的统治者对乡饮酒礼相当重视[4]。洪武三年（1370）所修《明集礼》，宣称将"取《仪礼》及唐宋所行，参酌损益为乡饮酒礼"，其与本文相关内容，略如：

　　　　1."乡饮酒礼·僎入"条：《仪礼》，宾若有僎者诸公大夫，则既"一人举觯"乃入。……唐礼无之。宋礼有僎，而与《仪礼》不同。今拟特存此条，以待致仕而有德行者。

　　　　2."县邑饮酒读律仪注·立宾主介僎"条：每冬季行事县令

〔1〕朱熹对杨复的启谕，可参《四库全书提要》："严陵赵彦肃作《特牲少牢二礼图》，质于朱子，以为更得《冠昏图》及堂室制度更考之，乃佳。（杨）复因原本师意，录十七篇经文，节取旧说，疏通其意，各详其仪节、陈设之方位，系之以图，凡二百有五。"（《景印文渊阁四库全书》，第104册第1页下栏）又查明人杨士奇《文渊阁书目》卷一《地字号第四厨书目》，有"《朱子仪礼图》一部四册""《朱子仪礼图》一部五册""《朱子仪礼图》一部六册""《朱子仪礼图》一部十册"，共四种，列于朱熹《仪礼经传通解》之后（《景印文渊阁四库全书》，第675册128页）。这四种"朱子仪礼图"，疑皆杨复《仪礼图》，而被径题为"朱子仪礼图"了。
〔2〕王志阳：《论杨复〈仪礼图〉与张惠言〈仪礼图〉之关系》，《中南大学学报》2015年第2期，第248页。
〔3〕李少鹏：《〈仪礼经传通解〉研究》，吉林大学2017年历史文献学博士论文，第162页。
〔4〕对明初乡饮酒礼，丘仲麟、许贻惠有文详考，分见《敬老适所以贱老——明代乡饮酒礼的变迁及其与地方社会的互动》，《"中研院"历史语言研究所集刊》76本第1分，2005年3月，第1—78页；《明代乡饮酒礼的社会史考察》，《明史研究》第9辑，黄山书社2005年版，第160—167页。相关著述甚多，不具引。因围绕"僎"而生发的礼学纠葛过于细碎，这些文章未予赘论。

为主，以乡之老人年六十以上有德行者一人为宾，其次一人为介，又其次为三宾，又其次为众宾。乡人尝为大夫士而致仕者，或寄居之士大夫年德可尊礼者一人为僎。（原注：如无，则以县丞主簿为之。无则阙。）[1]

第1条来自乡饮历史考索的部分，这部分对僎的来龙去脉也有考索，而且其时展示了一个向《仪礼》靠拢的意向，也就是让僎向"诸公大夫"靠拢的意向。于是第2条所定仪注中，就看到了一个变化：宋礼原是以州县佐贰担任僎、以致仕者担任宾的，而在明初仪注中，致仕者转而担任僎了，而且又有一种"寄居之士大夫年德可尊礼者"，被增补为僎的候选人。

大家都知道，明初的礼制建设，多方出现"复古"倾向。在我看来，乡饮仪注向《仪礼》回归，即其一端。推测当时制礼者的认知，是"僎＝遵＝诸公大夫"，而"诸公大夫"是官儿，那么僎就应该由官儿担任。致仕官也是一种官儿，于是就给他们换岗，让他们由"宾"而"僎"。至于邀请现任官员到乡饮现场观礼，那就不方便了。时移世易，当今官场常规跟先秦大不相同，无论本县上司还是邻县长官，没人会来，更不用说京城显贵了。那就再看看有没有"寄居之士大夫年德可尊礼者"。如此而已。

"寄居士大夫"是些什么官儿，为什么碰巧在本县居停，想必形形色色，莫衷一是。致仕者与寄居士大夫，大约都是或有或无的，所以仪注又规定"如无，则以县丞、主簿为之。无则阙"。这规定包括两个选项：要么以丞簿为之，要么干脆就空着，"无则阙"。让丞簿给僎当"备胎"，等于给"辅主人者"留了一个后门，也算是宋礼"僎，州以通判，县以丞或簿"的余绪。《明集礼》对僎的处理，还真就体现了"取《仪礼》及唐宋所行，参酌损益"的宗旨。

洪武十六年（1383）十月颁布的《乡饮酒礼图式》，仍规定"乡

---

[1] 徐一夔等：《明集礼》卷二九《乡饮酒礼》，《景印文渊阁四库全书》，第650册第7页上栏，第8页下栏—9页上栏。

人为官致仕者，主席请以为僎"，席位安排是"僎、主、僚属居东，宾、介、三宾、众宾居西"[1]。在这个场面中，僎与僚属并存，僎实际是按"遵"来设计的。

洪武年间还有一部《皇明礼制》，其中还出现了僎、三僎、众僎等不同名称。约成化、弘治之时，文林有追述："伏睹《皇明礼制图》：僎居东北，三僎次之，众僎傍列，皆致仕及僚属位尊者为之。属官职卑，列在庭下。大宾居西北，三宾次之，众宾傍列，皆林下布衣年高者为之。五十者列居庭下。"[2]僎、三僎、众僎显然是比照大宾、三宾、众宾而设置的，让他们两两相应，形同镜像，以收对称之美。"僎"不但增殖繁衍了，而且"僚属位尊者"跟致仕官员同时担任僎，等于遵、僎合一，"诸公大夫"与"辅主人者"联袂登场了。明代乡饮酒礼上的僎，自初就不止一人。如洪武六年（1374）苏州知府魏观所举行的乡饮，"其大宾为前进士魏俊民，介为先圣五十四世孙思晭，僎为推官王芳，三宾为范廷征，众宾为邵允礼、钱琼等十有一人，次僎为知吴县事曾黼、知长洲县事张其"[3]。这次行礼已有了僎、次僎之分，分别由王芳、曾黼、张其三人担任。三位僎全都是知府下属，相当于"辅主人者"。

很有趣的是，文林又指责说："奈何近世经生俗吏，不肯考究，或以己意臆度，或惟逞己压人，辄将《皇明礼制》更改不一，或以见任佐贰官为僎而居西北，又或以致仕官为大宾而居东南。"[4]文林所

---

〔1〕《明太祖实录》卷一五七，洪武十六年十月乙未，"中研院"历史语言研究所1962年校印本，第2438页；弘治《明会典》卷七八《乡饮酒礼》，《景印文渊阁四库全书》，第617册第749—750页。"弘治《明会典》"通常被称为"正德《明会典》"。原瑞琴认为"'正德《大明会典》'改称为'弘治《大明会典》'则更妥当些"。《大明会典研究》，中国社会科学出版社2009年版，第86页。本文采纳了这个意见。

〔2〕文林：《文温州集》卷四《陈言礼仪三事》，《四库全书存目丛书》，济南：齐鲁书社1996年版，集部第40册第314页上栏—下栏。

〔3〕王彝：《乡饮酒碑》，《明文海》卷六七《碑甲》，北京：中华书局1987年版，第600—601页。洪武年间，魏观作为"议礼臣"参与了多种礼书的撰作，包括《皇朝礼制》《明集礼》等，参看《明史》卷四七《礼志一》。则魏观对僎的认识，也许会影响到官方的仪注。

〔4〕文林：《文温州集》卷四《陈言礼仪三事》，《四库全书存目丛书》，集部第40册第314页下栏。"臆度"原文讹作"憶度"，径改。

指责的僎宾、大宾的身份混乱、方位混乱，未必都来自经生俗吏的率易更改，其实《明会典》本身就存在这种混乱。试比较弘治《明会典》与万历《明会典》的乡饮酒礼图：

图 5　弘治《明会典》卷七八《乡饮酒礼图》

《景印文渊阁四库全书》，第 617 册第 751 页。

图 6　万历《明会典》卷七九《乡饮酒礼图》

《续修四库全书》，第 790 册第 424 页下栏。

一望便知，图5中大宾与僎宾的位置，与图6是相反的。查弘治《明会典》所载洪武二十二年（1389）《再定乡饮酒礼图式》："大宾以致仕官为之，位于东北；僎宾择乡里年高有德之人，位于西北。"[1]可见弘治《明会典》不光把大宾、僎宾图画反了，就连《再定乡饮酒礼图式》中的东北、西北也给写颠倒了，原文应是大宾在西北、僎宾在东北的。万历《明会典》察觉到了这里有错误，便把洪武二十二年《再定乡饮酒礼图式》中的方位更正为"大宾以致仕官为之，位于西北；僎宾择乡里年高有德之人，位于东北"，也就是把"西北""东北"字样对换了，所附礼图也做了相应改动，变成了图6那个样子。

　　然而万历《明会典》的更正，犹非完璧，仍有瑕疵，虽把"西北""东北"字样对换了，却没发现两句中的"致仕官"与"乡里年高有德之人"也应对换。亦即，弘治《明会典》所载洪武二十二年的《再定乡饮酒礼图式》，把大宾、僎宾承担者的身份也给写反了，"大宾以致仕官为之""僎宾择乡里年高有德之人"两句话，本应作"僎宾以致仕官为之""大宾择乡里年高有德之人"的。对比洪武十六年《乡饮酒礼图式》即知："选乡里年最高有德、人所推服者一人为宾。……如有乡人为官致仕者，主席请以为僎。"宾由年高有德者担任，僎由致仕官担任，这就比较接近《仪礼》了。洪武二十二年的《乡饮酒礼图式》不会没来由地把宾、僎身份给改了吧。又如前引文林所见洪武《皇明礼制图》，据他描述，也是"僎居东北……皆致仕及僚属位尊者为之"，"大宾居西北……林下布衣年高者为之"，与洪武十六年《乡饮酒礼图式》一样的。弘治《明会典》的上述讹误，万历《明会典》沿用不改，仍作"大宾以致仕官为之"，"僎宾择乡里年高有德之人"。这个讹误被陈陈相因，一直到清乾隆时期。参看下表：

---

〔1〕　弘治《明会典》卷七八《乡饮酒礼》，《景印文渊阁四库全书》，第617册第751页上栏。

表2　明及清前期乡饮仪注中大宾与傁宾的混淆示意

	宾或大宾	傁或傁宾
洪武三年《明集礼》	老人年六十以上有德行者	致仕者，寄居士大夫，县佐贰
洪武中《皇明礼制图》	林下布衣年高者	致仕及僚属位尊者
洪武十六年《乡饮酒礼图式》	乡里年最高有德、人所推服者	乡人为官致仕者
弘治《明会典》	致仕官	乡里年高有德之人
万历《明会典》	致仕官	乡里年高有德之人
康熙《清会典》	致仕官	乡里年高有德之人
雍正《清会典》	致仕官	乡里年高有德之人

说明：底纹用以凸显礼文雷同。

所以，文林所说的"以己意臆度"、"辄将《皇明礼制》更改不一"之类混乱，我怀疑是官方颁布的仪注——包括《明会典》在内——未能精密，自身发生了混乱，这才招来了民间"经生俗吏"的以意调整、擅加弥缝，以至自出心裁的[1]。

眼下就有这么一位挑剔皇朝礼典、"以己意臆度"的经生——骆问礼。骆问礼所看到的《明会典》，据他所说是"大宾以致仕官为之，位于东北；傁宾择乡里年高有德之人，位于西北"的，可知他所看到的是弘治《明会典》。骆问礼指责弘治《明会典》席次不妥："岂当时写录之讹，纂缉诸臣未暇考正然欤？""此系写录之误无疑"。面对着官方《明会典》之讹误，骆问礼忍不住"以己意臆度"、自出心裁了："按参酌古今，其次当如此：宾位东北，介以次宾为之，位西北，俱南面。主位西南，傁以佐贰为之，位东南，俱北面。三宾位宾左，西

[1] 又《明史》卷五六《礼志十》："（洪武）十六年（1383）诏班《乡饮酒礼图式》于天下，每岁正月十五日、十月初一日，于儒学行之。其仪……以乡之致仕官有德行者一人为宾，择年高有德者为傁宾。"（北京：中华书局1974年版，第1419页。）然而现在我们知道，《明史》这个"其仪"，其实不是上一句所说的洪武十六年《乡饮酒礼图式》，而是来自弘治《明会典》及万历《明会典》的、含有错误的洪武二十二年《再定乡饮酒礼图式》。洪武十六年《乡饮酒礼图式》原是以"乡里年最高有德、人所推服者"为宾、以"乡人为官致仕者"为傁的。总之，《明史》的这段"其仪"之文存在瑕疵，引用时应该谨慎。

面。"把它们绘入礼图，便成了这个样子：

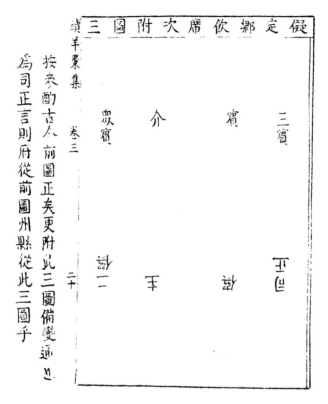

图 7　骆问礼：《续羊枣集》卷三《乡饮酒礼席次图说》
《续修四库全书》，第 1127 册第 308 页上栏。

此图甚为诡异，令人耳目一新：宾原在西北，现在移到东北去了；主
人本在东南，现在移到西南去了。于是宾、主、介、僎的席位，比之
同类的乡饮酒礼图，全都顺时针右旋了 90°。骆问礼凿凿有据："我
朝尚左，宾位东北，则主当在西南可知。"[1] 其创新意识实在太强了。
按，文林曾要求朝廷下狠手，把那些被肆意更改刊刻的朝廷礼典烧
光。但骆问礼并未更改朝廷礼典，他的图只是私人著述而已，应能免

〔1〕　骆问礼：《续羊枣集》卷三《乡饮酒礼席次图说》，《续修四库全书》，上海：上海
　　　古籍出版社 2002 年版，第 1127 册第 306 页以下。

遭一炬吧。

　　嘉靖之时又有沈概，就"僎"的问题表达观感：《明会典》所载《乡饮酒礼图式》的正文中并没有"三僎"，"附载礼图则有三僎，位于大宾之左，西上"，"三僎者初无明文，今以佐贰官为之"，"僎以致仕官为之，则又稍合于古也；三僎次于东北，僚属西面，而众宾东面，此则古未详言之耳"[1]。沈概所见之《明会典》，当然也是弘治《明会典》了，"三僎位于大宾之左"一语可证。又明末李之藻亦云："《会典》迎送设席，并不及于三僎，惟图式列之。"他推测"当由佐贰充僎，佐贰不止一人，故编纂者因讹混列，遂若以三僎配三宾者"。在他看来，三僎的出现来自对"三宾"的模拟。对于佐贰任三僎，李之藻颇不以为然[2]。

　　李之藻还提到，弘治十七年（1504）规定了"以礼致仕官员，主席请以为僎"。查《礼部志稿》，其中有相关内容："弘治十七年题准，今后但遇乡饮酒，延访年高有德、为众推服者为宾，其次为介。如本县有以礼致仕官员，主席请以为僎。"[3]弘治十七年的这个新规定，显然是对洪武十六年《乡饮酒礼图式》相关内容的重申。怎么忽而要重申旧制了呢？估计是什么人发现僎、宾弄反了，加以质疑了吧。万历《明会典》增录了"弘治十七年题准"之文，把它置于乡饮酒礼图之后，但前文中的"大宾以致仕官为之""僎宾择乡里年高有德之人"却没有据改，可见编纂者是很粗枝大叶的。还有，明代的僎宾已称"大僎"了[4]，这便是清初"大僎"一名的来源。

────────

〔1〕　沈概：《乡饮酒礼考》，《明文海》卷一二〇，第1195—1196页。
〔2〕　李之藻：《泮宫礼乐疏》卷九《僎诂》，《景印文渊阁四库全书》，第651册第305—306页。
〔3〕　林尧俞等：《礼部志稿》卷二四《乡饮酒礼》，《景印文渊阁四库全书》，第597册第454页上栏。
〔4〕　如《文武诸司衙门官制》卷五《乡饮酒礼律仪》："大僎以致仕官为之，位于东北。"《续修四库全书》，第748册第575页上栏。《皇明制书》卷一九《大明官制·新官到任仪注》引《乡饮酒礼律仪》同，《续修四库全书》，第788册第727页上栏。

图8　云南大理严家大院保存的清代"乡饮宾"匾额
本书作者摄于 2018 年 11 月 19 日。

　　清廷也很重视乡饮酒礼。府州行礼时使用的物品如众宾插牌、儒学信帖及相关的耆宾匾额等，多地都有发现[1]。图 8 是云南大理严家大院所保存的两块"乡饮宾"匾额，清光绪九年（1883）所制，用来彰显受邀担任乡饮宾的荣耀。清初的乡饮酒礼，沿袭明礼设僎。万斯大早年曾在宁波府的郡庠里观看乡饮酒礼，随后他记述了如下景象："郡丞而下为僎，丞席东北向二宾，通判、推官席东而西向"[2]。"郡丞"即宁波府同知。"郡丞而下为僎"的"而下"二字，表明礼典上的僎不止一人。也就是说，同知及后文的通判、推官都是僎，三僎都由佐贰担任。

　　《清史稿》："顺治初元，沿明旧制，……以致仕官为大宾，位西北；齿德兼优为僎宾，位东北。"[3] 康熙《清会典》、雍正《清会典》中的"大宾以致仕官为之，位于西北；僎宾择乡里年高有德之人，位于东北"之文，均直抄万历《明会典》，进而可以追溯到弘治《明会

〔1〕　众宾插牌，参看唐翔：《会理发现的乡饮众宾插牌与古代的乡饮酒礼》，《会理年鉴》2013 年，第 264 页以下。儒学信帖、耆宾匾额，参看王惠莹：《"清道光汾州府儒学信帖"考辨——兼谈清代乡饮酒礼》，《孔庙国子监论丛（2014）》，北京：中国社会科学出版社 2014 年版，第 310 页以下。
〔2〕　万斯大：《学礼质疑》卷二《乡饮酒礼席次》，《万斯大集》，杭州：浙江古籍出版社 2016 年版，第 66 页。
〔3〕　《清史稿》卷八九《礼志八》，第 2654 页。

典》，在我看来都有宾、僎混淆之失。乾隆《清会典》虽没抄录那段文字，却承袭了那幅错误的礼图。三部《清会典》中的《乡饮酒礼图》陈陈相因，跟万历及弘治《明会典》如出一辙，画面上都有三僎[1]。如前所述，乾隆十八年就对"僎"的问题提出疑问，并发布了废三僎之诏，而乾隆《清会典》的修撰者一时马虎了，他们本应修改礼图，把三僎给删除了的[2]。

乾隆时代学人对遵、僎关系的辨析，以及乾隆十八年诏的更张，直到嘉庆朝才影响到了乡饮酒礼图上。至此，跟此前历代仪注中的礼图都不相同的一幅画面，展现在人们面前了：

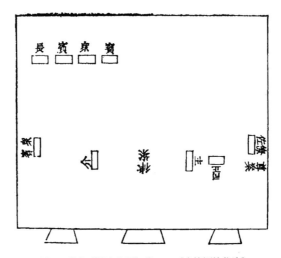

图9 嘉庆《清会典图》卷二二《乡饮酒礼位次》

《近代中国史料丛刊》第三编第 71 辑，台北：文海出版社 1992 年版，第 695 页。

---

[1] 分见康熙《清会典》卷五四《乡饮酒礼》，《近代中国史料丛刊》第三编第 72 辑，台北：文海出版社 1992 年版，第 2636—2637 页；雍正《清会典》卷六八《乡饮酒礼》，《近代中国史料丛刊》第三编第 77 辑，台北：文海出版社 1994 年版，第 4251—4252、4255 页；乾隆《清会典》卷三二《乡饮酒礼》，《景印文渊阁四库全书》，第 619 册第 262 页上栏。

[2] 查乾隆《清会典则例》卷七一《乡饮酒礼》，其中是收录了乾隆十八年废除三僎之诏的。参看《景印文渊阁四库全书》，第 622 册第 359 页以下。乾隆《清会典则例》与乾隆《清会典》是同时修成、相辅相成的，那么乾隆《清会典》乡饮酒礼图中的三僎，理应参照乾隆《清会典则例》，予以删除。

图9的画面，马上让人联想到杨复《仪礼图》、以至张惠言的《仪礼图》了——它们遵循着共同的构图原理和布局原则。乾隆十八年诏对遵、僎的新认识，是在嘉庆《清会典图》的《乡饮酒礼位次》中，才得到具体落实的，其乡饮酒礼图，已不是"礼记乡饮图"那种主、宾、僎、介各居一隅的样式了，"僎"被摒于画面之外了。如前所述，南宋杨复的礼图以《仪礼》为本，而杨甲的礼图以《礼记》为本，由此衍生出了两大类型的乡饮礼图。从南宋、明初到清乾隆时期的官方仪注中，"杨甲型礼图"一直占据上风，长达六个多世纪；至嘉庆以降，"杨复型礼图"终于时来运转、取而代之了。

清后期的乡饮坐席，可以征之于光绪《清会典图》：

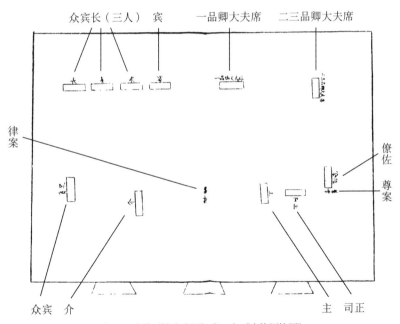

图10　光绪《清会典图》卷二九《乡饮酒礼图》

《续修四库全书》，第795册第338页下栏。

比较图9与图10，就可以看到，两图在构图原理上一脉相承。当然较之图9，图10光绪《清会典图》在东北处增绘了"一品卿大夫席"（面南）和"二三品卿大夫席"（面西）。这些一品及二三品官，乾隆十八年诏是把他们定义为"仕至显官、偶居乡里、愿来观礼者"的，其席次则是"依古礼坐于东北"。而据《仪礼》古注，遵者这种贵宾"或有无，来不来"；据乾隆十八年诏，这些卿大夫"无则阙之"。可知图9东北处的留白，所表示的乃是所邀观礼者们"不来"时的景象，或"无则阙之"时的景象；图10增绘的一品及二三品卿大夫，则是他们欣然到场的景象。乾隆十八年诏仍把这些观礼者称为"僎"，实际却是视之如"遵"的。

在嘉庆《清会典图》乡饮礼图后所附说明中，有这样一段话：

> 顺天府及直省各府州县，举行乡饮酒礼于讲堂。……若有乡大夫来观礼者，坐于东北，顺天府及直省会城，一品席南向，二三品席西向；各府州县，三品以上南向，四五品席西向[1]。

上面这一段话，显然是乾隆十八年诏相关内容的转述与简述。乾隆十八年诏中的"仕至显官、偶居乡里、愿来观礼者"，在这两种会典图中另称"乡大夫来观礼者"，《清史稿》的提法则是"乡居显宦有来观礼者"[2]。无论如何，"观礼者"都系"《仪礼》话语"，以《仪礼》中的"遵"为本，而不是以《礼记》中的"僎"为本。乾隆十八年诏让"僎"朝着《仪礼》中的"遵"或"诸公大夫"，前进了很大一步。宋明清诸朝仪注中的"僎"，从本于《礼记》到本于《仪礼》的轨迹，略如表2。

表3　宋明清王朝仪注中的宾与僎身份变化简示

	宾	僎
宋	乡里寄居年德高者，致仕者	州县佐贰
明	林下布衣年高者	致仕者，寄居士大夫，县佐贰
清	绅士之年高德劭者	本地仕至显官、偶居乡里、愿来观礼者

---

〔1〕　嘉庆《清会典图》卷二二《乡饮酒礼位次》，第697页。光绪《清会典图》同。
〔2〕　《清史稿》卷八九《礼志八》，第2655页。

以上考述显示，遵、僎的纠葛，确实影响到了王朝礼制的摇摆变异，引发了不同类型礼图的此起彼伏。"礼时为大"，礼俗总是适应时代变化而变化的，变化本身未必可非，不妨与时俱进，但主动适应是一回事，被动变化又是一回事；礼学分歧是一回事，粗疏致误又是一回事，在分析的时候，有必要把它们清晰区分开来。

有一点读者可能注意到了：在本节提供的各幅礼图中，还能看到一位"司正"的存在。乡饮酒礼上这个"司正"一职，也卷入了遵、僎之争。此处预先提示，下一节就有相关详述。

三、另一种可能性：遵、僎为二？

如前所述，对"遵、僎哪一个是本字"的讨论，是以"遵、僎为一"为前提的；对僎或大僎、三僎的不同处理，也是以"遵、僎为一"为前提的。这暗示二者必居其一，或二者是一事之异名。各种《仪礼》《礼记》注本，各种介绍乡饮酒礼的著作，以及工具书中的词条，大抵谨守注疏，对《仪礼》中的"遵"就释为诸公大夫，对《礼记》中的"僎"就释为典礼上的辅主人者。至于遵、僎之间隐藏的矛盾，都置而不问，以免枝蔓横生。

可是，遵、僎不一定势不两立，水火不容，也未必是一事之异名，还存在着"遵、僎为二"的可能性呢，即：遵是遵、僎是僎，遵、僎是两种不同身份的人，二者同时出现在乡饮酒礼上了。具体说来，遵是诸公、大夫，僎是"辅主人者"，但因某种缘故，比如秦火之余、礼乐知识湮灭了很多，汉儒已无足够信息来区分遵、僎了，在经书的传诵与传抄中使用了同音字，到了郑玄那里，就把二者混为一谈了。

下面就来讨论"遵、僎为二"这种可能性。明人王应电多少已触及这一问题了：

> 乡饮酒之礼，失礼经之旨者二。其一，宾、僎、介、主之
> 义不明也；其一，设席之不正也。……所谓僎者何也？众宾中
> 之贵者也。《仪礼》曰：宾若有尊者诸公大夫，则既一人举觯乃
> 入，席于宾东是也。所谓诸公大夫者，谓天子之三公卿大夫致政
> 而在乡者也。……主、宾、介、僎之义既明，而后其位可得而正
> 矣。……其曰"僎以辅主人"，赞乃主人之辅，僎亦宾也，何得
> 言"坐僎于东北，以辅主人"乎[1]？

王应电觉得，"僎"既然是诸公大夫、是来宾、而且是"众宾中之贵者"，那就不可能是"主人之辅"，"赞"才是"主人之辅"呢。这就提示了一个新线索："主人之辅"另有其人。赞者助也，"赞"是主人的助手之称。王应电仍以"僎、僎为一"为前提，可又公然质疑《礼记·乡饮酒义》"坐僎于东北，以辅主人"的可信性。把"赞"纳入了讨论，是有新意的。

宋人戴侗《六书故》，依然恪守郑玄注，谓"主人之介曰僎，通亦作僎"[2]。到了清初，这个做法就遭到了张自烈的批评。张自烈认为，"僎"没必要改作"僎"，因为"僎有毗辅陪贰之义，亦'具'义也。"[3]"亦'具'义也"的依据是《说文解字》："僎，具也"；"具，共置也。"[4]又查僎字从巽，巽《说文解字》作𢍨，其字从廾："𢍨，具也。从廾，……篆文巽"；"廾：下基也。荐物之廾，象形。"徐铉注曰："庶物皆具，廾以荐之。"廾字义为底座，是陈设物品的器具，这是一个象形字[5]。而"供具"一词若用作名词，恰好也是"陈设酒

---

〔1〕 王应电：《周礼图说》，《景印文渊阁四库全书》，第 96 册第 366—367 页。

〔2〕 戴侗：《六书故》，上海：上海社会科学院出版社 2006 年版，第 186 页下栏。

〔3〕 张自烈：《正字通》卷一，《续修四库全书》，第 234 册第 85 页上栏。

〔4〕 许慎：《说文解字》卷八上、卷三上，北京：中华书局 1963 年版，第 161 页下栏、第 59 页下栏。

〔5〕《说文解字》卷五上，第 99 页下栏。

食的器具"的意思[1]；用为动词时，可以把饮酒礼上的各种辅助工作都包括在内；从事"供具"工作的人，也就是"僎"了。赘言之，僎字的本义就是"供具者"。因郑玄读僎为遵，后儒便努力证明僎、遵不但读音可以通假，字义也是相通的[2]。然而他们都忽略了僎还有"供具"一义，这"供具"一义便是"遵"所不能覆盖的了。

雍正、乾隆时期，仪礼学迎来了一个发展高峰。水涨船高，"遵、僎为二"的意见便与时俱进了。任启运《礼记章句》：

> 僎一作全，郑读遵。今如字。介，宾之贰；僎，主之副。礼，必有宾、介与主，而僎或有或无。然有介以辅宾，必有僎以辅主而后全，故又名全也。《仪礼》：宾若有遵者，席于宾东，一人举觯乃入，宾、介皆降，揖让升。盖遵，尊也，乃乡先生为人所遵法者，本尊于宾，以此时不为正宾，故后入耳。郑谓僎即遵，非[3]。

任启运已意识到了僎、遵有别。他认为饮酒礼上"必有僎以辅主"，但僎并不是遵，遵是"乡先生为人所遵法者"，身份不同于正宾但

---

[1] 如《史记》卷三〇《平准书》："县治官储，设供具，而望以待幸"；同书卷七九《范雎蔡泽列传》："范雎大供具，尽请诸侯使，与坐堂上，食饮甚设。"北京：中华书局2014年版，第1734、2929页。《汉书》卷一〇〇《叙传上》："请问耆老父祖故人有旧恩者，迎延满堂，日为供具，执子孙礼。"第4199页。《后汉书》卷三九《赵孝传》："太官送供具，令共相对尽欢。"北京：中华书局1965年版，第1299页。

[2] 这些学者提出，遵有"循"义，而僎字也可以有"顺"的意思。查《说文解字》卷二下："遵，循也"；卷一〇上："驯，马顺也。"第39页下栏、第201页上栏。《广雅·释诂》："巽，顺也。"王念孙：《广雅疏证》卷一上，北京：中华书局1983年版，第10页上栏。俞樾因云"僎从巽声，亦得有顺意。则与驯义亦可通。"《春在堂全书》，第3册第414页上栏。王梦鸥亦云："盖遵、顺音义皆通，而顺、驯亦如之。"《郑注引述别本礼记考释》，台北：商务印书馆1969年版，第46—47页。

[3] 任启运：《礼记章句》卷五之三《乡饮酒义》，《续修四库全书》，第99册第170页上栏。又《四库全书存目丛书》，经部第103册第54页上栏。

高于宾，而且在典礼上是较晚入场的。为此任启运断言"郑谓僎即遵，非"，矛头直指郑注。任启运还建议恢复僎字的本音："郑读遵，今如字。""如字"就是读其本音，僎字的本音是"士勉反"[1]。如果拿今音比拟，乡饮酒礼上的僎就应该读 zhuàn，而不是读 zūn。郑玄以遵、僎为一，故读僎为遵；而任启运以遵、僎为二，故以本音读僎。

　　任启运曾在乾隆八年（1743）担任三礼馆副总裁官。三礼馆是乾隆元年开馆的。乾隆十三年三礼馆撰成《钦定三礼义疏》，其中的《钦定礼记义疏》，进一步申说"遵、僎为二"：

> 案僎与遵不同。遵，尊也，尊于宾者也。《仪礼》曰："宾若有遵者诸公、大夫，一人举觯乃入，席于宾东。"其先不入，以不为宾，不干主人正礼也。若僎则主人之副贰，故（《礼记·乡饮酒义》）曰"坐僎于东北，以辅主人"，与辅宾之介相对，非遵之比。郑特因僎爵无考，故改僎为遵，而以《乡饮酒礼》为此僎爵之证，但不曰僎为遵字之误，而第曰僎作遵，不几混僎与遵而一之耶[2]？

《钦定礼记义疏》主张"僎与遵不同"，认定遵是"尊于宾"的诸公、大夫，而僎是"主人之副贰"，二者并非一事。这就把僎、遵的身份清晰区分开来了。

　　康熙命儒臣进讲五经，并将多种日讲教材刻印成书。至乾隆十二年，张廷玉、汪由敦等奉诏整理刻印了《礼记》讲稿，题为《日讲礼记解义》，其中有言：

---

〔1〕《说文解字》卷八上："僎，从人巽声，士勉反。"第 161 页下栏。
〔2〕李绂等：《钦定礼记义疏》卷四八《少仪》，《景印文渊阁四库全书》，第 125 册第510 页上栏。据《礼记义疏》稿本等，《少仪》为赵青篆修，叶西校阅改纂，参看张涛：《乾隆朝三礼馆考》，《历史档案》2016 年第 2 期。

> 郑注以僎为遵。遵，尊也，尊于宾者，非辅主人之僎也。《乡饮酒礼》亦无献僎之说，于义疑也。……
>
> 郑注"古文《礼》僎皆作遵"。按《仪礼》，宾若有遵者，席于宾东，一人举觯乃入，宾介皆降揖让，升。是遵乃宾之尊，非主之辅。注误[1]。

这个"遵乃宾之尊，非主之辅"的论断，亦称简捷明快。

又李调元有《仪礼古今考》一书，约成于乾隆二十八年至乾隆三十一年[2]，其中也有"遵、僎为二"的意见：

> "遵者降席，东南面"，"今文遵作僎"。考本注，言大夫能以礼乐化其民、使遵法之，故曰遵者。僎则介绍之属。《六书通》谓僎通作遵，特未深考耳[3]。

显然，乾隆之时出现了一波申张"遵、僎为二"的浪潮。由此再看乾隆十八年的废三僎诏，就不是偶发奇想了，而是这一波浪潮中的一朵浪花。任启运主张以本音读僎，这意见也有后继者，如：

1. 杭世骏：僎，郑读遵。今如字，士免反[4]。
2. 刘沅：僎一作全。郑读遵，今如字[5]。

---

〔1〕 分见鄂尔泰等：《日讲礼记解义》卷三九《少仪》、卷六三《乡饮酒礼》，《景印文渊阁四库全书》，第 123 册第 455 页下栏、第 740 页上栏。

〔2〕 参看杨世明：《李调元年谱略稿》，《南充师院学报》1980 年第 2 期，第 18 页。

〔3〕 李调元：《仪礼古今考》卷上《乡饮酒礼》，北京：中华书局 1991 年版，第 8 页。按，《六书通》系明人闵齐伋所作，检索其书，未收"僎"字。(《重订六书通》，天津：天津市古籍书店 1992 年版。) 所引疑是戴侗《六书故》，李调元误记。

〔4〕 杭世骏：《续礼记集说》卷六六，又见卷九九，《杭世骏集》，第 2 册第 369 页上栏—下栏、第 3 册第 317 页下栏。

〔5〕 刘沅：《礼记恒解》卷四五，《槐轩全书（增补本）》，成都：巴蜀书社 2006 年版，第 4 册第 1608 页下栏。

认为"遵、僎为一"的人，则读僎为遵；认为"遵、僎为二"者，则读其本音士免反。学者开始改读"僎"之本音，这意味着对遵、僎的看法变了。

清末郭嵩焘的《礼记质疑》就僎、遵问题，继续向郑玄发难。他首先举证"遵"不是"僎"：遵是宾，主人待遵"皆如宾礼"；遵如郑玄所云"不夺人之正礼"，在宾主酬酢之后方才入场；遵的席位在宾东，其礼数高于宾，所以遵不应是主人之辅；因"乐作而行旅酬，无以申遵者之敬"，故"乐作，大夫不入"；等等。为此，遵"必非辅主人之僎"。既已证明了遵是贵宾，并不是僎，那僎又是什么人呢？郭嵩焘继续考求：

> 《说文》："僎，具也"，"具，共置也。"《乡饮礼》献宾及介，及众宾，及酬宾，皆主人，僎无与焉。谓之僎者，供具以将事，岂可以宾之遵者当之？《乡饮礼》："主人一相迎于门外。"相者不一人，此云一相，即僎者也。乡饮酒礼有赞者，有弟子，郑注《乡饮·记》：赞者"佐助主人礼事，彻鼏，沃盥，设荐俎"。疑此弟子之事，非赞者之事。赞者兼僎言之。一人扬觯、二人扬觯，皆赞者也。《乡饮义》谓之"僎"，《乡饮》《乡射礼》谓之"相"，《大射礼》谓之"摈"，皆此赞者之称。主人献宾、献介、献众宾毕，而后一人举觯于宾，"一人"当即前之一相，因遂作相，为司正，而旅酬之礼行，乃使二人举觯于宾介。"一人举觯"与介对文，"二人举觯"与众宾对文，则此举觯之一人即相也，即《乡饮义》之所谓僎也。《仪礼》不著僎者之位，盖僎位东北，既为司正，则从宾于西阶，无常位也。《乡饮义》坐僎于东北，原其始也。而《乡饮·记》明言主人之赞者西面北上，则亦坐僎东北之意。主人献工而不献僎，僎者所以辅主人，不待献，《记》所谓"赞者不与，无算爵然后与"，明献酢之仪不及僎也。而自一人举觯以后，僎者之仪特繁，是以有"释服息司正"

之文。《乡饮》有僎、介，《燕射》有摈、介，《燕》及《大射礼》
"摈者为司正"，《乡饮》《乡射礼》"作相为司正"，知相即僎无疑。
《仪礼》未明著其文，而详其仪特备。郑注以宾若有遵者当之，
证之《仪礼》，而固不可通矣（案：明制乡饮酒礼以大夫致仕者
一人为僎，即《仪礼》所谓"宾之遵者"，殊失礼经本义，由承
郑注而误）[1]。

　　知《乡饮》之"作相为司正"，即属之僎。《乡饮酒义》谓
之僎，《仪礼》谓之相，其义一也，遵、僎二者绝不相蒙，未宜
牵混[2]。

郭氏就所承担的事务一一辨析，指出所谓"僎"，就是主人一方的赞
者、相、司正，又相当于燕礼、射礼上的"摈者"，由此进一步显示，
僎与"宾之遵者"，即《仪礼·乡饮酒礼》之"宾若有遵者诸公大
夫"，不可等量齐观。这番论证，比王应电"僎即主人之赞者"之说，
及《钦定礼记义疏》僎即"主人之副贰"之说，更为细密。按，郭嵩
焘的《礼记质疑》驳郑注者约938条，驳孔疏者约410条[3]，学者评
价说这些驳议有得有失[4]。若就遵、僎问题而言，郭氏驳郑可称雄辩，

〔1〕　郭嵩焘：《礼记质疑》卷四五《乡饮酒义》，《郭嵩焘全集》，长沙：岳麓书社2012
年版，第3册第714—715页。按，此书第714页倒四行"酢主人，皆知宾礼"
一句中的"知"字有误。岳麓书社1992年版《礼记质疑》点校本同。参照上
文"公如宾礼，大夫如介礼"，即知"皆知宾礼"系"皆如宾礼"之讹。复查清
同治间著者手定楷书清稿本《礼记质疑》（台北：文海出版社1974年版，第1575
页）、光绪十六年思贤讲舍刊本《礼记质疑》（北京：朝华出版社2017年影印本，
第1478页），皆作"皆如宾礼"，不作"知"。又此书第715页第14行"则此举
觯之一人即相也僎即《乡饮义》之所谓僎也"一句之中，前一"僎"字当衍（岳
麓书社1992年版《礼记质疑》点校本同），且应于此处断句。清同治间著者手定
楷书清稿本（第1576页）及光绪十六年思贤讲舍刊本（第1480页），均无前一
"僎"字。
〔2〕　郭嵩焘：《礼记质疑》卷一七《少仪》，《郭嵩焘全集》，第3册第452—453页。
〔3〕　周忠：《〈礼记质疑〉体例与内容初探》，《古文献研究集刊》第5辑，南京：凤凰
出版社2012年版，第243页。
〔4〕　邹锡非、陈戍国点校：《礼记质疑》，长沙：岳麓书社1992年版，前言。

其对"赞者""相""司正""摈者"的论述,条分缕析、耀眼夺目。

乡饮酒礼上有很多服务人员,从事着各种杂务,包括"彻鼏、沃盥、设荐俎"等。在经文及注文中,他们被称为"主人之群吏""主人有司""主人之吏""主人之赞者""主人之属"。称"遵"的诸公大夫"不干主人正礼",可有可无、可来可不来,来了也是迟迟入场;群吏、有司、赞者则否,他们不来不成、非来不可,没有他们忙忙碌碌,典礼就瘫痪了。所以各种典礼都需要他们,不光乡饮酒礼,冠礼、昏礼、射礼、食礼等,也不例外。

"相"或"司正"尤其引人注目,他的职责最重了。如:

> 1."主人一相迎于门外"郑玄注:相,主人之吏,摈赞传命者。
>
> 2."作相为司正"郑玄注:礼乐之正既成,将留宾,为有解惰,立司正以监之。
>
> 3."乃息司正"郑玄注:息,劳也,劳赐昨日赞执事者。独云司正,司正,庭长也。
>
> 4."司正既举觯而荐诸其位"郑玄注:司正,主人之属也[1]。

"相"以"摈赞传命"为务,在行礼前就跟着主人在门外迎宾;作乐之后、旅酬之前,"相"摇身一变转任"司正"了,又承担起了监礼之责。因司正责任重大,故郑玄视之为"庭长",也就是"行礼现场的群吏之长"。所以在典礼结束的次日,主人慰劳执事之时,经文"独云司正",以偏代全——字面上只说慰劳群吏之长,实际等于对群吏都慰劳了。

---

[1]《仪礼·乡饮酒礼》郑玄注。分见《仪礼注疏》卷八、卷九、卷一〇,阮本,第981页上栏、第987页上栏、第990页上栏、第991页上栏。

　　史籍显示，周代宴饮时确实设有监礼之人，称为司正，也有称"执政"、称"觞政"、称"监"的时候。《国语·晋语一》："公饮大夫酒，令司正实爵。"韦昭注："司正，正宾主之礼者。"[1]清华简《耆夜》："吕尚父命为司正，监饮酒。"[2]《左传》昭公十六年（前 526）："晋韩起聘于郑，郑伯飨之"，"子张后至，立于客间，执政御之。"杨伯峻认为，这个"执政"就相当于《乡饮酒礼》之司正[3]。《说苑·善说》："魏文侯与大夫饮酒，使公乘不仁为觞政。"[4]《诗·小雅·宾之初筵》："凡此饮酒，或醉或否。既立之监，或佐之史。"毛传："立酒之监。"[5]设置监礼、监酒者，是周代的通行礼俗。李家浩还指出，先秦飨礼上存在着"侑"者或"御"者，在铜器铭文中他们又称"遁"或"丽"，"遁"或"丽"应读为"僎"[6]。

　　不止乡饮酒礼，设"相"是各种宴饮的普遍做法，他们"赞王""赞君"，给主人做助手。杨宽对乡饮酒礼与飨礼上的"相"有所考述："乡饮酒礼只有主人设有'相'，帮同主持礼节，而宾只有介。飨礼则宾、主双方都设有'相'。如周定王飨晋景公，由原襄公相礼；楚共王飨晋卿郤至，'子反相'；楚灵王飨鲁昭公于新台，'使长鬣者相'。这都是主人设有'相'。"[7]依杨宽所述，"相"是与"介"相对的，主有"相"而宾有"介"。那我就要问了："僎"不也是与"介"相对的么？"相"是"典礼宴饮时辅佐主人行仪节的人"了，"僎"不也是承担着"供具"、"典礼宴饮时辅佐主人行仪节的人"么？这样看来，郭嵩焘怀疑"相"就是僎，其说可从。"僎"有重大嫌疑就是

〔1〕《国语·晋语一》，上海：上海古籍出版社 1978 年版，第 253 页。

〔2〕李学勤主编：《清华大学藏战国竹简（壹）》，上海：中西书局 2010 年版，释文第 150 页。

〔3〕杨伯峻：《春秋左传注（修订本）》，北京：中华书局 1990 年版，第 1376 页。

〔4〕向宗鲁：《说苑校证》，北京：中华书局 1987 年版，第 276 页。

〔5〕《毛诗正义》卷一四，阮本，第 487 页中栏。

〔6〕李家浩：《清华竹简〈耆夜〉的饮至礼》，《出土文献》第 4 辑，上海：中西书局 2013 年版，第 23—25 页。

〔7〕杨宽：《古史新探》，北京：中华书局 1965 年版，第 295—296 页。

"相"。"僎"大概是某时代、某些地区、某些礼仪场合上,对"相"的另一称呼。

"主人之赞者"忙碌于堂上堂下各处,但"无算爵"时他们也有特定的饮酒之处:《仪礼·乡饮酒礼》:"主人之赞者,西面北上。"郑玄注:"西面北上,统于堂也。"[1]这个位置在哪里呢?杨天宇很谨慎:"西面,具体位置不详。"[2]元儒敖继公却不惮想象:"西面之位,在洗之东南与?"[3]洗在堂下的阼阶东南,这是低级服务人员、即"彻鼏、沃盥、设荐俎"者的站立之处。这说法,倒是符合郑玄的"西面北上,统于堂也"之说的——在堂下才能说"统于堂"呢。郝敬却不取郑注:"主人之赞,如彻鼏、沃盥、荐俎等,皆主人之属,亦上文所谓使能也。西面北上,立近主人右也。以北为上,遵席在北也。"[4]郝敬认为"主人之赞"处于堂上,在主人之右,遵席又在其北侧。换句话说,"主人之赞"处于主人与遵席之间。

除了承担"彻鼏、沃盥、设荐俎"者的位置问题,还有相或司正在场呢,他们的基本席位在哪里呢?前引郭嵩焘:"《乡饮·记》明言'主人之赞者,西面北上',则亦坐僎东北之意。"郭氏也认为"主人之赞者"居堂上,不过他是就相、司正或摈者而言的,并把他们说成是僎。《礼记·乡饮酒义》称"坐僎于东北,以辅主人",则僎的位置在主人之北,也就是主人的右侧;"坐介于西南,以辅宾",介恰好也位于宾的右侧。赘言之,辅主人的僎、辅宾的介,都在所辅者的右侧。

查周代册命礼,傧者居于受命者之右[5];又查乘车之法,骖乘

〔1〕《仪礼注疏》卷一〇,阮本,第991页中栏。

〔2〕 杨天宇:《仪礼译注》,上海:上海古籍出版社2004年版,第87页。

〔3〕 敖继公:《仪礼集说》卷四《乡饮酒礼》,上海:上海古籍出版社2017年版,第176页。

〔4〕 郝敬:《仪礼节解》卷四《乡饮酒礼》,《续修四库全书》,第85册第595页下栏。

〔5〕 按,册命礼上的这个傧者是受命者的上司,其身份高于受命者,但此时他有导引之责,这大概就是居右的原因。

者为"右"（车右）。护卫、辅助者居于右侧，是为了让右手的能力得到充分发挥[1]。秦汉的右丞相尊于左丞相，想来就是从"相居右"这个传统中衍生的——左丞相是后来才增设的，所以不及右相之尊。可见在讨论"尚左尚右"时，还要注意这左、这右是相对于谁而言的。比如"军尚左"是因为将军在战车上居左，"车右"是保卫他的。度之情理、参以史实，"坐僎于东北"，也就是让"辅主人"的僎居于主人右侧的记载，相当可信。

推定僎居于主人右侧，有什么意义呢？《礼记·乡饮酒义》的作者无疑是一位先秦礼制专家，抛开其神秘主义的"缘饰"，其"坐僎于东北，以辅主人也"一语所云席位所在之处，是不会错的。若然，在乡饮时必定有一位"僎"，在堂上东北辅主人。郑玄用"遵"来解释这个"僎"，因为遵者恰好就在堂上东北。而若推定在遵者之外，主人右侧另有一位"主人之赞者，西面北上"，其身份是相或司正，那就不劳"遵者诸公大夫"承担"僎"这份差使了。我们便得到了这么一幅图景：主人面对西方，其右侧即北侧坐着辅佐他的僎，再右、再北，便是遵者的贵宾席了。这也就是《仪礼·乡饮酒礼》所谓的"若有诸公，则大夫于主人之北，西面；主人之赞者，西面北上"了，"遵者诸公大夫"与"主人之赞者"坐席相邻。

乡饮酒礼上身份各异的遵与僎，为什么被混为一谈了呢？郭嵩焘认为，混为一谈源于郑玄对经文的理解偏差："郑意《礼·饮》僎、

---

[1] 在讨论古代"尊左尊右"问题时，彭美玲特意强调了"右手的能力"。《古代礼俗左右之辨研究——以三礼为中心》，台北：台湾大学文学院出版委员会1997年版，第85—91页。对行礼时左右手的动作便利度，古人是很敏感的。郑玄为礼书作注，就经常提示"凡奠爵，将举者于右，不举者于左"、"凡授受者，授由其右，受由其左"、"适牵者之右，而受由便"。"由便"即用手的便利度，这是决定左右的依据之一。担任"相"的人通常居右，以发挥其"右手的能力"。但也有特例，为乐工所配置的相却是居左的。《仪礼·乡饮酒礼》："工四人，二瑟，瑟先。相者二人，皆左何（荷）瑟，后首、挎越、内弦，右手相。"《仪礼注疏》卷九，阮本，第985页中栏。演奏瑟的两位乐工是盲人，其辅助者是两位相，此相又称"扶工"。扶工需要用左手荷瑟、用右手搀扶乐工，所以要居于乐工的左侧。这也是一种"由便"。

介并重，《仪礼》独不及馔，遂以'宾有遵者'当之"，"盖以《仪礼》有宾、主人、介、众宾之席，而无馔者之席，其后彻俎、宾降席、主人降席、介降席、遵者降席，相连为文，因以遵当馔。"[1] 此外我想还有视觉因素。郑玄注三礼时大约是绘有礼图的，这样才能把典礼上的位置、方向、路线一一说清。陈澧曾举例说明："郑、贾作注作疏时，皆必先绘图。今读注疏，触处皆见其踪迹。"[2] 而如前述，"遵者诸公、大夫"与"主人之赞者"坐席相邻，都在堂上东北。若雾里看花，对堂上东北、主人之右的那堆人，就难免看朱成碧、看遵成馔，把遵、馔混为一谈了。

通假字也可能发生了影响。学者所使用的经书，往往历经传写，书手也未必很专业，所以难免讹误。比如说吧，武威简本《仪礼》显示，在同一篇、甚至同一行中，同一个字都可能有不同写法，还存在着多人多次抄成的情况[3]。"馔"有一个读音与"遵"相同，在听读写录之时，便可能出现把"遵"写成同音字馔、驯、全的情况。读音相同造成的礼书异文，汉简中就可以找到实例，比如说挼与纋、枋与柄[4]。郑玄云："古文《礼》馔皆作遵。"因古文《礼》是先秦写就的，又在很长一段时间里隐而不显，"养在深闺人未识"，未经反复传抄，未及滋生异文，其中"遵"字的"保真度"就高一些，得以存先秦礼经之原貌。汉初高堂生所传的今文礼就不同了，在绵延流布、听读写录中衍生出了馔、驯、全等不止一个异文。这可能也误导了郑玄。

秦始皇焚书坑儒，重创了周秦汉之间的礼乐传承，先秦被世世相

---

〔1〕 分见郭嵩焘：《礼记质疑》卷一七、卷四五，《郭嵩焘全集》，第 3 册第 452 页、第 714 页。

〔2〕 陈澧：《东塾读书记》卷八，上海：上海古籍出版社 2012 年版，第 129 页。

〔3〕 甘肃省博物馆、中国科学院考古研究所编：《武威汉简》，北京：文物出版社 1964 年版，第 61 页。

〔4〕 《仪礼·特牲馈食礼》"祝命挼祭"一句，武威简本《仪礼》作"祝命纋祭"，挼与纋就是同音造成的异文；同篇"加勺，南枋"一句，武威简本《仪礼》作"加勺，南柄"，枋与柄也是同音造成的异文。《武威汉简》，第 97 页简十七，第 98 页简三三。

传的礼乐知识，当有很大部分就此湮灭了。汉儒解经，有一些名物制度的解释，其准确度令人惊叹，但也有一些明显是臆说。那些臆说，大约就滋生于礼乐知识湮灭所留下的空档之中，它们本来是有正解的。

遵、僎之间的纠葛，也许就是这么发生的。若非要死抠经文、注疏，这纠葛还未必能彻底澄清，没准儿治丝益棼。而若超越传统经学窠臼，转从现代历史学的角度观察，那就明快多了：作为贵宾的诸公、大夫和"主人之赞者"，这两种人都是乡饮酒礼上的客观存在。主人行礼必有家吏辅助，也必有家吏之长作为他的左右手。在乡饮酒礼上，偶有贵宾光临，把他们置于酒尊东侧的贵宾席以尊礼之，也不在情理之外。

"介"是"辅宾"的，其地位低于宾；"辅主人"的"僎"，其身份也低于主人。乡饮酒礼的主人，无论是乡大夫，还是州长、党正，总归都是卿、大夫一级的[1]。酒尊之东的遵者之席，属于"三命不齿"之处，在此就坐的大夫系三命之卿，一国之执政者，也就是国家领导人了。"诸公"地位更为高峻，据说爵在四命。所以"遵尊于主人"[2]。那么诸公、大夫怎么肯纡尊降贵，甘心做主人之辅佐呢？而且"僎"属主人一方，"遵者"是宾[3]，主、宾是不能混淆的，宾怎么会冒昧鲁莽、反客为主，去指挥人家的家吏呢？主人也不至于妄自尊

---

〔1〕《周礼·地官·序官》："乡大夫，每乡卿一人。州长，每州中大夫一人。党正，每党下大夫一人。"《周礼注疏》卷九，阮本，第 697 页中栏。

〔2〕《仪礼·燕礼》贾公彦疏，《仪礼注疏》卷一五，阮本，第 1020 页上栏。

〔3〕由于遵者身份特殊，也有个别人认为遵者亦宾亦主的。明人盛应期《苏州乡饮请遵书》："遵者，尊也。《传》曰：乡人仕至大夫，主人藉以乐宾、取荣而遵法者也。故自宾视之若主而非主也，自主视之若宾而非宾也。"钱谷编：《吴都文粹续集》卷四《学校》，《景印文渊阁四库全书》，第 1385 册第 85 页下栏。我认为盛应期所说不确。"主人藉以乐宾（本乡之宾）"不足以证明遵者"若主"，正如今天为了给盛典增色而请来的嘉宾，并不会被视为主办方的人一样。《仪礼·乡饮酒礼》明明是这么说的："宾若有遵者诸公、大夫……"郑玄注亦云："遵者，诸公、大夫也。谓之宾者，同从外来耳。"可见依《乡饮酒礼》本义，遵者属于"宾"之一方，无可置疑。

大，让诸公、大夫给自己打下手、当副贰吧。明朝的乡饮仪注混淆了遵、僎，由佐贰以下的僚属担任僎，又视僎为遵，结果就造成了礼制冲突，被李之藻指出了荒唐之处："主人率僚属迎宾庠门之外，以入揖让；行礼毕，又率僚属出迎僎。夫僚属，即佐贰以下也。既率僚属，又迎僚属，于义为赘。及其献宾礼毕，又诣僎前献爵交拜。夫守令正官，固无率属以迎僚友之礼；况礼名乡饮，而正官与佐贰献酬交拜于黉序之堂，置介、置众宾于度外，是何义耶！然则佐贰必不可以充僎。"[1] 而从本文角度看，佐贰完全可以充僎，只要你不把遵、僎混为一谈。"又率僚属出迎僎"的那个"僎"本应是遵，"正官与佐贰献酬交拜"的那个佐贰也应更换为遵。

"遵者"不但是宾，而且是很特殊的宾："或有无，来不来"。《乡饮酒礼》"宾若有遵者诸公、大夫"一语，及《乡射礼》"大夫若有遵者"一语中的两个"若有"，就说明他们可能到场也可能不到场。此外《乡射礼·记》："大夫与，则公士为宾。"这个大夫就是"遵"，若有大夫到场，则以公士为宾；若没有大夫到场，则以处士为宾。《乡射礼·记》又云："若有诸公，则如宾礼，大夫如介礼；无诸公，则大夫如宾礼。"[2] 这两条再次表明"遵者诸公大夫"确实是"或有无，来不来"的。假如僎就是遵，而僎"或有无，来不来"，《礼记·乡饮酒义》会把他拉来，跟介配对成双么？万一并无其人呢？万一他们嫌麻烦不来呢？那不就有阴无阳了么？天地温厚之气不就来源枯竭了么？场面东北不就出现破缺了么？就算他们来了，也是中途入场，问题的严重性只下降了一半，问题本身还在。所以即使就神秘主义、形式主义思维而言，在《乡饮酒义》作者的心目之中，僎也不会是那种偶或一来的诸公、大夫。如有任何人坚持遵就是"辅主人"的僎，那我请他回答两个问题：1.行礼过半才入场的遵，是如何在典

---

[1] 李之藻：《泮宫礼乐疏》卷九《僎诂》，《景印文渊阁四库全书》，第651册第305—306页。

[2]《仪礼注疏》卷一三，阮本，第1009—1010页。

礼全过程中"辅主人"的？ 2.若遵无其人，或者虽有其人但不肯应邀前来，在这时候，主人又由谁来"辅"？

设如"两利相权取其重"，本文觉得"遵、僎为二"的可能性稍大一些。而如接受"遵、僎为二"之说，那么以"遵、僎为一"或"遵、僎非此即彼"为前提而生发的各种论辩，便可以重新审视了。例如：遵与僎哪个是本字、哪个是假借字的辨析，就不必费心劳神了，把二字都看成本字就得了；以州县佐贰担任"僎"的做法，也不那么荒谬无稽了，只要把致仕有德的观礼者另称为"遵"就是了；"杨复型礼图"与"杨甲型礼图"看上去就各有所得、各有所失了，取长补短、把遵与僎都画上，就两全其美了。要是早些把遵、僎关系澄清，那么僎忽而"致仕官"、忽而"佐贰"、忽而"年高有德者"、忽而"显官"的变换无定，在王朝仪注中便不至发生。若取"遵、僎为二"之说，则今人在讨论先秦乡饮酒礼时，各种可能把遵、僎混为一谈的叙述，就要酌情调整了。

概而言之，《仪礼》里面有"遵"，《礼记》里面有"僎"，而郑玄于《仪礼》云"今文遵为僎"，于《礼记》云"古文《礼》僎作遵"，由此就导致了一个小小的礼学纠葛。"遵"属来宾一方，"僎"属主人一方，宾、主本来是不至相混的，然而居然就混为一谈了。经学、礼学是帝制时代最显赫的学问，经学家、礼学家是王朝最杰出的学者，却至今未能理顺这个纠葛。转从现代历史学出发，便有可能把它弄得清楚一点。

当然，礼学文献浩繁，礼制头绪丛脞。本人不治礼学也不通礼学，难免妄议。抛砖引玉而已，大方之家当有更优解说。

乡饮酒礼上的「遵」词义小札

"遵"或"遵者"是先秦乡饮酒礼上的一种贵宾，对这种贵宾，我已有所讨论[1]。本文打算对这种贵宾为何称"遵"或"遵者"，再做一些推测。

据《礼记·乡饮酒义》，乡饮酒礼上有"介"以辅宾，又有"僎"以辅主人。而郑玄在注《仪礼》时云"今文遵为僎"，注《礼记》时又说"古文《礼》僎作遵"，这就造成了僎、遵二者混为一谈的情况。在前揭拙文中我指出，清人已有"遵、僎为二"之论了，认为"遵"是前来观礼的诸公、大夫，"僎"则是主人的家吏，在典礼上辅佐主人，二者并非一事。清儒对"遵、僎为二"的各种论证，迄今未见反驳。面对"遵、僎为一"与"遵、僎为二"两种观点，我的看法是后者略优。这样，在讨论"遵"这个称呼究为何义之时，就可以把"僎"置之度外，免其干扰了。

"遵"这个称谓很独特，在先秦古文献中，仅仅出现于《仪礼·乡饮酒礼》与《乡射礼》两篇，总计四见。下面来审视"遵"在文句中的用法与意义：

1.《仪礼·乡饮酒礼》：遵者降席，席东南面。

郑玄注：遵者，谓此乡之人仕至大夫者也。……或有无、来不来，用时事耳。

---

[1] 参看拙作：《乡饮酒礼上的遵与僎》，《中华文史论丛》2018 年第 4 期。已收入本书，改题《乡饮酒礼上的遵、僎问题及相关礼图纠葛》。

2.《仪礼·乡饮酒礼》：宾若有遵者诸公、大夫，则既一人举觯乃入。席于宾东。

郑玄注：遵者，诸公、大夫也。谓之宾者，同从外来耳。大国有孤，四命谓之公。

3.《仪礼·乡饮酒礼》：彻俎。宾、介、遵者之俎。受者以降，遂出授从者。

4.《仪礼·乡射礼》：大夫若有遵者，则入门左。……席于尊东。

郑玄注：谓此乡之人为大夫者也[1]。

大致说来，"遵者"是在典礼进行到"一人举觯"的环节才入场的，随后他们"席于宾东"或"席于尊东"。乡饮坐席布局是这样的，堂下西阶为子弟之位，堂上北墙偏东之处——这地方称"房户之间"——放置着两个酒尊，酒尊西侧是父老之席，他们按年齿就坐，以东为上，面朝南。而若有遵者到场，其坐席既在父老之东，也在酒尊之东。

"宾若有遵者""大夫若有遵者"之语中的"若有"二字，表明遵者并非不可或缺的角色。用郑玄的话说，就是"或有无、来不来，用时事耳"，或有或无，可能来也可能不来，是因时因事而异的。

遵者的身份，则包括"诸公、大夫"两种人。郑玄把"大夫"说成是"此乡之人仕至大夫者"，似有所据。史称周有六乡，鲁有三乡，春秋时齐国的"国"中，士、农之乡各有十五[2]。虽不能认定这样的"乡"也就是乡饮酒礼之"乡"，但拥有朝廷爵命的大夫们，有可能得到本乡的乡饮观礼邀请，理或然也。又，乡饮有"一命齿于乡里，再命齿于父族，三命而不齿"的坐席规则[3]，即拥有朝廷爵命者来乡饮

---

[1] 以上分见《仪礼注疏》卷一〇、卷一一，阮本，第989页上栏—下栏、第991页上栏、第995页上栏。

[2] 可参杨宽：《西周史》，上海：上海人民出版社2003年版，第395—411页。

[3]《周礼注疏》卷一二，阮本，第718页上栏。

观礼，其一命者在西阶之下与乡人序齿，再命者在堂上与父族序齿，三命者在酒尊之东的贵宾席单独就坐，任何人不得与之比肩齿列。由此可知，酒尊之东的大夫乃是三命拥有者，而由《左传》等先秦文献又知，三命乃是一国执政大臣的位阶，相当显赫。至于"诸公"，郑玄说是大国所设之孤，位在四命。此说虽然不可信据，但诸公的礼数确实又是高于大夫的。总之，遵者身份尊贵而地位崇高。

尊、遵二字同源相通、可以假借，而诸公、大夫作为贵宾，称之为"尊者"毫无问题，称之为"遵者"就有问题了。对"遵者"之称的由来，前人已提出了若干解释。兹逐次胪列。

（1）"遵法"说。对"遵者"之"遵"，郑玄以"遵法"来解释：

> 1.《仪礼·乡饮酒礼》"遵者降席"郑玄注：遵者，谓此乡之人仕至大夫者也，今来助主人乐宾，主人所荣而遵法者也。
>
> 2.《仪礼·乡射礼》"大夫若有遵者"郑玄注：谓此乡之人为大夫者也。谓之遵者，方以礼乐化民，欲其遵法之也。

依郑玄所释，"遵者"是前来"助主人乐宾"的，他们能给典礼增添欢乐气氛。称之为"遵者"，表示他们为人所遵法，有"以礼乐化民"之功。当然，两处郑注略有小异，一说为主人所"遵法"，一说让民众去"遵法"。无论如何，"遵者"就是"所遵奉效法之人"的意思。

（2）"尊者"说。即直接读"遵"为"尊"。如：

> 1. 盛应期：遵者，尊也。《传》曰：乡人仕至大夫，主人藉以乐宾、取荣而遵法者也[1]。
>
> 2. 任启运：盖遵，尊也。乃乡先生为人所遵法者，本尊

---

〔1〕 盛应期：《苏州乡饮请遵书》。钱谷编：《吴都文粹续集》卷四《学校》，《景印文渊阁四库全书》，台北：商务印书馆1986年版，第1385册第85页下栏。

于宾[1]。

3.《钦定礼记义疏》：遵，尊也，尊于宾者也[2]。

4.《日讲礼记解义》：遵，尊也，尊于宾者[3]。

5. 郭嵩焘：《仪礼》明言"宾若有遵者"，遵、尊同字，谓宾之尊者也[4]。

上引第 1、2 条虽读遵为尊，但受郑玄影响，仍把"遵法"的意思牵扯进来了。第 3、4、5 条则很明快，唯言"尊于宾""宾之尊者"。身份"尊于宾"与"为人所遵法"，意义判然有别。"尊者"仅指身份尊贵，但并不必然"为人所遵法"。还有，"为人所遵法"也并不必然与"礼乐化民"相关。

直接读遵为尊，究其依据，就是古文献中遵、尊二字同源相通，可以互用。例如：

1.《逸周书·谥法》：秉德遵业曰烈[5]。

《史记正义》引：秉德尊业曰烈[6]。

2.《论语·尧曰》：尊五美，屏四恶[7]。

汉平都相蒋君碑：遵五进四[8]。

---

〔1〕 任启运：《礼记章句》卷五之三《乡饮酒义》，《续修四库全书》，上海：上海古籍出版社 2002 年版，第 99 册第 170 页上栏。

〔2〕 李绂领纂：《钦定礼记义疏》卷四八《少仪》，《景印文渊阁四库全书》，第 125 册第 510 页上栏。

〔3〕 鄂尔泰等：《日讲礼记解义》卷三九《少仪》，《景印文渊阁四库全书》，第 123 册第 455 页下栏。

〔4〕 郭嵩焘：《礼记质疑》卷一七《少仪》，长沙：岳麓书社 2012 年版，第 452 页。

〔5〕 《逸周书·谥法》，上海：商务印书馆 1937 年版，第 3 册第 204 页。黄怀信《逸周书校补注译（修订本）》作"秉德尊业"。西安：三秦出版社 2006 年版，第 276 页。黄怀信等《逸周书汇校集注（修订本）》又作"秉德遵业"。上海：上海古籍出版社 2007 年版，第 674 页。

〔6〕 张守节：《史记正义》，《史记（修订本）》，北京：中华书局 2014 年版，第 4075 页。

〔7〕 《论语注疏》卷二〇，阮本，第 2535 页下栏。

〔8〕 洪适：《隶释》卷六，北京：中华书局 1986 年版，第 76 页上栏。

3.《墨子·备城门》：然则守者必善，而君尊用之[1]。

俞樾：尊当为遵，古字通也[2]。

4.《韩诗外传》：行既已尊之[3]。

俞樾：惟尊字无义，当读为遵[4]。

5.《论衡·答佞》：违礼者众，尊义者希。

黄晖：尊读遵[5]。

6.《后汉书·光武帝纪》：击更始鄳王尹遵，破降之。

李贤注：遵或作尊[6]。

7. 何承天《社颂》：乃家乃国，是奉是遵[7]。

《何衡阳集》：是奉是尊[8]。

　　在乡饮酒礼上，"遵者"诸公、大夫确实倍受尊崇。《仪礼·乡饮酒礼》"席于宾东，公三重，大夫再重"郑注："席此二者于宾东，尊之。"居于酒尊之东是尊崇之意，其席子也比别人多一两层。又《乡射礼》"大夫降，立于宾南"贾公彦疏："大夫尊，在堂则席之于尊东，特尊之。"又《燕礼》贾疏："诸公、大夫席于尊东西上，彼遵尊于主人。"[9]又前引《钦定礼记义疏》云遵者"尊于宾客也"。"遵者"被"尊之"以至被"特尊之"，既"尊于主人"又"尊于宾客"，在典

〔1〕　孙诒让：《墨子间诂》卷一四《备城门》，北京：中华书局 2001 年版，第 493 页。

〔2〕　俞樾：《诸子平议》卷一一《墨子三》，《春在堂全书》，南京：凤凰出版社 2010 年版，第 2 册第 118 页下栏。

〔3〕　许维遹：《韩诗外传集释》卷一，北京：中华书局 1980 年版，第 12 页。

〔4〕　俞樾：《曲园杂纂》卷一七《读韩诗外传》，《春在堂全书》，第 3 册第 127 页下栏。

〔5〕　黄晖：《论衡校释》卷一一《答佞》，北京：中华书局 1990 年版，第 517 页。

〔6〕　《后汉书》卷一上《光武帝纪上》，北京：中华书局 1965 年版，第 29 页。

〔7〕　徐坚等：《初学记》卷一三《社稷》引，北京：中华书局 1962 年版，第 327 页。

〔8〕　《汉魏六朝百三名家集》，南京：江苏古籍出版社 2002 年版，第 3 册第 290 页下栏。

〔9〕　以上分见《仪礼注疏》卷一〇、卷一一、卷一五，阮本，第 989 页下栏、第 995 页下栏、1020 页上栏。

礼上身份最高，无愧"尊者"。

（3）"遵承主人之命而来"说。此说出自元儒敖继公。当然，敖继公实际上有两个不同推测：

> 遵者，乃此乡之人仕至公卿大夫，主人请之来与此会者也。谓之遵者，以其遵承主人之命而来钦？或曰"遵之为言尊也"，大夫尊于士，故以是名之。未知孰是[1]。

胡培翚不以为然，驳敖继公："案遵之为义，《尔雅·释诂》云：'遵，循也。'《广雅·释诂》云：'遵，表也。'《毛诗·酌》传云：'遵，率也。'是遵为仪表尚可率循之义，故注以为'主人所荣而遵法者'也。敖说非。"[2]胡培翚仍在维护郑玄的"遵法"，他自己并无新见。敖继公的后一说法"大夫尊于士，故以是名之"，从身份尊贵出发，如前所引，很多清儒也持类似看法；至于他的前一推测"以其遵承主人之命而来"，虽属孤明先发，却后继无人。不过，我觉得"遵承"一说也不无可取，值得深思。

《仪礼·乡射礼》："大夫若有遵者，则入门左。"这话可以这么理解：大夫若有前来观礼的，则入门而左。（按，从左侧入门，然后站在门的左侧，这是来宾的礼数。主人一方的人则从右侧入门）若然，则此文中"遵"是动词。凡"动词＋者"，都指实施某种动作的人，如来者、往者、作者、论者、终结者、始作俑者……"遵者"也是如此。在"大夫若有遵者，则入门左"这个句子中的"遵"，无疑含有"前来"的意思。一乡之中可能生活着很多大夫，他们有应邀前

---

[1]　敖继公：《仪礼集说》卷四《乡饮酒礼》，上海：上海古籍出版社 2017 年版，第 161 页。

[2]　胡培翚：《仪礼正义》卷七《乡饮酒礼三》，南京：江苏古籍出版社 1993 年版，第 401 页。按，《仪礼正义》之《乡饮酒礼》《乡射礼》等篇，系其门人杨大堉及族侄胡肇昕所补，非胡培翚本人所作。

来的，也有因故没来的。外乡大夫若受邀，也是一样。总之，"遵者"只是大夫中的一部分。应邀前来的"入门左"，受邀却没来的大夫，以及没受邀的大夫，就谈不上"入门左"了，这样理解就符合"若有……则"的语气了。以此类推，同书《乡饮酒礼》"宾若有遵者诸公、大夫，则既一人举觯乃入"一句，这个"遵者"也应理解为"应邀前来者"，由此，受邀而没来的诸公、大夫，以及没受邀的诸公、大夫，就被排除在外了。

胡培翚引用了《尔雅·释诂》的"遵，循也"一语，并从"率循"作解，用以证成"遵法"一说。然而有一点他失之交臂了："循"这个义项，是可以同敖氏的"遵承"联系起来的。遵字从辵，辵有行走之意。《六书故》："辵，循道疾行也。"[1]《公羊传》宣公六年（前 603）"躇阶而走"何休注："躇……一本作辵。"[2]《说文解字》释"辵"为"乍行乍止也"，还引用了《公羊传》"辵阶而走"之文为证[3]。给"尊"加上"辵"旁、写成"遵"、用如动词，"遵"便有了行走之意，就"遵者"之称而言，便有了"循之而前"、进而是"循之而来"的意思了。"循"什么呢？"循"主人的邀请。那么，"遵者"就是"遵循主人邀请而来者"之意。

当然，凡"宾"都是应邀前来者，参与乡饮的本乡父老也是应邀前来者，他们为何就不称"遵者"呢？诸公、大夫是贵宾，酒尊之东有其特殊席位，其他来宾无法齿列比肩。我猜想，在实际运用中，"遵者"还被赋予了"特邀嘉宾"的意思，只用于诸公、大夫。乡饮酒礼本来就是面向本乡父老的，本乡父老肯定会来的，这不构成问题；诸公、大夫是贵宾，他们之来或不来，就构成问题了。就是现今，典礼上有没有大领导应邀参加，也是人们很在意的事情。赘言

---

〔1〕戴侗：《六书故》卷一六，上海：上海社会科学院出版社 2006 年版，第 372 页上栏。

〔2〕《春秋公羊传注疏》卷一五，阮本，第 2280 页上栏。

〔3〕许慎：《说文解字》卷二下，北京：中华书局 1963 年版，第 39 页上栏。

之，"遵者"这个称谓不用于普通来宾，只用于贵宾，应是实践中自然形成的。那么在实践中，"遵者"也确实兼有了"尊者"的意思。这样看来，敖继公两个推测，即"遵承主人之命而来"及"遵之为言尊也"，都可以成立。

现将前述"遵法""尊贵""遵承"三义，分别代入《仪礼》两段原文，看一看是什么情况：

一、《乡射礼》原文：大夫若有遵者，则入门左。

译文：

1. 大夫中若有为人遵法者，则入门左。

2. 大夫中若有地位尊贵者，则入门左。

3. 大夫中若有作为贵宾而应邀前来者，则入门左。

二、《乡饮酒礼》原文：宾若有遵者诸公、大夫，则既一人举觯乃入。

译文：

1. 来宾中若有为人遵法的诸公、大夫，则既一人举觯乃入。

2. 来宾中若有地位尊贵的诸公、大夫，则既一人举觯乃入。

3. 来宾中若有应邀前来的贵宾诸公、大夫，则既一人举觯乃入。

在是否贴合乡饮情境上，三者有程度之别。第 1 项"遵法"，在这个阐述来宾身份的特定情景中，颇觉汗漫；把它联系到"礼乐化民"上去，显有过度诠释之病。第 2 项"尊贵者"也不稳妥，凡大夫皆地位尊贵，而"若有地位尊贵者"的提法，等于说大夫中还有"地位不尊贵者"了，所以也不可取。至如译文中的两个第 3 项，都妥帖顺畅、密合无间。

"遵者"只见于《仪礼·乡饮酒礼》与《乡射礼》，这一情况，暗示这个称谓相当特殊，应是某时代、某地区的特殊礼制用语，并不流行。

还有一个小小问题，若把"遵者"理解为"应邀前来的尊者"，那么，拥有爵命的命士算不算"遵者"呢？郑玄的回答似乎是肯定的。请看：

> 《仪礼·乡射礼》"大夫若有遵者，则入门左"郑玄注：谓此乡之人为大夫者也。……其士也，于旅乃入。乡大夫、士非乡人，礼亦然，主于乡人耳[1]。

对"大夫若有遵者"一语中的"大夫"，郑玄释为"本乡之大夫"，所以随后又补充说"乡大夫、士非乡人，礼亦然"，意谓在"遵者"之中，还有非本乡出身的乡大夫、士，他们的礼数与本乡出身的大夫、士相同。郑玄又云"其士也，于旅乃入"，那么这个士就是朝廷命士了。乡饮酒礼有"既旅，士不入"的规矩，这个士是乡人之士，不是受邀观礼的命士。受邀观礼的命士与乡人不同，他们"于旅乃入"。诸公、大夫在"一人举觯"后入场，命士更晚一些，要到旅酬时才入场。

盛世佐认同郑注："注云'其士也，于旅乃入'，则乡中命士来观礼者亦得谓之遵矣。"[2]他相信，命士也是可以称"遵"的。韦协梦反对郑注，认为士不得为遵者，理由是"士贱"："《乡饮酒·记》谓'士既旅不入'，则未旅之前皆可入矣。盖士贱，既不得为遵者，必主人请之为众宾，而后得与其事。虽或有故、不能与宾同来，何必俟旅酬礼行而后入乎？（郑玄）注谓士于旅乃入，非是。"[3]胡培翚又来批

---

〔1〕《仪礼注疏》卷一一，阮校本，第995页上栏。

〔2〕盛世佐：《仪礼集编》卷八《乡射礼一》，《景印文渊阁四库全书》，第110册第313页上栏—下栏。

〔3〕韦协梦：《仪礼蠡测》卷五《乡射》，《续修四库全书》，上海：上海古籍出版社2002年版，第89册第578页下栏。

评韦协梦，维护郑玄："《乡饮酒礼》言'遵者'，有公、大夫、不言士，而《记》云'既旅，士不入'，是士亦为遵也。盖遵者为观礼而来，不限夫贵贱，而行礼之节，则有别也。此士谓命士，与为众宾之士不同。韦氏以为众宾之士当为遵者之士，用以驳注，谬矣！"[1]

　　从感觉上说，我倾向于"命士非遵者"，因为他们品秩低，不在堂上或贵宾席就坐，然而也得承认，盛世佐、胡培翚把"命士来观礼者"同"众宾之士"区分开来，前者"于旅乃入"，后者"既旅不入"，其论证比韦协梦更为有力。姑记以备检。

---

〔1〕 胡培翚：《仪礼正义》卷八《乡射礼一》，第 475—476 页。

《仪礼》饮酒礼丧礼所见「诸公」与春秋寄公

据《仪礼》所载，春秋若干典礼上有一种参与者，称"诸公"。"诸公"也有两类：一种是觐礼所见"诸公"，他们是王廷上的三公，因其身份明确，所以无须赘论；同时还有一些"诸公"，出现在了列国的饮酒礼、丧礼之上，这种"诸公"身份为何，传统学者也有解释，但并不圆满。本文期望就后一种"诸公"进行探讨，提出新解以取代旧说。后文若非特别说明，所云"诸公"都特指后者，也就是特指饮酒礼、丧礼上的"诸公"。

　　"诸公"并不是相关典礼上的不可或缺的主角，而是应邀前来观礼的贵宾。《仪礼》相关记载使用了"若有"之辞，就表明了他们或有或无、或来或否，或者无其人可以邀请，或者邀请了没来。"诸公"的地位，看起来则相当显赫，在乡饮酒礼、乡射礼上，以及在国君主持的燕礼、大射礼上，"诸公"得以在贵宾专席就坐，接待他们的礼数有些甚至高于一国执政大臣。传统经注把"诸公"释为"大国之孤"，又说也包括"三监"在内。大国执政之卿的位阶，最高也只三命而已，而依传统经注，"诸公"可达四命之尊，"三监"的品位参照《周礼》也是四命。然若稽诸史料，"大国之孤"或"三监"之说，均极可疑。礼经的研究已历二十多个世纪了，现代的先秦制度研究也在百年以上，地位如此显赫的"诸公"，其身份居然至今暧昧不明。

　　也有清儒偶尔提及，除了"大国之孤"之外，"寓公"也应在"诸公"之列。所谓"寓公"又称"寄公"，其身份是寄寓他国的流亡国君。这个"寓公即诸公"之说，虽止寥寥一语而已，而且随即就被人否定了，我却以为它优于其他诸说，不宜任其湮灭，值得推进深化。为表述便利，后文以《仪礼·丧服》《礼记·丧大记》为准，对这种流亡国君通称"寄公"。

本文将先行提供学术背景，对问题的由来、相关经注进行评述，随后对"寄公即诸公"之说进行论证。论证将分两步展开。第一步，对春秋寄公制度进行考述，以显示寄公之特征与饮酒礼上的诸公特征相合；第二步，转向丧礼，对诸侯丧礼与士丧礼上的站位加以对比，以显示寄公与诸公二者相通。期望这个讨论在经学和史学两方面都有推进。在经学方面，用以澄清礼书中的"诸公"疑案，消解这个礼制盲点；在史学方面，用礼书中埋藏的历史信息，丰富对春秋流亡国君生活状态的认识。

一、饮酒礼所见"诸公"及其传统解说

《仪礼》显示，在乡饮酒礼和乡射礼上，有一种贵宾称"遵"或"遵者"，其中包括"诸公""大夫"两等人，他们被提供了贵宾席。请看：

> 1.《仪礼·乡饮酒礼》：遵者降席，席东南面。……宾若有遵者诸公、大夫，则既"一人举觯"乃入，席于宾东，公三重，大夫再重。
>
> 郑玄注：遵者，谓此乡之人仕至大夫者也，今来助主人乐宾。……遵者，诸公、大夫也。……大国有孤，四命谓之公。
>
> 贾公彦疏：谓之公者，若天子有三公也[1]。
>
> 2.《仪礼·乡饮酒礼·记》：若有诸公，则大夫于主人之北，西面[2]。
>
> 3.《仪礼·乡射礼》：大夫若有遵者，则入门左……席于尊东[3]。

---

[1]《仪礼正义》卷一〇，阮本，第989页上栏、下栏。
[2]《仪礼正义》卷一〇，阮本，第991页中栏。
[3]《仪礼正义》卷一一，阮本，第995页上栏、中栏。

4.《仪礼·乡射礼·记》：若有诸公，则如宾礼，大夫如介礼；无诸公，则大夫如宾礼[1]。

大致说来，"遵者"中的"大夫"被郑玄说成是"此乡之人仕至大夫者"，所以才会受邀还乡观礼；"诸公"则被郑玄说成大国四命之孤。遵者并不是典礼主角，他们在主宾之间的献、酬、酢结束之后、"一人举觯"之时，才举步入场。据说这是为了避免因其身份显赫，而干扰了主宾之间的正常行礼。入场后遵者就坐的席位，或说在"宾东"、或说在"尊东"，在实际上，宾与遵者是夹着两个酒尊就坐的，对遵者来说，"宾东"也就是"尊东"。参看图1。

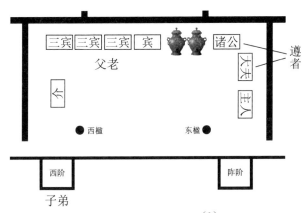

图1　乡饮酒礼席位示意[2]

---

〔1〕《仪礼正义》卷一三，阮本，第1010页上栏。

〔2〕本文所提供的礼图，主要根据杨复《仪礼图》、张惠言《仪礼图》改绘。二书分见《景印文渊阁四库全书》，台北：商务印书馆1986年版，第104册；《续修四库全书》，上海：上海古籍出版社2002年版，第90、91册。在改绘时，还参考了如下著作中的相关礼图：吴宏一：《乡饮酒礼仪节简释》，台北：台北中华书局1985年版；杨天宇：《仪礼译注》，上海：上海古籍出版社1994年版；买靳：《新编仪礼图之方位图·吉礼卷》，郑州：中州古籍出版社2016年版；陈绪波：《仪礼宫室考》，上海古籍出版社2017年版。图中的酒尊采用了青铜罍实物形象，这是因为我曾有专文，把饮酒礼上的酒尊认定为青铜罍，参看拙作《尊壶者面其鼻"辨：〈礼记·少仪〉一个文句的注译问题》，《文史》第127辑，北京：中华书局2019年，第5—26页。所以绘图时采用青铜罍实物形象，以志其事。

按，乡饮乡射礼的堂上坐席布局，遵循"统于尊"的原则，即：以两个酒尊为准，谁离酒尊越近，谁的地位越尊。诸公既然紧靠着酒尊就坐，其地位自然最尊。若无诸公在场，这个席位就转归大夫，这说明诸公高于大夫。又，诸公的席子三重、大夫的席子两重，这一点也说明诸公高于大夫。先秦乡饮乡射坐席，又有"三命不齿"之礼：酒尊之东的贵宾席系三命官员之禁脔，哪怕七十岁以上的族人，也不得问津。《荀子·大略》："一命齿于乡，再命齿于族。三命，族人虽七十，不敢先。"杨倞注："三命，卿也。"[1] 说的就是这个意思。三命之卿便是执政大臣了，而依郑玄之说，诸公位在四命，竟比执政大臣的位阶还高，其在贵宾席就坐的资格，无可质疑。总之在乡饮乡射之时，诸公的身份高于所有主宾，如吴廷华所云："诸公尊，莫与并也。"[2]

在燕礼及大射礼上，也能看到"诸公"的身影。请看：

> 《仪礼·燕礼》：（宰夫）献卿于西阶上。……若有诸公，则先卿献之，如献卿之礼，席于阼阶西，北面东上，无加席。
>
> 郑玄注：诸公者，谓大国之孤也。孤一人，言"诸"者，容牧有三监[3]。

同样的记述，又见于《仪礼·大射仪》所记载的饮酒环节。在燕礼及大射礼上，由宰夫担任献主，代表国君献酒。献酒的次序自高而下，从卿、大夫、士一直献到庶子。然而"若有诸公"，那就先献诸公，随后再向卿以下献酒，可见燕礼上的诸公地位，依然高于卿大夫。而

---

〔1〕 王先谦：《荀子集解》，北京：中华书局 1988 年版，第 493 页。除了《荀子》之外，"三命不齿"又见于《礼记·祭义》《周礼·地官·党正》。先秦文献中多处出现这个记载，表明"三命不齿"这个礼制可信度颇大。

〔2〕 吴廷华：《仪礼章句》卷四，《景印文渊阁四库全书》，第 109 册第 321 页下栏。

〔3〕 《仪礼注疏》卷一四、卷一五，阮本，第 1018 页下栏、第 1020 页上栏。

且"若有诸公"的"若有"二字说明，燕礼上的诸公仍是一种或有或无的角色，身份并无变化。至于燕礼上的诸公坐席，则变成了"席于阼阶西，北面东上"了，改在堂上之东南、国君之西南就坐，因而与乡饮乡射不相同了。其相关位置，可参看图2。

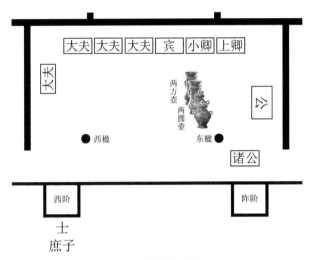

图 2　燕礼席位示意

对燕礼上的诸公礼遇，敖继公有如下评述："先卿献之，谓先献公、乃献卿，亦既献则升就席，不与卿序升也。席之于此，以其尊于卿而不与之序也。阼阶之西，于君席为西南，直其左也。诸公在君之左，卿在君之右，盖以左为尊也。……上为卿设重席而已，而于公乃云'无加席'者，明其尊于卿。"[1]爵次、席次、居君之左、无加席[2]等礼数都显示，燕礼、大射礼上的诸公也是"尊于卿"的，其地位仅次于国君。"诸公"如此显赫，"若有"之辞又表明他们或有或无，那么，他们会是什么人呢。

---

〔1〕敖继公：《仪礼集说》，上海：上海古籍出版社2017年版，第300页。
〔2〕"重席"是同一种席子铺若干层，"加席"则是在席上加铺其他质料的席子。对重席、加席之别，孙诒让有详论，见其《籀頵述林》卷二《加席重席说》，北京：中华书局2010年版，第50—56页。

郑玄之所以把"诸公"释为"大国之孤",其缘由是这样的:《周礼·春官·典命》有"公之孤四命"之文,经学家郑众因云"九命上公,得置孤卿一人"[1]。列国怎么会设有"诸公"之官呢?郑玄左瞻右顾、各处搜寻,觉得郑众所说的这个"孤卿"比较沾边儿。大国或"九命上公"才能设"孤",中小国家不能设,这可以用来解释经文中的"若有"二字,"若有"就是大国才有,中小国家没有。而且这个"孤"位在四命,恰比三命之卿高一头,又跟诸公礼数高于卿大夫的情况相符了。郑玄的这个"诸公系大国之孤"之说,随后就被沿用至今。

然而在解说《仪礼·燕礼》时,郑玄又有了新的说法,他补充了这么一句:"言'诸'者,容牧有三监。"这又是怎么回事呢?对乡饮乡射之诸公,郑玄本是释为"大国之孤"的,而在面对燕礼及大射礼时,郑玄忽而意识到了一个漏洞:据《周礼》所记,"大国之孤"只设一人,"诸公"之"诸"却意味着此"公"不止一人,至少两人以上才能称"诸"呢。郑玄一字不苟,为了容纳这个"诸"字,再次发动大脑,遍检诸经。这时他觉得不妨拿"三监"来充数。西周初年,曾在殷商故地设置"三监",由管叔、蔡叔、霍叔监视殷遗武庚。这就启迪了《礼记·王制》的一个设想:"天子使其大夫为三监,监于方伯之国,国三人。"[2]《王制》所设想的三监,位为大夫,而《周礼》认为天子之大夫四命,那么就可以认为天子派到列国的三监大夫也是位在四命的,这便跟"孤"之四命相同了。于是,郑玄便把《王制》《周礼》熔铸一炉,把"三监"也拉入了诸公队伍。这样一来,孤+三监=4人,诸公人多势众了,"诸"字有着落了。

然而从史学角度看来,《王制》《周礼》的内容往往带有"应然"意味,经常出现主观建构,并不总能跟史实画等号。而且二书各有各

----

[1]《周礼注疏》卷二一,阮本,第781页上栏。
[2]《礼记正义》卷一一,阮本,第1325页下栏—1326页上栏。

的建构，也不好率易互证。“容牧有三监”的“容”，显系或然之辞，郑玄自己也明白“三监”只是臆测。而且官名本是“孤”“监”，位阶只是卿、大夫，怎么又称起“公”来了呢？这一点也启人疑窦。贾公彦疏试图为郑玄弥缝：“谓之‘公’者，若天子有三公也。”可这个“若”仍是臆测。盛世佐也强为之说：“孤一人而曰诸公者，以别于其君之称公也。诸，众也，若曰犹是众臣云尔。……惟其礼如子男，故亦得称公；惟其列于卿大夫之位，故加‘诸’以别之。”[1]然而盛氏依然劳而无功。就《国语》《左传》等史料看，春秋列国并没有在卿上设置“公”的，也没有在卿上设置“孤”的[2]。所谓天子向列国派遣“三监”的事情，除了周初“三监”，此外无迹可寻。

“大国之孤”只有一人，与诸公的“诸”字不合，拿“三监”充数又嫌牵强，于是又有学人尝试新解。例如：

> 1. 方苞：“诸公”乃天子有加命而礼绝于同僚者也，故席于阼阶西，所以别于卿大夫。而并无加席，以示下不敢过于宾，上不敢拟于君也[3]。
> 2. 方苞：乡饮酒之遵者诸公之下，尚有诸卿[4]。
> 3. 蔡德晋：诸公，若上公之国则有四命之孤，及诸侯失国而为寓公者，皆是也[5]。

---

〔1〕 盛世佐：《仪礼集编》卷一一，《景印文渊阁四库全书》，第110册第433页上栏—下栏。

〔2〕 “孤”之称谓，本为“称孤道寡”之“孤”。具体说略有数义。首先是小国之君自称为“孤”。《礼记·曲礼》：“庶方小侯，……自称曰‘孤’”；又同书《玉藻》：“小国之君曰孤，摈者亦曰孤。”分见《礼记正义》卷五、卷三〇，阮本，第1265页中栏、第1485页中栏。又，服丧期间的新君称孤。《礼记·曲礼上》：“诸侯……其在凶服，曰适子孤。”《礼记正义》卷五，阮本，第1266页中栏。又，诸侯处于灾祸之中时，也可能称孤。《左传》庄公十一年（前683）：“列国有凶，称孤。”《春秋左传正义》卷九，阮本，第1770页上栏。还可看看闫丽：《〈左传〉人物称谓文化研究》，台北：花木兰文化出版社2016年版，第35—36页。

〔3〕 方苞：《仪礼析疑》卷六，上海：复旦大学出版社2018年版，第149页。

〔4〕 方苞：《仪礼析疑》卷四，第94页。

〔5〕 蔡德晋：《礼经本义》卷五，《景印文渊阁四库全书》，第109册第572页上栏。

4. 吴廷华:王朝则三公,侯国则公置孤一人。曰"公"者,孤贰公,在国亦称"公"也。曰"诸",容有致仕居乡者[1]。

5.《钦定仪礼义疏》:注以"公"为大国之孤,是也。以经言"诸",因有"三监"之说,而周无此法。后人又或以"寄公"者当之,说益阔矣。统公卿大夫而言,则"诸"者非一之称也。抑古之从大夫者,虽已老不废朝谒,孔子吉月朝服而朝是也。若然,则大国之孤容有老于乡者而与此礼,亦事之所时有[2]。

6. 崔述:今礼经,诸侯之臣有所谓诸公者,此何以称焉?……或又以为寄公,然寄公偶有一人然耳,何缘得有诸公,而寄公于国君为宾,亦不应从臣礼也。……然则此书乃春秋战国间学者所记,所谓诸公,即晋三家、鲁三桓之属,周公时固无此制也[3]。

第1条方苞意谓,大国之卿虽止三命,但天子会给某国的某卿额外再加一命,这就将出现四命之卿了,他就是燕礼上席于阼阶的"诸公"。在第2条中,方苞担心天子额外加命之后,人数仍凑不够,于是又提出,乡饮时"诸公、大夫"之间实际还有"诸卿"存在着,若把省略不言的诸卿计算在内,再加上大夫,诠释"诸"字时就不劳"三监"帮忙了。换言之,"诸"字是就公、卿、大夫三者而言的。

第3条中,蔡氏推测"寓公"也在"诸公"之列。所谓"寓公"又称"寄公",系失国流亡而寄居他国的国君。依此之说,孤+寓公≥2人,于是就可以称"诸"了。

---

[1] 吴廷华:《仪礼章句》卷四,《景印文渊阁四库全书》,第109册第319页下栏。"侯国则公置孤一人"一句中的"公"字,疑为衍文。
[2]《钦定仪礼义疏》卷七,《景印文渊阁四库全书》,第106册第256页下栏。
[3] 崔述:《丰镐考信录》卷五,北京:中华书局1985年版,第89页。

第 4 条中，吴廷华声称有在职任事之孤，也有致仕居乡之孤，两种孤若同时光临，孤就不"孤"了，就超过一人了，虽无"三监"助阵，也可以称"诸"了。

第 5 条《钦定仪礼义疏》认为，"三监""寄公"二说都不可信，另两个解释可能性较大：一、"诸"字是"统公卿大夫而言"的，即"诸"字由"公 + 卿 + 大夫 > 1"而来；二、参照孔子离职后仍要上朝的情况，"致仕"一说也不无道理，"大国之孤容有老于乡者而与此礼"，孤在退休后仍要上朝，这也扩大了"孤"的阵营。

第 6 条中崔述推测，春秋列国出现了不少专权擅政的卿大夫，如晋三家、鲁三桓之类，"诸公"就是他们的僭称。然而崔述为"僭称"举出的证据，非常单薄，不过寥寥几条而已，而且那些"公"还是理解为对老者、尊者的社会敬称为好，却无法证明是权臣的专用僭称。

不过崔述对"大国之孤"之说的批驳，倒很有力：

> 说经者无可置词，乃以大国之孤当之。大国之孤，仅见于《周官》，经、传未尝有也。宋，公爵也。春秋之世，谁为之孤者。即使大国果有孤，既名为"孤"矣，亦不当复称为"公"。而孤止一人，亦不当称之为"诸公"也[1]。

此前明儒郝敬辨析"诸公"时，已根本否定列国有"孤"、此"孤"称"公"之事了：

> 诸侯称"公"已为僭矣，而其臣又有称"诸公"、位在卿大夫上者。惟天子有三公，诸侯之臣贵，无加于卿而称"公"，是乱天子也。郑玄谓为大国之孤四命，此《周礼·典命》之说，

---

[1]　崔述：《丰镐考信录》卷五《周公相成王下》，第 89 页。

> 《周礼》亦非古也。……何尝诸侯有臣称"公",大国卿上有孤称
> "诸公"者乎[1]！

又清儒顾炎武也曾说过："《左传》自王卿而外无书'公'者。惟楚有
之,其君已僭为王,则臣亦僭为公。"[2]亦即,除王廷有公、楚国有
公之外,列国官制中无以"公"为称之官。

面对纷纭新说,胡匡衷便有了"新人不如故"之感,无奈之余,
觉得还是墨守郑玄算了:

> 案大国孤止一人,而乡饮、乡射、燕礼、大射皆言"诸公"。
> 郑氏谓"言'诸'者,容牧下有三监"。后儒以三监是殷法,多
> 疑其说。于是有谓"诸"者不定之辞,有谓"诸"者统公卿大夫
> 而言,有谓诸公兼"寄公"言之,有谓兼致仕者言之,纷纷不
> 一。……故惟郑义为允耳[3]。

《周礼》"公之孤四命"有明文,对经学家来说这就是铁证,从
史学角度看则大谬不然,"孤"及"三监"与"诸公"之间隔着四道
鸿沟:

1. 大国设"孤"一说,得不到史料证实。

2. "四命之孤"之"四命",得不到史料证实。

3. 周天子向方伯派驻"三监"之说,得不到史料证实。

4. "孤"与"三监"何以称"公",亦得不到合理解释。

一个疑问由此滋生了:郑玄在解说"三礼"之时,他手中到底

---

[1] 郝敬:《仪礼节解》卷一四《读仪礼》,《续修四库全书》,第85册第547页上栏。
[2] 顾炎武:《日知录》卷二〇《非三公不得称公》,《日知录集释(全校本)》,上海:
上海古籍出版社2006年版,第1116、1119页。
[3] 胡匡衷:《仪礼释官》卷一《公》,《续修四库全书》,第89册第323页下栏—第
324页上栏。

有多少根据呢？周代礼乐人员的礼仪知识，在世世相传之中，既展示了颇大连续性，以致很多个世纪之后，汉末郑玄依然能利用这些知识，化解了"三礼"中的很多疑难。然而礼乐知识在传承中发生残缺失落，肯定也是不可避免的。《仪礼》相关篇章的原作者，当然是知道"诸公"本义的，然而这个知识点，在战国以后——很可能因秦之坑焚——失传了。饮酒礼、丧礼上的"诸公"是什么人，我认为郑玄并无所知，只是臆测。连郑玄都不知道"诸公"为何物，为此我推断汉代经师全不知道"诸公"是什么人，后世更不用说了。

《仪礼》的现代注译者在面对"诸公"时，有直译为"诸公"的，这就免去了一己的麻烦，把疑团留给了读者；有释为"四命的小国之君"的，可是没能提供证据。还有释为"国君之外有公爵的人"的，这么做确实稳妥了不少，但仍有失空泛：这是公卿大夫士之"公"呢，还是公侯伯子男之"公"呢？既没说清楚，也没提供证据。又检两种十三经辞典，一种辞典未收"诸公"[1]，另一种虽收录了"诸公"，释义仍沿袭"大国之孤"之旧[2]。看来自秦汉始，"诸公"的本义就湮灭了，留下了一个两千年未解之谜。

二、寄公制度及其与诸公之对比

周族的各种典礼，到春秋为止已经历了漫长发展，在春秋末年开始成篇的《仪礼》，就是那些典礼之实录，所以饮酒礼及丧礼上有

---

〔1〕吴枫主编：《十三经大辞典》，长春：吉林人民出版社，北京：中国社会出版社2000年版。

〔2〕十三经辞典编纂委员会编：《十三经辞典·仪礼卷》，西安：陕西人民出版社2010年版，第254—255页。

"诸公"出现一事，可以认定为信史、实录。叙述至此，已能看到诸公具有如下特点：

1. 诸公或有或无，并非常客，与常设的卿大夫明显不同。
2. 国君称"公"，诸公亦得称"公"。
3. 饮酒礼上得以在贵宾席就坐。
4. 乡饮乡射时诸公全场独尊，燕礼大射时其身份仅次于国君。

总之，诸公应是当时的某种显赫权贵，会被邀请出席多种社交礼典，还形成了接待他们的固定礼数，那些礼数还被郑重地记入了礼书。我猜想诸公在史籍中其实经常露脸，只因为史家对礼书中埋藏的历史信息发掘不够，旧经学又因其固有缺陷而误入歧途，结果"诸公"这个称谓长期"一叶障目"，挡住了人们所熟悉的真实身影。

那"一叶"所挡住的是什么人呢？前文提到，清人蔡德晋曾闪过一个念头：除了"上公四命之孤"之外，"诸公"还包括"诸侯失国而为寓公者"。其后一猜测，只是寥寥一语、一瞬即逝，而且随即就被《钦定仪礼义疏》及胡匡衷给否定了。《钦定仪礼义疏》说"后人又或以'寄公'者当之，说益阔矣"，参看前节；胡匡衷的看法是这样的：《礼》云：'诸侯不臣寓公。'《大射》，公命彻幂，宾及诸公、卿大夫皆降拜。言'降拜'，则亦在臣列，非寄公矣，"[1] 即，以诸公向国君下拜为由，来论证诸公不是寄公，而是本国之臣子。然而，我却觉得"寓公"或"寄公"这个想法颇有价值，不妨顺藤摸瓜，做一番考求验证。随后的考察将包含两个步骤：第一步，对寄公制度做一阐述，以显示寄公与饮酒礼上的诸公特征相合；第二步，对丧礼站位加以对比，以证明寄公与诸公身份相通。本节从第一步入手。首先来观察寄公制度。

---

[1] 胡匡衷：《仪礼释官》卷一，《续修四库全书》，第89册第323页下栏—第324页上栏。

据礼家所释，寄公的身份是"失地之君"。请看：

　　1.《仪礼·丧服》：子夏传曰，寄公者何也？失地之君也。

　　贾公彦疏：失地君者，谓若《礼记·射义》贡士不得其人，数有让；数有让，黜爵削地；削地尽，君则寄在他国。《诗·式微》"黎侯寓于卫"，彼为狄人所迫逐，寄在卫，黎之臣子劝以归，是失地之君，为卫侯服齐衰三月[1]。

　　2.《礼记·郊特牲》：诸侯不臣寓公。故古者寓公不继世。

　　孔颖达疏：或天子削地，或被诸侯所逐，皆为失地也。诸侯不臣者，不敢以寄公为臣也[2]。

　　3.《孟子·万章下》：万章曰："士之不托诸侯，何也？"孟子曰："不敢也。诸侯失国而后托于诸侯，礼也。士之托于诸侯，非礼也。"

　　赵岐注：托，寄也。谓若寄公食禄于所托之国也[3]。

第1条《丧服》子夏传，把寄公定义为"失地之君"。第1、2条中《仪礼》贾疏及《礼记》孔疏说，"寄公失地"来自"天子削地"及"为诸侯所逐"两种情况。"天子削地"一点，在贾、孔之前，《白虎通义·考黜》先有其说：天子考课诸侯，"二考无功，则削其地。……一削为七十里侯，再削为七十里伯，三削为寄公。"[4]然而东周天子有多大能力削夺诸侯，相当可疑，只能姑妄听之。至于"为诸侯所逐"一点，则肯定是寄公的主要来源之一。徐杰令云，因遭攻伐而导致的国君出奔之事，在春秋文献中能看到11例，这些出奔的国君就

---

〔1〕《仪礼注疏》卷三一，阮本，第1110页中栏。
〔2〕《礼记正义》卷二五，阮本，第1448页下栏。
〔3〕《孟子注疏》卷一〇下，阮本，第2744页下栏—2645页上栏。
〔4〕陈立：《白虎通疏证》卷七《考黜》，北京：中华书局1994年版，第312—313页。

是寓公或寄公[1]。今天在文献中所能看到的寄公，大概只是其中一小部分吧。春秋初约有180多个国家，战国初就只剩几十个了。近三百年间，百余国家灭亡了，则平均两三年就有一次灭国事件，亡国之君至少在百人以上。一些国君侥幸没有被俘被杀，就流亡他国做起了寄公。

又依第3条《孟子》，"失国"也是寄公之来源。陈澔对寄公的定义，就是"诸侯失国而寄托邻国者也"[2]。在字面上，"失地"是把国土弄没了，也就是国家被灭了；而"失国"多指失去君位，即统治权被篡夺了，这是政争所导致的，"国"本身仍为完璧，没有被他人所灭。"周厉王失国，奔彘"[3]，就是这样的"失国"。据元人汪克宽所考，《春秋》书君出奔者，十有二[4]。顾栋高的《春秋乱贼表》的"出君"部分，就是依照汪氏所考而制成的[5]。赵岐注强调，失国者要"食禄于所托之国"。食所托之国之禄，就是"寄"的最基本方式。

史官在记录出奔之君时，因其行事、境遇、身份各异，往往

---

[1] 文献所见11例，即：隐公十一年（前712）许庄公奔卫，桓公十年（前702）虢公奔虞，庄公十年（前684）谭子奔莒，僖公五年（前655）弦子奔黄，僖公五年虢公丑奔周，僖公十年温子奔卫，僖公二十一年须句子奔鲁，襄公六年（前567）莱共公奔棠，昭公十七年（前525）陆浑子奔楚，昭公十九年莒子奔纪鄣，昭公三十年徐子章羽奔楚。徐杰令：《春秋邦交研究》，北京：中国社会科学出版社2004年版，第175页。

[2] 陈澔：《礼记集说》卷八，南京：凤凰出版社2010年版，第345页。

[3] 《史记》卷三五《管蔡世家》，北京：中华书局2014年版，第1884页。

[4] 汪克宽：《春秋胡传附录纂疏》卷六，《景印文渊阁四库全书》，第165册第150页下栏。12例分别是：桓公十一年（前701）郑昭公忽，桓公十五年郑厉公突，桓公十六年卫惠公朔，庄公二十四年（前669）曹羁，僖公二十八年（前632）卫成公郑，文公十二年（前615）邾伯俅儒，襄公十四年（前559）卫献公衎，昭公元年（前541）莒展舆，昭公三年燕惠公款，昭公二十一年蔡侯朱，昭公二十三年莒子庚舆，哀公十年（前485）邾隐公益。其中若干似可再行斟酌。如，一般认为曹羁只是大夫，邾伯俅儒实际只是太子，还有学者怀疑展舆、庚舆其实是同一个人，参看李世佳、李毅忠：《莒子展舆、庚舆辨》，《安徽文学》2008年第5期，第189页。

[5] 顾栋高：《春秋大事表》卷四五，北京：中华书局1993年版，第2511—2514页。

会采用不同的"书法"以寓态度。相关的不同措词，包括"爵"或"不爵"，"名"或"不名"，以及书"奔"或另行使用其他字眼等。顾栋高《春秋乱贼表》的"出君"部分，就是依据"出奔而不书爵者""出奔而不书名者""出奔而书名"三种情况，而分列三表的。"爵"或"不爵"，自然跟其人作为国君是否"名正言顺"相关。据《礼记·曲礼》所记，依照惯例"诸侯不生名"，但"诸侯失地，名"[1]。在生活中称人之名，有轻贱之意，史官之"书名"也意味着失地者由尊而贱了。出奔行为称"奔"，但有的出奔者到达异国后行了朝礼，这就可能导致史官书"朝"而不书"奔"。还有称"孙（逊）"、称"来"、称"去"的，如鲁昭公"孙（逊）于齐"，州公"寔来"，"纪侯大去其国"之类。不同措辞的选用，当然不是无缘无故的，肯定都有微言大义，但后人的解读也可能过甚其辞。例如对"名"或"不名"，北宋胡安国便驰骋想象，认为构成了一种劝戒："观《春秋》名与不名，则知所以处寓公之礼，与强为善、自暴弃者之劝戒矣！"[2]然而也有人不信这一套。明儒湛若水就不以胡氏为然："故名与不名以待寓公之差等，则吾未之敢信耳。……未闻分别其以何而失国而名之慢之也。"[3]

《孟子》"诸侯失国而后托于诸侯，礼也"一语表明，接纳寄公已成为国际惯例。赵岐注又表明，为寄公提供生计，令其在本国食禄，就是最基本的礼数。这也是寄公的基本特征，如朱熹所云："古者诸侯出奔他国，食其廪饩，谓之寄公。"[4]相关礼数，又如"诸侯不臣寓公"，诸侯应视寄公为宾，而不是看成一己臣民。这也是"兔死狐悲"吧，万一自己也落到那种地步呢。当然，"不臣"只是礼制

---

[1]《礼记正义》卷五，阮本，第 1267 页下栏。
[2] 胡安国：《春秋传》卷五，长沙：岳麓书社 2011 年版，第 55—56 页。
[3] 湛若水：《春秋正传》卷五，《景印文渊阁四库全书》，第 167 册第 92 下栏—93 页上栏。
[4] 朱熹：《四书章句集注·孟子集注》卷一〇，北京：中华书局 1983 年版，第 314 页。

上的"应然",也有人指出事实往往相反:"春秋之时,诸侯而臣寓公者有之矣!"[1]此外还有"寓公不继世"的规矩。寄公的儿子既然不能"继世",即不能承袭"寄公"身份,那就得归化落户、成为国民了。

寄公一方也有需要遵循的礼数,例如为主国之君服丧,丧期是齐衰三月:

> 《仪礼·丧服》:寄公为所寓。
> 　子夏传:何以为所寓?服齐衰三月也。言与民同也。
> 　贾公彦疏:以客在主国,得主君之恩,故报主君与民同。则民亦服之三月[2]。

方苞论云:"特制此服,俾守宗庙社稷者知一旦可降为邻国之庶人,而慎乃有位也。"[3]又盛世佐:"失地则同于民者,贱之也。"[4]在方、盛二人看来,"齐衰三月与民同"含有贬义:你得留神,若不好好治国,把社稷弄没了,就只能与平民为伍了。敖继公所见不同:"然非臣也,故但齐衰三月。……以齐衰之轻者唯有此耳。"[5]并不是抑之为民,才令其齐衰三月的;而是因其"非臣",所以仅仅齐衰三月。又《钦定仪礼义疏》:"同于民者,寄公之自视则然;所寓之君待之则以宾礼,《丧大记》可据也。"[6]从寄公方面说,以民自居是报恩之意;从主君方面看,那是待寄公如宾的。后两种说法,也许更近实情。

前引《仪礼·丧服》贾疏,就"失地之君"一点,举出了

---

〔1〕　崔子方:《春秋经解》卷三,《景印文渊阁四库全书》,第 148 册第 205 页下栏。
〔2〕　《仪礼注疏》卷三一,阮本,第 1110 页中栏。
〔3〕　方苞:《仪礼析疑》卷一一,第 294 页。
〔4〕　盛世佐:《仪礼集编》卷二三,《景印文渊阁四库全书》,第 111 册第 141 页下栏。
〔5〕　敖继公:《仪礼集说》卷一一,第 645 页。
〔6〕　《钦定仪礼义疏》卷二三,《景印文渊阁四库全书》,第 106 册第 800 页上栏。

《诗·邶风·式微》所涉黎侯为例。对于黎侯之事，《式微》毛传提供了相关史实；在诠释《式微》时，孔颖达疏又增补了卫献公的例子。请看：

> 1.《诗·邶风·式微》毛传：黎侯为狄人所逐，弃其国而寄于卫。卫处之以二邑，因安之。可以归而不归，故其臣劝之。
>
> 孔颖达疏：若《春秋》出奔之君，所在亦曰寄，故《左传》曰"齐以郏寄卫侯"是也[1]。
>
> 2.《左传》襄公十四年（前559）：公（卫献公）出奔齐。……齐人以郏寄卫侯。及其复也，以郏粮归。
>
> 杜预注：言其贪[2]。

第1条黎侯遭狄人攻逐、被迫"寄于卫"，其事约在周惠王十四年（前663）。钱澄之评曰："黎侯为狄人迫逐，往卫请救，卫不能救，因为寓公。"[3]《毛传》著其本事：卫国给了黎侯两个邑作为禄养。可见诸侯为寄公提供的生计，采用禄邑形式。两个邑不能说不优厚了，可黎国的君臣仍不满意[4]。

　　在黎侯之外，孔疏补充了又一个寄公的例子，即"卫侯"卫献公。第2条《左传》所述，就是卫献公遭大臣孙林父攻击，被迫出奔，幸为齐国所纳之事。马宗琏云："齐以郏寄卫侯，是以寓公之礼待卫献公。"[5]参照卫国处黎侯以二邑，齐国就不只是把卫献公安置在郏地而已，而是把郏给了他做禄邑。"以郏粮归"便是旁证：在

〔1〕《毛诗正义》卷二，阮本，第305页上栏。孔疏"郏"字原作"邿"，查《校勘记》："案《左传》邿当作郏。"第307页下栏。据改。

〔2〕《春秋左传正义》卷三二，阮本，第1957页中栏、下栏。

〔3〕钱澄之：《田间诗学·式微》，合肥：黄山书社2005年版，第92页。

〔4〕《诗·式微》之后还有一首《旄丘》，毛《序》说这一篇的主题是"黎之臣子以责于卫也"。后人多采用这个说法。当然，相关异说多至十几种，可参鲁洪生主编：《诗经集校集注集评》所辑，北京：中华书局2015年版，第2册第885—888页。

〔5〕马宗琏：《春秋左传补注》卷二，《续修四库全书》，第124册第741页上栏。

卫献公返国时，把郲邑的粟米全都制成干粮带走了，故史官特彰其贪[1]。可见卫献公对郲邑的农产品可以全权支配。由此又证明为寄公提供禄邑，即属"寓公之礼"。郲原先是一个国家，即莱国，后为齐所灭，其土地人民不会太少，这应是一份优厚的禄养。至襄公二十六年（前 547）返国为止，卫献公当了十二年的寄公。另有一位燕简公款被逼出奔，为寄公十年之后，才在齐国的支持下回到了本国的唐邑[2]。

又，鲁昭公曾经流亡七年，其间先后居齐、居晋。鲁昭公是欲废季氏而不成，才被迫出奔齐国的。奔齐之后，齐景公曾经亲自到野井慰问：

> 《春秋》昭公二十五年（前 517）：公孙（逊）于齐，次于阳州。齐侯唁公于野井。
>
> 《左传》：齐侯将唁公于平阴，公先至于野井。……齐侯曰："自莒疆以西，请致千社，以待君命。寡人将帅敝赋以从执事，唯命是听，君之忧，寡人之忧也。"公喜。子家子曰："……失鲁，而以千社为臣，谁与之立？且齐君无信，不如早之晋。"弗从。
>
> 杜预注：二十五家为社。千社，二万五千家，欲以给公[3]。

---

[1] "以郲粮归"的这个"粮"不是今天所说的粮食，而是特指用于行路的干粮。《周礼·地官·廪人》郑玄注："行道曰粮，谓糒也；止居曰食，谓米也。"《周礼注疏》卷一六，阮本，第 749 页中栏。这一意义上的"粮"又称糒，又称糇、糗。杜注既云"言其贪"，那么我推测，卫献公把郲邑所有的粟米都制成干粮带走了，远远超过了归途所需，所以史官特予记录，以彰其贪。

[2] 事见《左传》昭公三年（前 539）及十二年。

[3] 《春秋左传正义》卷五一，阮本，第 2110 页上栏一中栏。按，《晏子春秋》卷五《内篇杂上第五·景公使晏子予鲁地而鲁使不尽受第十八》所记略异："景公予鲁君地，山阴数百社。"所说的是"数百社"，而不是"千社"。孙星衍说这个"山阴"应该是"泰山之阴"。参看吴则虞：《晏子春秋集释》，北京：中华书局 1962 年版，第 335 页。

前往慰问失国之君，其礼称"唁"。《公羊传》："吊亡国曰唁，吊死国曰吊。"（这个"亡国"意为"失国"，"亡"即"亡失"，即如"歧路亡羊"之"亡"）对这次唁礼的具体情节，《公羊传》有很详细的记述，还录有孔子的赞扬："其礼与其辞足观矣！"[1]确实，"君之忧，寡人之忧也"这样的话，听起来相当温暖、格外贴心。

齐景公许诺给鲁昭公"千社"做为禄养，鲁昭公若笑纳"千社"，则其身份就是齐之寄公。但因子家子之言，鲁昭公没有接受齐景公的这番厚意。随后在鲁昭公的请求下，齐国攻占了鲁国的郓地供其寓居。此后鲁昭公转而入晋，被晋安置于乾侯，最终死在了乾侯。鲁昭公居齐、居晋期间，作为礼节，齐、晋两国都曾派大臣往唁。因为郓本来就是鲁邑，所以鲁昭公居郓之时是否算寄公，也许有人会有疑问；而乾侯属晋，那么鲁昭公寄寓乾侯之时，其身份无疑就是寄公。前人就是这么看的。对《春秋》"三十年春王正月，公在乾侯"，俞汝言评曰："是晋之寓公也。"[2]

齐景公所提供的"千社"，或说就是"书社"。现代学者对"书社"多有讨论，一般用杜预之说，把它释为 25 家构成的基层单位[3]。若然，"千社"的待遇便极优厚了。若以一家 5 口计，"千社"人口便为 $5 \times 25 \times 1000 = 125000$ 人，可征发的兵力接近"百乘之家"[4]，相当一个

---

〔1〕《春秋公羊传注疏》卷二四，阮本，第 2328 页上栏—第 2329 页下栏。

〔2〕俞汝言：《春秋平义》卷一〇，《景印文渊阁四库全书》，第 174 册第 574 页上栏。

〔3〕此处参阅徐喜辰：《井田制度研究》，长春：吉林人民出版社 1984 年版，第 199、204 页；韩连琪：《春秋战国时代土地所有制的变化和农村公社的解体》，收入其《先秦两汉史论丛》，济南：齐鲁书社 1986 年版，第 94 页；徐中舒：《先秦史论稿》，成都：巴蜀书社 1992 年版，第 300 页；顾德融、朱顺龙：《春秋史》，上海：上海人民出版社 2001 年版，第 223 页。这些论述对"社"与"书社"不甚区别。

〔4〕史称每一甸可出一乘兵车，金榜推定一甸之受田者为 288 家。见其《礼笺》卷一《周官军赋》，《续修四库全书》，第 109 册第 10 页上栏。若以此计，则 25000 家可提供的兵车约 86 乘。今之学者又据"革车千乘，带甲十万""五万之众……兼车五百乘"等史料，推定春秋战国间，革车一乘、士兵百人构成一个作战单位。可参杨英杰：《战车与车战》，长春：东北师范大学出版社 1986 年版，第 199 页。若以此计，假设每家一人从军，则在总动员时，25000 人可配置 250 乘兵车。

小国了。春秋后期的大国兵力可达数千乘，拿出一国兵众的几十分之一，为了特殊政治目的而令寄公拥兵百乘，倒不能说没有这种可能性。

然而也存在着其他可能性。竹添光鸿便另有看法："千社者，千家也"，"民生齿即书名于社之长，故谓之书社。凡言书社几百者，皆几百户也。"[1]对于"千社"，杜预说可达"二万五千家"，竹添光鸿却说只有"千家"而已，相差达25倍。又，泷川资言也强调"社"与"书社"有别。"社"："盖二十五家为里，里有社。一社二十五家"；"书社"与之不同："盖书社，书名于里社之籍也，犹曰'居民'也。书社十即十户，书社百即百户。"[2]泷川资言对"书社"的理解，与竹添光鸿类同，"书社十"不是10个由25家组成的"社"，只是"十户"而已。"书社百"也不是100个由25家组成的"社"，只是"百户"而已。池田雄一认可竹添光鸿、泷川资言的看法，认为书社与社有别："将春秋时代的书社与里（或二十五户一社）这样的小聚落或基层行政单位联系起来讨论，是存在问题的。'书社几百'之'几百'二字，理解为户数更显自然。"[3]

把"千社"释为"千家"，似乎不是主流意见，但多少还是有点道理的。我们来看几组数字。首先是《国语》："大国之卿，一旅之田；上大夫，一卒之田。"韦昭注："五百人为旅，为田五百顷。……百人为卒，为田百顷。"[4]古者一夫百亩，百亩就是一顷，然则卿一旅之田五百顷，对应着500家；上大夫一卒之田百顷，对应着100家。

再看张政烺对禄田的辨析：士之禄田10夫，下大夫禄田50夫，中大夫70夫，上大夫100夫[5]。

---

〔1〕 竹添光鸿：《左氏会笺》，成都：巴蜀书社2008年版，第2383、2028页。

〔2〕 泷川资言：《史记会注考证》，上海：上海古籍出版社2015年版，第2456—2457页。

〔3〕 池田雄一：《中国古代的聚落与地方行政》，上海：复旦大学出版社2017年版，第387页。

〔4〕 《国语·晋语八》，上海：上海古籍出版社1978年版，第476、477页。

〔5〕 张政烺：《"土田十万"新解》，《文史》第29辑，北京：中华书局1988年，第91—94页。

再来看《礼记·王制》："诸侯之下士禄食九人，中士食十八人，上士食三十六人。下大夫食七十二人，卿食二百八十八人。"[1]这个"食"字读 sì，意谓"供养"，意谓下士之禄应该能让他养活 9 口人，中士之禄应该能让他养活 18 口人……，余类推。对《王制》之记载，若以"下士禄食九人"为基点，并根据"十一而税"，假设每 10 家的十一之税缴给一名下士，便足以令其供养 9 人，则下士食（shí，即食禄）10 家、食（sì）9 人；中士食（shí）20 家、食（sì）18 人；以此类推，上士食（shí）30 家，下大夫（shí）食 80 家、卿食（shí）320 家。

以上数字，系国君为贵族官员提供的官禄之数，并不等于贵族个人的全部家产或全部生计。所食官禄之数不必视为精确数字，当作"大致额度"就可以了。不难看到，几组数字虽不尽一致，但都表明在某个时代、某些地区，大夫、卿的禄邑约在 50 家到 500 家左右。由此再看寄公之"千社"，若其为 1000 家，则比大国之卿所享有的 500 家高一倍。这同寄公高于主国卿大夫的身份，是很相称的，可以视为一个合理的数额。

以"二万五千家"释"千社"之说，同以"千家"释"千社"之说，这两种说法，目前看可以平分秋色，不妨两存。清人张自超云："春秋出奔之诸侯，未有不在其国都者。"所以齐国处鲁昭公于郓地，晋国处鲁昭公于乾侯，而不是让他们居于国都，在张自超看来就是很恶劣的做法："恶亦甚矣！"[2]然而他没能举出寄公被置于国都的实例。实际上，列国都遵奉着"羁不在内"[3]的原则，对"羁旅之臣"、即弃国来奔的卿大夫，以及寄公，通常都在外地为之提供禄邑。除了

〔1〕《礼记正义》卷一三，阮本，第 1348 页中栏。
〔2〕张自超：《春秋宗朱辨义》卷一〇，《景印文渊阁四库全书》，第 178 册第 263 页下栏。
〔3〕《春秋左传正义》卷四五，阮本，第 2061 页中栏。杨伯峻注："羁谓他国来此寄居之臣。"《春秋左传注（修订本）》，北京：中华书局 1990 年版，第 1328 页。这个"羁"虽然指的是寄居之臣，但"羁不在内"原则应该也适用于寄居之君。

前述黎侯、卫献公、鲁昭公等例子，又如吴国灭徐，徐子章羽奔楚，楚国"遂城夷，使徐子处之"[1]，就是说，楚国特意为徐子章羽修了一座城邑，而不是把这位寄公置之楚都。顺便说，征服者在灭国之后，有时也会给亡国之君一块土地令其存身。周灭商，令微子立宋国于商丘，就是一例。又如楚灵王率诸侯灭赖国，赖国的国君赖子面缚衔璧而降，随后楚灵王"迁赖于鄢"，让赖国的旧君遗民在鄢这个楚邑居住[2]，也是一例。

寄公制度在魏晋南北朝又有余波。这是个动乱分裂、政权林立的时代，"失守播越"、寓居异国之事频发，西晋在制定《新礼》时，便采纳了挚虞意见，收入了"寄公为所寓齐衰三月"之礼[3]。又颜之推《观我生赋》："不羞寄公之礼，愿为式微之宾。"[4]说的是北齐后主在周兵破邺之后，一度打算投奔南朝之事。

叙述至此，读者已不难看到，寄公与本节开头所述诸公的几个特点，大致吻合：

1. 寄公系流亡国君，故或有或无，不同于常设的卿大夫。

---

[1] 事见《左传》昭公三十年（前512），《春秋左传正义》卷五三，阮本，第2126页上栏。

[2] 事见《左传》昭公四年（前538），《春秋左传正义》卷四二，阮本，第2035页下栏。

[3]《晋书》卷二〇《礼志中》："《丧服记》，寄公为所寓齐衰三月。《新礼》以今无此事，除此一章。挚虞以为'周礼作于刑厝之时，而著荒政十二。礼备制待物，不以时衰而除盛典，世隆而阙哀教也。曩者王司徒失守播越，自称寄公。是时天下又多此比，皆礼之所及。宜定新礼，自如旧经'。诏从之。"（北京：中华书局1974年版，第631页）事在西晋太康（280）之初。那个"失守播越"的"王司徒"，应是王朗。建安元年（196）王朗以会稽太守为孙策所俘，被留置曲阿，其时"虽流移穷困，朝不谋夕，而收恤亲旧，分多割少，行义甚著"，其生活状态，与春秋寄公略有可比性。王朗在建安三年因曹操表征而返，魏明帝时任司徒。（《三国志·魏书》卷一三《王朗传》及注引《汉晋春秋》，北京：中华书局1982年版，第407、408页）王朗以太守身份而自称"寄公"，是以太守比于古诸侯了。以守令比拟古诸侯，自汉已然，如"今之郡守，重于古诸侯""百里长吏，荷诸侯之任"之类。分见《汉书》卷八六《王嘉传》，北京：中华书局1962年版，第3489页；崔寔著、孙启治校注：《政论校注》，北京：中华书局2012年版，第149页。

[4]《北齐书》卷四五《文苑颜之推传》，北京：中华书局1972年版，第625页。

2. 国君通称"公"，而寄公也是国君，所寄之国"不臣"，即不视为臣民，这意味着寄公仍有资格继续以"公"为称，所托之国也认可他以"公"为称。

3. 诸公在饮酒礼上拥有特殊坐席，由此便好理解了。

4. 乡饮乡射时诸公于全场独尊，燕礼大射时其礼遇仅次于国君，由此也好理解了。

不妨这样想：除了寄公，在春秋还能找到哪些人，能与上述四点丝丝入扣、吻合到这种程度呢？就是在称"公"一点上，"寄公即诸公"之说也决定性地碾压"大国之孤"及"三监"之说。孤及三监称"公"，于史无征，纯属凿空臆断；而寄公之称"公"，身份上当之无愧，文献中凿凿有据。

比蔡德晋稍后的崔述，并不接受"寄公"一说："然寄公偶有一人然耳，何缘得有诸公（之称）。而寄公于国君为宾，亦不应从臣礼也。"[1] 崔述的理由有二。第一个理由，是寄公只有一人，一人则不得称"诸"。但我不这么看。确实，"诸者非一之称"，称"诸"就必须在二人以上。这里还有一个条件：二人应身份相等。崔述说"孤止一人，亦不当称之为'诸公'"，这是可以成立的，因为孤与国君身份不对等，所以不可以称"诸公"。而寄公之称"诸公"，相对于主国之君可以成立，哪怕寄公只有一人，因主国之君称"公"，他就可以是"诸公"了；再就列国而言也能成立，列国国君都是其国之"公"。"诸"还有"别的""其他的"一义，"诸人"就是"别人"，"诸方"就是"他方"。准以此例，礼书中的"诸公"，便可以理解为"（本国国君之外的）他国之君"。

至于崔述的第二个理由，"而寄公于国君为宾，亦不应从臣礼也"，如前所引，胡匡衷也有类似看法，讲得更为具体。胡氏云，在大射礼上，宾及诸公、卿大夫曾一同降拜国君、行稽首之礼，这就证

---

[1] 崔述：《丰镐考信录》卷五，第89页。

明了诸公"亦在臣列，非寄公矣"[1]。

第二个理由即"不应从臣礼"一点，初看上去，似乎构成了"寄公说"的劲敌。我当然不能凭空假定，大射礼的那个记载只是泛泛而言，其实在那时候，只有宾与卿大夫行了稽首礼，而诸公行了另一种拜礼，比如说，诸公实际行的是"平敌之拜"的顿首礼。对此我并无史料为据。不过仍然可以这样想：虽然"诸侯不臣寓公"，但寄公毕竟蒙主国之大恩，寄人篱下、仰人鼻息，所以在行礼的个别环节，具体说是"无算爵"环节，因场面需要与行事便利，寄公与主国的宾、卿大夫一起向国君稽首，是有情可原的，这在总体上并不妨碍"诸侯不臣寓公"。首先，虽然主国之君依礼"不臣寓公"，但寄公有时会以臣自居，比如主国之君死了，寄公便"与民同"服齐衰三月，"以报主君"，这不意味着寄公就是臣民。进而，虽然"稽首"用于臣拜君，但也未必尽然，其实并不那么严格，甚至连君拜臣也有稽首的。顾炎武："然君于臣亦有稽首，《书》称太甲稽首于伊尹，成王稽首于周公是也。……盖君子行礼于其所敬者，无所不用其至。则君稽首于其臣者，尊德也。"[2] 既然君拜臣都可能用稽首礼，那么两君之间，寄寓之君向主国之君稽首，不妨也拿"君子行礼于其所敬者，无所不用其至"来解释。

重要的是，同燕礼一样，大射礼也是"若有诸公，则先卿献之，如献卿之礼。席于阼阶西，北面东上"的[3]。大射礼仍然通过献酒次序、贵宾坐席，给予了寄公不同于、而且还高于本国卿大夫的特殊礼敬。还须指出，"阼阶西，北面东上"这个坐席相当特殊，既用作诸

---

[1]《仪礼·大射仪》："公有命彻幂，则宾及诸公、卿大夫皆降西阶下，北面东上，再拜稽首。"《仪礼注疏》卷一八，阮本，第 1043 页下栏。在《仪礼·燕礼》所记燕礼的同一环节，向国君行稽首礼的就没有诸公，只有卿大夫了："公有命彻幂，则卿大夫皆降西阶下，北面东上，再拜稽首。"《仪礼注疏》卷一五，阮本，第 1023 页下栏。

[2] 顾炎武：《日知录》卷二八《拜稽首》，《日知录集释（全校本）》，第 1575 页。

[3]《仪礼·大射仪》，《仪礼注疏》卷一七，阮本，第 1033 页上栏。

公/寄公之位，也用作"四方之宾"之位，是一个具有"苟敬"性质的特殊坐席。"四方之宾"也可能坐在这里，表示暂时以臣礼自居，以此向主国示好。关于"四方之宾"的席位问题，详见下节。总之，"阼阶西，北面东上"这个坐席，就表明诸公不是主国之臣，而是外来者，与寄公的身份相符。

崔述、胡匡衷以偶或一见的"臣礼"而判断诸公"亦在臣列"，远不足以否定"诸公即寄公"。随后，本文还将比较不同丧礼上的寄公、诸公站位，进一步锁定这一事实：诸公确系外来之公，不在臣列，实即寄公。

三、寄公与诸公的丧礼站位之对比

"寄公"并没有因失国寄寓而闭门独处、困守穷庐，他有不少社交活动需要参加。在几十年前的农村呆过的人都知道，与五光十色的大城市很不相同，在单调枯燥的乡间，节庆婚丧都是众所瞩目的事情，村民殷殷以待。在春秋时代，社会基层的生活状态更贫乏了，各种典礼都是盛事，显贵名流尽可能地露脸现身，以免失礼，或错过了社交良机。寄公亦然，饮酒礼上他会出场，丧礼上他也会现身。而且在丧礼之上，寄公仍有特殊站位，这特殊站位，便构成了可供追寻的又一线索。随后我们从丧礼站位入手，一环一环推理，就足以把寄公与诸公更紧密地联系起来。

先看《礼记·丧大记》所载诸侯国君的丧礼，此时有寄公出场：

> 君之丧，未小敛，为寄公、国宾出。……
>
> 君拜寄公、国宾于位。……
>
> 夫人为寄公夫人出。……
>
> 君拜寄公、国宾，大夫士拜卿大夫于位，于士旁三拜。大夫

（按应作夫人）亦拜寄公夫人于堂上[1]。

在国君的丧礼上，当寄公、国宾前来吊丧之时，世子作为继承人，应该"为寄公、国宾出"，下堂礼迎。"寄公"被列在"国宾"之前，可知其身份高于国宾。此外，国君夫人要出拜寄公夫人于堂上，可知寄公是夫妇二人同赴丧礼的。《周礼》贾公彦疏亦云："但《丧大记》所云者是诸侯之丧，主人拜寄公于门西，夫人亦拜寄公夫人于堂上，其寄公与主人体敌故也。"[2]礼节相敌，是因为寄公与国君地位相当。为何不拜国宾的配偶呢？因为国宾来自境外，他没带配偶一块来——依礼，妇人无外事，"妇人不越疆而吊人"[3]，除非三年丧[4]。

"国宾"又是什么人呢？据《周礼》郑玄注，"国宾"包括"诸侯来朝"及"孤卿大夫来聘"二者[5]。具体到《礼记·丧大记》中的国宾，今人约有二解，或取前者，释为"来作客的诸侯""访问本国的诸侯"[6]；或取后者，释为他国来聘的卿大夫[7]。两种不同解释，当由不同经注而来，各有所据。因国宾、寄公与诸公在吊丧时的相对站位，也是判断诸公身份的因素之一，所以对国宾的身份与站位，这里也要纳入考虑。

把国宾释为"他国来聘的卿大夫"，其依据应是郑玄注及孔颖达

---

[1]《礼记正义》卷四四，阮本，第 1573 页上栏至下栏。

[2]《周礼注疏》卷二一，阮本，第 784 页下栏。

[3]《礼记·檀弓下》，《礼记正义》卷九，阮本，第 1299 页中栏。

[4]《礼记·杂记上》："妇人非三年之丧，不逾封而吊。如三年之丧，则君夫人归。"《礼记正义》卷四三，阮本，第 1567 页上栏。

[5]《周礼·春官·司几筵》"筵国宾于牖前亦如之"郑玄注，《周礼注疏》卷二〇，阮本，第 775 页中栏。

[6] 王梦鸥：《礼记今注今译》，北京：新世界出版社 2011 年版，第 383 页；钱玄、钱兴奇注译：《礼记》，长沙：岳麓书社 2001 年版，第 579 页；王文锦：《礼记译解》，北京：中华书局 2001 年版，第 634 页；贾太宏：《礼记通释》，北京：西苑出版社 2016 年版，第 516 页；吕友仁、吕永梅：《礼记全译》，贵阳：贵州人民出版社 2009 年版，第 621 页。

[7] 陈戌国：《礼记校注》，长沙：岳麓书社 2004 年版，第 333 页；杨天宇：《礼记译注》，上海：上海古籍出版社 2016 年版，第 706 页。

疏。参下：

> 《礼记·丧大记》郑玄注："拜寄公、国宾于位"者，于庭向
> 其位而拜之。此时寄公位在门西，国宾位在门东，皆北面。小敛
> 之后，寄公东面，国宾门西，北面。
>
> 孔颖达疏：知寄公在门西者，寄公有宾义，故在宾位，故知在
> 门西。知国宾在门东者，宾虽为君命使，或本是吉使，而遭主国之
> 丧，而行私吊之礼，故从主人之位，故知在门东。云"小敛之后，
> 寄公东面，国宾门西北面"者，熊氏云"小敛之后，主人位于阼阶
> 下西面，寄公稍依吉礼，渐就宾位，东面向主人"也。国宾亦以小
> 敛后渐吉，转就门西宾位，但爵是卿大夫，犹北面也[1]。

若依上文，则寄公与国宾的站位，在小敛前后有一次变动，变动的方
向是由东而西。最初在丧主出拜之时，寄公站在门西，北面而立，因
门西是宾位，这就意味着寄公被视之如"宾"。同一时刻国宾站在门
东，北面而立。门东不算宾位，或者说"宾位"的色彩不浓厚，"含
宾量"比门西低。号称"国宾"，为什么又不站在宾位呢？孔疏解释
说，这位国宾是奉命来聘的使者，本为吉事而来，却意外碰上了丧
事，于是随机应变，临时以私人身份吊丧（"行私吊之礼"）。因系私
人身份，所以站在门东，以便靠近主人一方（"从主人之位"）。其时
寄公与国宾的相对站位，当如图 3 的实线部分。

　　等到小敛之后，据郑注及"熊氏"即熊安生所言，寄公便由门西
而移到了庭西的"宾位"，改为东面而立，与主人面对面，完全依照
"宾"的礼数了。庭西这个位置，"含宾量"最高，是所谓来宾与主人
"分庭抗礼"之处。与之同时，国宾由门东来到门西的宾位站立，依
然北面而立。其时寄公与国宾的站位变化，当如图 3 的虚线部分。

---

[1]《礼记正义》卷四四，阮本，第 1573 页中栏。

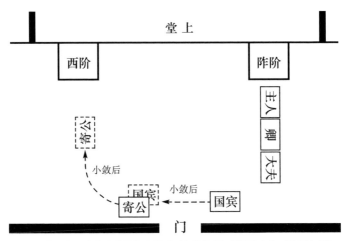

图 3　寄公与国宾在小敛前与小敛后（虚线部分）的站位变化（依郑玄说）

至于把"国宾"释为"来作客的诸侯""访问本国的诸侯"，而不是"他国来聘的卿大夫"，大约是采用了清儒孙希旦的意见："国宾，谓诸侯来宾者也"，"则此'国宾'非聘者明矣。"[1] 孙希旦之所以这么看，是因为他把《礼记·丧大记》中的寄公、国宾，与《仪礼·士丧礼》中的"诸公"及"他国之异爵者"做了一个对比。这个对比"曲径通幽"，沿其路径前行，可以给本文再添新证。

那么再来看《仪礼·士丧礼》，此时是"诸公"出场露面了：

　　1. 大敛：君若有赐焉，则视敛。……君升主人，主人西楹东北面。升公、卿大夫，继主人，东上。乃敛。卒，公、卿大夫逆降，复位。……

　　郑玄注：公，大国之孤，四命也。

　　2. 朝夕哭：……卿大夫在主人之南。诸公门东，少进。他国之异爵者门西，少进[2]。

〔1〕孙希旦：《礼记集解》卷四三，北京：中华书局 1989 年版，第 1138 页。

〔2〕《仪礼注疏》卷三七，阮本，第 1140 下栏、第 1141 页上栏—下栏、第 1142 页上栏。"少进"意谓站位比属吏稍稍靠前。"属吏"与本文无关，所以图中未绘，读者也可以忽略。

第 1 段所述是大敛场景，第 2 段是"朝夕哭"场景。第 1 段中的"公、卿大夫"之"公"，被郑玄释为"大国之孤"，那也就是第 2 段中的"诸公"了。对于第 1 段中的"君若有赐焉，则视敛"一语，胡培翚有论："君于士礼，宜既殡而往吊；其有加恩赐者，则视大敛。"[1] 情况大致是这样的：士死之后，随即就会有大夫前来吊唁；至于国君，则是直到士殡之后才到场的；但也有这样的情况：国君加意恩赐，在大敛入棺时就亲临"视敛"了。在这时候，"公、卿大夫"即诸公与卿大夫们，跟着都来了。

　　第 2 段中的"异爵者"，"异爵"意谓爵级不同、爵级更高，指的是爵比士高的卿大夫。本国的卿大夫站在主人之南，"他国之异爵者"、也就是他国的卿大夫，另行站在门西。图 4 所示，就是朝夕哭时的相关站位。

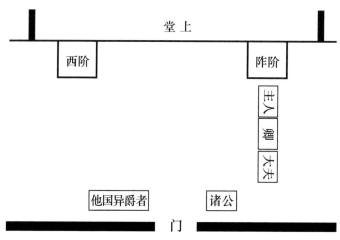

图 4 《仪礼·士丧礼》"朝夕哭"时的相关站位

　　由上所见，《仪礼·士丧礼》上的诸公与"他国异爵者"的相对方位，与《礼记·丧大记》郑注、孔疏认定的寄公与国宾的站位，有同有异。其相同之处，是诸公、寄公与国宾都不在本国卿大夫之列，

---

〔1〕　胡培翚：《仪礼正义》卷二八，南京：江苏古籍出版社 1993 年版，第 1779 页。

都另行站在门侧。我想这就表明，诸公、寄公与国宾都不是本国之人。其不同之处，是诸公或寄公与国宾谁在门东、谁在门西，《士丧礼》所见与《丧大记》郑注、孔疏所云相反。孙希旦眼疾手快，不失时机地抓住这一线索，加以对比辨析：

> （诸侯丧礼）既小敛，则卿大夫皆在主人之南，西面，士西方东面。而《士礼》门东北面、少进之位，于诸侯则当为寄公之位；《士礼》门西北面、少进之位，于诸侯则当为国宾之位。自始死以至于朝夕哭，皆然。若邻国卿大夫来吊者，则当在门西，北面[1]。

孙希旦认为，士丧礼上的门东侧的诸公之位，就是诸侯丧礼上的寄公之位；士丧礼上的门西侧的"他国异爵者"之位，就是诸侯丧礼上的"国宾"之位。这个格局从始死，历经小敛、大敛，直到朝夕哭，都没有变化。如前所述，孙希旦是把"国宾"释为"诸侯来宾者"的，然而此时他又说，若有邻国卿大夫来吊丧的话，也在门西站立，则孙氏心目中所谓"国宾"，除了"诸侯来宾者"外，其实也包括"邻国卿大夫来吊者"。孙氏对诸侯丧礼的站位推定，略如图5所示。

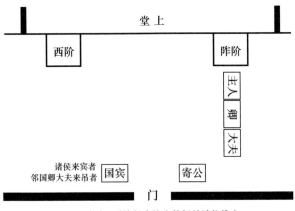

图5　孙希旦对诸侯丧礼上的相关站位推定

---

[1]　孙希旦：《礼记集解》卷四三，第1139页。

对诸侯丧礼的身份与站位，郑玄与孙希旦的推定，看来各有得失。首先是国宾身份，郑玄认为国宾是"聘大夫"，孙希旦认为是"诸侯来宾者"，二者有异。然如前述，在诸侯丧礼上，世子是先拜寄公、后拜国宾的，则寄公显然高于国宾。假若这位国宾是"诸侯来宾者"的话，我觉得主人应先拜国宾，后拜寄公，因为现任诸侯国君的政治重要性，高于流亡之君。所以郑玄"聘大夫"之说稍优。元人陈澔也把"国宾"说成"他国来聘之卿大夫也"[1]。当然也只能说郑注"稍优"而已，也许《礼记·丧大记》只叙通例不及特例，所以只叙"聘大夫"而不及"诸侯来宾者"。尽管"诸侯奔丧非礼"，却不排除明知"非礼"而依然奔丧的可能性[2]。此外他国诸侯在丧礼上出现，也可能是来朝偶遇，本来不是为了奔丧而来的。

再看诸侯丧礼上国宾与寄公的站位。郑玄推定国宾在门东、寄公在门西，而孙希旦与之相反，推定国宾在门西，寄公在门东。此处孙希旦明显优于郑玄，因为孙氏有《仪礼·士丧礼》作为强援。在《仪礼·士丧礼》中，"诸公门东""他国之异爵者门西"有明文。门西的"含宾量"高于门东，吊丧的国宾、即"他国之异爵者"，站在宾位比较合理。寄公虽非本国臣民，在眼下却是本土居民，若与国宾相比，寄公身份还是更近于主人一方的。寄公处于国宾与主国卿大夫之间，这恰好与其身份相符：国宾是外来的，卿大夫是本土的，寄公则是外来而居于本土的。

郑玄的推定与孙氏相反，令人疑惑。这是怎么发生的呢？再检礼书又能看到，诸侯丧礼上的国宾站位，曾有一个由门东而门西的变化。《礼记·杂记》在"吊者即位于门西"以下，有很大一段文字，记载诸侯相吊之事。来自国外的吊丧使者首先来到门外西侧，随后被

<hr />

〔1〕　陈澔：《礼记集说》卷八，第345页。
〔2〕　《春秋》定公十五年（前495）经，二月鲁定公薨，"邾子来奔丧"，"九月，滕子来会葬"。杜预注："诸侯奔丧，非礼"；"诸侯会葬，非礼也"。《春秋左传正义》卷五六，阮本，第2152页上栏。可见一方面"诸侯奔丧非礼"，一方面仍有诸侯不管"礼"不"礼"的，照样奔丧、会葬。

迎入门内，赠含、赠襚、赠赗。再后，到了哭临之时，这批吊丧者一度前来门东站立了——

　　　　上客临曰："寡君有宗庙之事，不得承事，使一介老某相执绋。"相者反命曰："孤某须矣。"临者入门右，介者皆从之，立于其左东上。宗人纳宾，升，受命于君；降曰："孤敢辞吾子之辱，请吾子之复位。"客对曰："寡君命某毋敢视宾客，敢辞。"……（经三请两辞，最终回到门西，中略）客立于门西，介立于其左，东上。孤降自阼阶，拜之[1]。

"上客"就是外国使团中的正使，"介者"就是外国使团中的副使，"孤"是世子在丧礼中的自称。在临哭时，出现了一个戏剧化的情节，这些使者们在再度入门之后，竟站到了"门右"即门之东侧。因主方再三请求，经两番推辞，然后使者们才回到了门西。对这一做法，孔颖达疏仍用"私礼"来解释："此临是私礼，若《聘礼》私觌，故在门东。"[2]这个"私礼"之说，与《礼记·丧大记》孔疏"本是吉使，而遭主国之丧，而行私吊之礼，故从主人之位，故知在门东"[3]之说一致。今人颇有沿用其说的[4]。

　　然而孔颖达疏的上述说法，不无可疑。查《礼记·杂记》，那位要求到门东就位的"上客"明明有这样一番话："寡君有宗庙之事，不得承事，使一介老某相执绋"；还有"寡君命某毋敢视宾客，敢辞。"[5]可见这个"吊者"既非"吉使"，也不是"私吊"，他的"毋

──────────

〔1〕《礼记正义》卷四一，阮本，第 1558 页上栏。
〔2〕《礼记正义》卷四一，阮本，第 1558 页中栏。
〔3〕《礼记正义》卷四四，阮本，第 1573 页中栏。
〔4〕采用"私礼"之说的，如钱玄、钱兴奇注译《礼记》："临哭是私礼，不把自己当作宾客，所以入门右。"第 548 页。又吕友仁、吕永梅《礼记全译》亦云："临则是使者私人之礼"，"使者欲以臣礼自居。"第 589 页。
〔5〕《礼记正义》卷四一，阮本，第 1558 上栏。

敢视宾客"、即不敢以宾客自居、为此而站到了门东以便"从主人之位"的做法，都是在遵循临行前本国国君所下达的指令，并不是私人行为。当然，"从主人之位"只是一个友好姿态而已，有点像现代民众在声援他国人民时所说的"今夜我们都是×国人"，所以，在主国方面的执意礼请之下，最终还是回到门西的宾位去了。是不是这类情节，在礼经传承中导致了国宾站位的认知混乱呢？为免枝蔓，此问题暂不深究，记以备考而已。

总之，孙希旦对诸侯丧礼与士丧礼的对比，立竿见影地把"寄公"与"诸公"沟通了，两条线索在丧礼上交汇了。我们继续展望，如下景象遂赫然在目：寄公、诸公都在丧礼上称"公"，主国国君在场之时亦然；在诸侯丧礼和士丧礼上，寄公、诸公都高于卿大夫；在诸侯丧礼上，主人先拜寄公，在士丧礼"升公、卿大夫"之时，"公"排在"卿大夫"之前；寄公与诸公都没有站在主国卿大夫的行列中，可见都有"外来"身份，与国宾具有可比性；就具体站位看，寄公与诸公的位置都在门之一侧，恰好都与国宾隔门相对。若列表对比，或更直观醒目：

表 1　丧礼上的寄公、诸公之对比

寄　公	诸　公
出席诸侯丧礼	出席士丧礼
以"公"为称	以"公"为称
席次高于卿大夫	席次高于卿大夫
非本国臣民	非本国臣民
不在本国君臣的行列之中	不在本国君臣的行列之中
主人迎拜时，与国宾各在门之一侧	吊丧之时，与国宾各在门之一侧

至少《礼记·丧大记》与《仪礼·士丧礼》可以互证，这一点无可质疑。拿诸侯丧礼上寄公、国宾、本国卿大夫、国君这样的角色组合，比较士丧礼上的诸公、国宾、本国卿大夫、国君这样的角色组合，也能感知寄公与诸公两相对应，具有一致性。这背后的逻辑，其

最简表述如下：

∵ 寄公＋国宾＋本国卿大夫＋国君 ≈ 诸公＋国宾＋本国卿大夫＋国君
　（诸侯丧礼）　　　　　　　　　　　　　（士丧礼）

∴　　　　　　　寄公 ≈ 诸公

依照这个逻辑，即便不考虑寄公、诸公与国宾站在门的哪一侧，只要他们各在门之一侧，而不是站在主国卿大夫的行列之中，就足以把寄公与诸公联系起来，由此认定二者只是一事之异名。换言之，即便旁置了站位的因素，即，旁置了孙希旦的"士丧礼上的诸公之位就是诸侯丧礼上的寄公之位"之说，我们仍能通过两种丧礼上的人物关系，判断寄公就是诸公。

其实，孙希旦只说到士丧礼上的诸公之位就是诸侯丧礼上的寄公之位，随后就裹足不前了。他只是在二者的站位上画了等号，却没有在二者的身份上画等号。裹其足的大约仍是"大国之孤"之说，未免功亏一篑。本文则百尺竿头再进一步，径指"寄公即诸公"。

进而还要拿丧礼上的寄公，跟饮酒礼上的诸公加以对比。燕礼及大射的饮酒环节，既有本国君臣在场，又有诸公莅临，跟诸侯丧礼便有了较大可比性，尽管燕礼大射所涉的是堂上坐席，诸侯丧礼所涉的是廷中站位。请再次参看图2与图3，并对比两图中的诸公位置，那么随即就能看到，尽管吊丧与燕飨有别，尽管堂上与堂下有别，尽管坐席与站位有别，寄公或诸公的位置都在场面之东南、国君之左前方。在丧礼上，诸公与国宾的站位相关；而在燕礼上，诸公的坐席，其实仍同国宾坐席存在特殊关系。请看：

1.《仪礼·燕礼》：若有诸公，则先卿献之，如献卿之礼。席于阼阶西，北面东上。无加席[1]。

2.《仪礼·燕礼·记》：若与四方之宾燕，则公迎之于大门

---

[1]《仪礼注疏》卷一五，阮本，第1020页上栏。

内，揖让升。宾为苟敬，席于阼阶之西，北面。……其介为宾。

　　郑玄注：四方之宾，谓来聘者也。……苟，且也，假也。主国君繐时，亲进醴于宾。今燕，又宜献焉。人臣不敢亵烦尊者，至此升堂而辞让，欲以臣礼燕，为恭敬也。于是席之如献诸公之位。言苟敬者，宾实主国所宜敬也。……介门西北面，西上，公降迎上介以为宾[1]。

　　3.《仪礼·聘礼·记》：燕则上介为宾，宾为苟敬。

　　郑玄注：燕，私乐之礼，崇恩杀敬也。宾不欲主君复举礼事礼己，于是辞为宾，君听之。从诸公之席，命为苟敬。苟敬者，主人所以小敬也。更降迎其介以为宾。介，大夫也。虽为宾，犹卑于君，君则不与亢礼也[2]。

　　第1条表明，燕礼上诸公的席位在阼阶之西，北面东上。这一条在本文第1节已引用过，为便于同第2条对比，就重复引用了。第2条说的是国君以燕礼款待"四方之宾"的情况。郑玄说"四方之宾"就是"来聘者"。换言之，那就是"国宾"了。在燕礼上，"国宾"中的正使谢绝了"宾"的身份，转而让他的副使即"介"担任正宾（"上介以为宾"），代替他坐在西阶之上的宾位。参照第2条及第3条郑玄注，燕礼的目的是尽欢，正使为了降低礼仪的正式程度，增添欢乐气氛，所以甘居臣礼，以使主君不必郑重其事地向其致敬献酒（"不欲主君复举礼事礼己"）。主君接受了这番善意，又不想太委屈了这位正使，于是就让他坐在诸公的席位，从而依然保存了几分敬意（"苟敬"或"小敬"）[3]。那么请看：诸公出席燕礼，则"阼阶西，北面"；而

〔1〕《仪礼注疏》卷一五，阮本，第1024页中栏。
〔2〕《仪礼注疏》卷二四，阮本，第1075页中栏至下栏。
〔3〕这种"苟敬"之法，王引之认为其目的是在"敬"与"欢"之间取得一种平衡。见其《经义述闻》卷一〇《宾为苟敬》，上海：上海古籍出版社2018年版，第580—581页。杨天宇即采用王氏之说解释"苟敬"。见其《仪礼译注》，第261页。

国宾出席燕礼，也是"阼阶之西，北面"，郑玄所谓"席之如献诸公之位"。这再次显示，国君之左、阼阶之上是一个很特殊的坐位，它不是本国卿大夫的坐位，在此就坐的人具有外来身份，然而它位于整个场面的东部而不是西部，又不同于常规的宾位。"诸公"的燕礼（及大射礼）坐位，足以证明其不是本国臣子，崔述、胡匡衷提出诸公"亦在臣列，非寄公矣"，然而更多考察显示，丧礼与燕礼上诸公的基本站位或坐位，都不在"臣列"。

相关的异同比较，仍列表显示：

表 2　丧礼与饮酒礼上的寄公、诸公异同比较

诸侯丧礼上的寄公	燕礼大射礼上的诸公
虽国君在场，仍能以"公"为称	虽国君在场，仍能以"公"为称
不在本国卿大夫的站列之中	不在本国卿大夫的坐席之中
礼数仅次于国君，高于卿大夫	礼数仅次于国君，高于卿大夫
其堂下站位别在场面之东南，在国君的左前方北面而立	其堂上坐席别在场面之东南，在国君的左前方北面而坐
其站位与"国宾"相似或相关	其坐席与"四方之宾"相同

所以我判断，乡饮乡射之"诸公"，也是包括"寄公"在内的。因为乡饮乡射上的诸公，也高于卿大夫，也具有并非本国国君、但又可以称"公"等特点。

四、小结

现在就可以做一个简要总结了。《仪礼》饮酒礼、丧礼所见"诸公"，郑玄释为"大国四命之孤"，以及"三监"，其依据是《周礼》及《礼记·王制》。这个"大国四命之孤"之说，虽在经学领域一向是主流观点，但从史学角度看，决难成立。"三监"之说亦不可信。

清人蔡德晋觉得"寄公"也属"诸公"，这个意见虽然一闪即逝、

片言而已，然而它最富潜力，不该任其湮灭。本文对寄公的考述，显示寄公与诸公之特征多方吻合；随后对寄公与诸公的丧礼站位所做比较，进一步展示了二者的重合度。至此，已有充分理由刷新认识，把"寄公"纳入"诸公"范畴，取"寄公"而抛弃"大国四命之孤"。

从礼书中发掘出的历史信息，使我们对周代的寄公生活，有了更多了解。现在看到，在所托之国的社交圈子中，寄公居于显贵名流之列，各种典礼都把他们视为贵宾，向之敞开大门。乡饮、乡射礼如此，燕礼、大射礼也是如此，诸侯丧礼、士丧礼亦然。寄公也不甘寂寞，通常会欣然应邀前往。

还有，这里采用"把寄公纳入诸公范畴"的表述，是出于谨慎，表明本文不排除如下可能性：寄公也许只是诸公的一部分，饮酒礼、丧礼所见"诸公"，或许还包括其他什么人在内。周代称"公"者大致有四：诸侯于境内称公，天子三公称公，"二王之后"称公，楚国的某些职官称公。在这方面嫌疑最大的，应是天子三公了。

周之王廷上有一批公级大臣，例如周初的周公、召公、太公、毕公、苏公、毛公、虢城公等。他们也是"诸公"。清华简《耆夜》所记周初饮至，周王之外参与饮酒的，都是公级大臣[1]，当然也可以说是"诸公"了。《仪礼·觐礼》在叙述"天子赐侯氏以车服"时，就有"诸公奉箧服，加命书于其上""侯氏送，再拜，傧使者，诸公赐服者束帛四马"之文[2]。此处的"诸公"就是天子三公。

天子三公会出现在乡饮乡射礼上，以及出现在列国的燕礼和丧礼上吗？对这一问题，我心里曾浮现出两个猜测。第一，周朝王畿设有"六乡"，东周的王畿中大约也有类似的乡区，王畿中的乡区举行乡饮乡射，若有三公应邀观礼，他们是否就成了乡饮乡射上的"诸公"了呢？第二，王廷之公经常出境公干，如《春秋》所见，宰周公、刘康

---

〔1〕李学勤主编：《清华大学藏战国竹简（壹）》，上海：中西书局 2010 年版，上册第
　　150 页。
〔2〕《仪礼注疏》卷二七，阮本，第 1091 页下栏、第 1092 页上栏。

公、成肃公、尹武公、单襄公、单顷公、单平公等，都曾外出参与诸侯会盟，假设这些"公"在某国聘问，恰逢燕飨或丧事，他们是否会受邀赴宴或到场吊丧，于是就成了燕礼及丧礼上所见"诸公"了呢？就《春秋》《左传》所见，若逢列国丧事，天子还真的会派大臣前去归赗、吊丧、会葬。

不过，或因视野狭窄、搜检不周，在这两个猜测上，我手头都没有可资佐证的史料。而且还不能忽略这样一点：就算王廷诸公在列国参与燕飨或吊丧了，然而在那时候，他们也可能被名为"国宾"，而不是视同"诸公"的。孙诒让便认为，除了"聘大夫"和"诸侯来朝"两种人外，还有第三种人"王人来聘者"，也在"国宾"之列[1]。姑记于此，聊供参考，以俟来者。

---

〔1〕 孙诒让《周礼正义》卷三八释国宾："在王国则当为二王后，在侯国则当为他国之君来朝及王人来聘者。"北京：中华书局 1987 年版，第 1555 页。

「统于尊」或「统于君」：先秦饮酒礼的两种席位原则

一、"原生性可视化等级秩序"漫谈

西文中指称"尊贵""爵位"的语词，与器物绝无干涉。中国则不相同，最重要的身份用词"尊"，本为酒尊之名；最重要的品位制度"爵"，本为酒爵之名。早在殷商，酒器在青铜礼器中就占到了3/4以上。可以推想，饮酒礼及所用酒器，必定发挥过重要的等级功能，所以酒器之名才变成了身份、品位之名。日本学者西嶋定生还提出，原生意义的爵位、爵序，本是乡饮酒礼上的执爵而饮的席位、敬酒行爵的次序。总之，所谓"尊""爵"事涉看得见、摸得着的有形物品，以及同样具有可视性的人际空间关系。由此就可以揭举一个概念了："原生性可视化等级秩序"。下面就此做一漫谈。

所谓"原生性"，意味着它尚未经过正式程序而形成法规，而是自然萌生的。想象一群"自然结合"的社区居民，本没有什么"级别"把他们分为三六九等，但经一段互动，便会"自然地"分化出中心人物和边缘人物来。而且这是名副其实的中心与边缘，群聚时一望便知，中心人物处于中心位置、视线的焦点，边缘人物则处于视线边缘。衣履富丽、用品高档或衣衫简朴、用品简陋，空间占位及行事次序的差异，随即就让人意识到财富、权势与身份的差异。其实区分身份的视觉因素，在动物界中已存在了。猴山上的猴王通常占据了最舒适的位置，尽力使自己身体显得庞大，也是它向挑战者展示威严的经典动作。而人群中也有"大人"或 big man，在造型或绘画中，伟人的体形通常大于普通人，作指点江山状。在集会典礼上，"大人"占据了更大空间，而且必处"C 位"，以收众星拱月之效。皇帝的龙袍、品官的服饰，都直接诉诸视觉感受，足以激起心理震撼。鲁迅小说里的那位孔乙己，穿长衫、站着喝酒，由此就跟站着喝酒的"短衣帮"、跟隔壁坐着喝酒的穿长衫者都区别开来了。这短衣或长衫、立饮或坐饮，加上不同的空间位置，就在视野中和心理上呈现为三等之差。这也是很"原生态"的。

即便当代生活中的酒宴，也存在着坐席礼俗，其目的就是让不同身份各得其所。互联网上流传着若干当代酒宴坐席图。图 1、图 2 就是其中的两例。

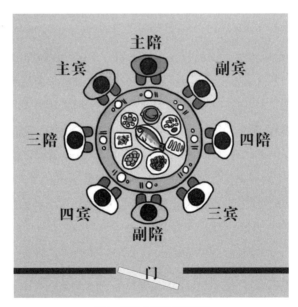

图 1　网传山东酒宴坐席图

所谓的山东酒宴坐席图流传甚广，还有几种加工改绘，图 1 就是一种绘本。有的绘本还为各等陪客者加上了文字说明，如"权力担当""酒力担当""魅力担当"之类。当然也有山东人士声称，他们那里与图 1 的情况完全不同，主客、贵客坐在最里面、面向正门，主陪、副陪坐在其对面，后背向着门口。据说餐巾也用来标示坐席，折成圆筒状的餐巾标示主陪，扇面状或花瓣状的餐巾标示副陪。图2是4种不同饭局的坐席图，表明职务、地位、年龄、亲缘等是坐席的通用依据。

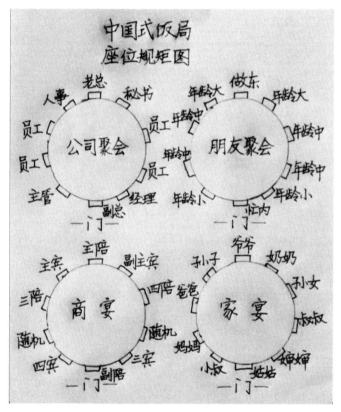

图2　网民所绘中式饭局的4种坐席

我对酒宴坐席不怎么熟悉，于是到网上检索图文，图1、图2就是所得图片中的两幅。又去搜集商务礼仪读本和政务礼仪读本。没花太多时间，就收获了93册，参看图3。这些读本中都有宴会坐席礼仪方面的内容，对同一餐桌的不同坐席，多个餐桌的摆放方法，都提供了相应的示意图。图4就是例子。

鲍日新_现代社交礼仪_军事科学出版社1998.pdf
郭娜莉[美]_欧洲礼仪_于春说 王惠译_外语教学研究出版社1997.pdf
曹波彩_现代礼仪_江苏科学技术出版社2001.pdf
陈望坤_现代礼仪教程_天津科技术出版社1998.pdf
陈润霞_现代社交礼仪·生活篇_广东人民出版社2002.pdf
陈玲娟_现代社交礼仪_商务篇_广东人民出版社2004.pdf
杜学_最新礼仪规范_线装书局2004.pdf
村上一雄[日]_簿章礼仪abc_张世雄等译_山东科学技术出版社2000.pdf
丁振宇主编_现代礼仪全书(全三卷)光明日报出版社2002).pdf
丁巍主编_实用礼仪大全_东南大学出版社2003.pdf
段树英主编_公关礼仪全集_东海大学管出版社1999.pdf
范国民_商务礼仪六十讲_京华出版社1999.pdf
冯国超主编_礼仪全书_远方出版社2001.pdf
傅玉芳_现代社交礼仪_汉语大词出版社.pdf
关烈智主编_社交礼仪_南海出版公司.pdf
郭明杰_中外礼仪_东北财经大学出版社.pdf
华厚书_青年礼仪_福建教育出版社1999.pdf
华厚书_青年礼仪_福建教育出版社1999.pdf
金正昆_公共礼仪_首都经济贸易大学出版社2003.pdf
金正昆_现代公务员礼仪手册_中共中央党校出版社2002.pdf
金正昆_现代商务礼仪_高等教育出版社1996.pdf
金正昆主编_文言礼仪_当代世界出版社2000.pdf
李妍博威廉_银呼与社交礼仪·领导活量饭应酒席饮食_中国经济出版社2000.pdf
李桑_渊海商务礼仪_中国商业出版社1997.pdf
李莘主编_实用礼仪教程_中国人民大学出版社2002.pdf
李村_国际商务礼仪上_中国政政经济出版社1995.pdf
李珍_国际商务礼仪下_中国政政经济出版社1995.pdf
李荣林_礼仪训练_中国商业出版社.pdf
李兴春 王丽茹 唐仁英主编_制度与礼仪_地质出版社2000.pdf

滕妍 李凡主编_礼仪文书写作方法与技巧_中国人事出版社2011.pdf
林峨_经理的修·人际关系与社交礼仪_企业管理出版社1998.pdf
林友华主编_社交礼仪_高等教育出版社2003.pdf
刘润明_社交礼仪·修订本_中国商业出版社2000.pdf
刘洪一主编_现代礼仪服务_四川辞书出版社.pdf
刘立君_时尚公关礼仪_羊城晚报出版社2002.pdf
刘丽丽_新世纪交际礼仪_金盾出版社2003.pdf
刘毅敏_实用商务礼仪_内蒙古人民出版社.pdf
卢蠡_礼书礼仪常识·第3版_大连理工大学出版社1999.pdf
罗列成_公务礼仪_海天出版社2003.pdf
潘燕_社交礼仪_中国商业出版社.pdf
齐洁_现代社交礼仪_中国商业出版社1999.pdf
邵征、高俭_社交礼仪_西苑出版社2003.pdf
秦启文_公关与社交礼仪·第3版_西南师范大学出版社1999.pdf
沈慧_旅游职业礼仪_复旦大学出版社.pdf
宋立国_上班族礼仪知识_南方日报出版社2003.pdf
宋金龙_现代社交礼仪大全_山东大学出版社1997.pdf
曹曦_国际社交礼仪_中国旅版社1990.pdf
田晓娜主编_现代社交礼仪全书1_青海人民出版社2003.pdf
田晓娜主编_现代社交礼仪全书2_青海人民出版社2003.pdf
田晓娜主编_现代社交礼仪全书3_青海人民出版社2003.pdf
田晓娜主编_现代社交礼仪全书4_青海人民出版社2003.pdf
童山_社交礼仪_吴藩出版社.pdf
万江洪_现代社交礼仪_中国物资出版社2002.pdf
万齐元_礼仪文书行文制度_清华大学出版社2005.pdf
王丽珊等_当代礼仪·修订版_山西科学技术出版社1999.pdf

王世平_社交礼仪_冶金工业出版社2000.pdf
王树梅_社交与礼仪_吉林大学出版社2000.pdf
王水华_公关与商务礼仪_吉林科学出版社1997.pdf
王振栋_国际商务礼仪_中国商业出版社1997.pdf
文昊_国际商务礼仪_中国商业出版社2003.pdf
吴汉英_形形色色的礼仪习俗_中央民族大学出版社1999.pdf
吴海东_军人礼仪知识_长征出版社2003.pdf
徐杨清等_社交礼仪·桌面出版社2000.pdf
徐荣庭_商务礼仪培训·第3版_中国经济出版社2016.pdf
闫秀荣_让人际交往中学会说话·第3版_中物业出版社2003.pdf
杨眉_商务礼仪_中国商业出版社1997.pdf
杨中_商务礼仪_中国商业出版社.pdf
杨卡_社交礼仪_中国商业出版社2003.pdf
于丁军_国际商务礼仪知识_外研经济管理大学出版社.pdf
俞佳杭_商务礼仪_大连工业大学出版社1996.pdf
张弦_商务礼仪_中国商业出版社1997.pdf
张弦、张璇昆_处世艺术大全_远方出版社.pdf
张弦、刘晓晖_社交礼仪大全_中国商业出版社2003.pdf
张蕾_MPA礼仪手册_中国商业出版社2002.pdf
张文安_现代社交礼仪_中国商业出版社1996.pdf
张文安_社交商业性礼仪_经济管理出版社2004.pdf
张晓艳_国际商务礼仪_辽宁教育出版社.pdf
张雨清等_礼仪·公共关系知识手册·时代经济世界经济管理出版社200.pdf
赵晓兰_中华礼仪_世界图出版公司2002.pdf
赵晓迪_中华现代礼仪_八艺出版社2002.pdf
赵晨英_礼仪制品·化学工业出版社1997.pdf
兄雨平_商务礼仪文书行作制度_清华大学出版社.pdf
周馨儿_海外社交礼仪_西苑文艺出版社2000.pdf

图3　我所搜集的礼仪教程类图书

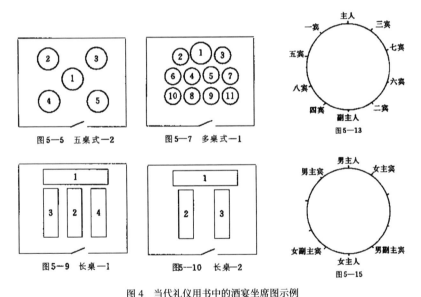

图5—5　五桌式—2　　　图5—7　多桌式—1

图5—13

图5—9　长桌—1　　　图5—10　长桌—2

图5—15

图4　当代礼仪用书中的酒宴坐席图示例
随机选自杨眉:《商务礼仪》,北京:中国商业出版社1997年版,第130、132页。

　　数年前我曾在湖南某高校做过一次演讲,主题是爵秩品阶,顺便也谈到了当代宴会坐席习惯。因有一位美籍青年教师在座,我便请教他,美国日常生活中是否也有类似的坐席规矩,他大笑摇头,说没有。当然,欧美宴会并不是没有坐席规矩的,只是另有特色而已。中西宴会礼俗之异同,包括坐席之法,在晚清就已引起士人兴趣了。傅兰雅编译的《西礼须知》，对西方坐席规矩即有介绍[1]。刘式训译编的《泰西礼俗新编》，也涉及了宴会坐席[2]。其繁细并不比中国礼书逊色。袁祖志觉得泰西宴会最特别的地方，就是"主居首位，待客反次之"和"主妇必出陪，且须挽上客之手把臂入席"两点[3]。

　　当代礼仪读本中，也有西方宴会坐席方面的内容。由之可以看到，西方对坐席这种事情并不轻忽。较正式的宴会，还会在入口处提供坐次图（seating chart）以供来宾查阅，在餐桌上摆放写有姓名的桌签（place card），男士用白色，女士用粉色。图5就是这种教程中的一幅宴会坐席示意图。在宴会上，男女主人与男女主宾都有特定坐席，若男女主人的顶头上司到场了，男女主人还会让出其个人坐位。中西坐席礼仪的差别之处，礼仪读本中也会有交代提示。比如说，中国的宴会坐席率先考虑行政级别与职务，再及其余；欧美的宴会习惯，往往男女穿插就坐，为此主人还可能跟来宾交换坐位，以实现男女交错；又因以右为尊，所以让女士居男士之右；尊位就是以女主人为准的，男主宾坐在女主人之右上，亦见图5。

　　总之无论中外，宴会坐席都要考虑身份地位，尽管具体布局会因文化而异。日常生活中的坐席民俗，或多或少带有"自然而然"的性质；至如商务活动与政务活动的宴会席位规则，则已上升为正式礼仪了，已不宜说是"原生性"的了。相应地，在古代也能看到"从原生性到行政化"的进程。随行政体制进化、爵秩品阶的演生，"物品化"

---

〔1〕傅兰雅（John Fryer）译编：《西礼须知·宴客》，清光绪间通学斋丛书铅印本。其坐席叙述，如"派对之客次第，依女客而定，不论其男人之品第如何。……入席，女主向内坐，上品男客居其右，次者居其左。……间有体面者，男女二主坐于左右两旁，彼此相对。……男主向外坐，右边居上品客，左边坐次品女客。其客应男女相间列坐"。第4页。

〔2〕刘式训译编《泰西礼俗新编》卷三《讌会》，上海：中新书局1905年版，第八章。其坐席叙述，如"主人预排定，某男客陪某女客。及其来时，为之牵合引见，并暗告以家世"，"男客既挽引女客，至其位前，为之拽椅安置，互相鞠躬，然后就坐"。

〔3〕袁祖志：《瀛海采问纪实》卷二《中西俗尚相反说》，长沙：岳麓书社2016年版，第34页。

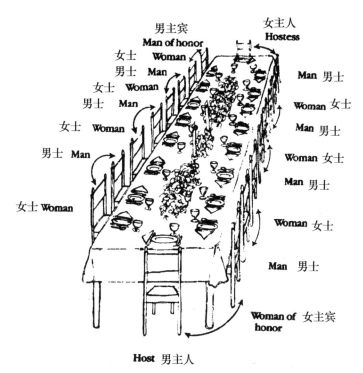

男主宾
Man of honor
女士 **Woman**
男士 **Man**
女士 **Woman**
男士 **Man**
女士 **Woman**
男士 **Man**
女士 **Woman**

女主人
Hostess
Man 男士
Woman 女士
Man 男士
Woman 女士
Man 男士
Woman 女士
Man 男士
Woman of 女主宾
honor

Host 男主人

图 5　欧美宴会的一种坐席布局

波斯特:《款待礼仪》, 北京: 外语教学与研究出版社 1997 年版, 第 35 页。

的等级标识,"空间化"的席位排列, 便都从属于爵秩品阶了。席位差异发展为正式朝班;用品差异变成了用品依爵秩而定。于是就能看到如下三个层次:

1. 社会分化导致了财富、权势及地位的实际差异。

2. 差异催生了可视化的原生等级标识方式, 主要体现于用品及席位之中。

3. 严整的爵秩品阶诞生后, 可视化等级标识将被"行政化", 从属于爵秩品阶。

若拿军功爵级与若干石构成的秩级做标杆, 则战国肯定已是"行政化时代"了。西周只能算"前行政化时代", 所谓公侯伯子男爵、公卿大夫士爵, 在这时还没形成呢。处于二者之间的春秋时代, 承上启下，不妨说成"准行政化时代"。公侯伯子男和卿大夫士两套爵列问世了；等级礼制"数字化"了，通常采用二、四、六、八或一、三、五、七、九、十二这样的数列；由册命次数还发展出了"命数"这种品位，即如一命、再命、三命之类。之所以称"准行政化"，只因为贵族政治仍占主导，距离官僚政治尚有一步之遥。

本文将要讨论的乡饮酒礼与燕礼，主要载于礼书之中。而礼书的编纂始于春秋战国之际，其中所记礼仪，系古礼到春秋为止的发展成果，其中的很多礼数，都有着非常古老的来源，而这就意味着"准行政化时代"的礼制之中，还残存着"前行政化时代"的诸多历史信息。

二、乡饮酒礼："三命而不齿"与"统于尊"

本文要讨论的是先秦乡饮酒礼与燕礼。在这两种饮酒礼的坐席布局中，都蕴含着原生意义的"爵位"。两种饮酒礼坐席布局又有差异，差异来自参与者之不同，体现在"人—人关系"和"人—尊关系"两个方面。"人—人关系"即人与人的相对位置，"人—尊关系"即人与酒尊的相对位置。两种关系都涉及了空间与物品两种可视化元素。

《周礼·地官·党正》："以礼属民而饮酒于序，以正齿位。一命齿于乡里，再命齿于父族，三命而不齿。"[1]西嶋定生就此评述："在命数与齿位的关系上，爵位应优于齿位，以国家权力为背景的爵位优于自生的那种齿位序列。"[2]其所谓"齿位"，就是参与乡饮者依年齿

---

[1]《周礼注疏》卷一二，阮本，第718页上栏。
[2] 西嶋定生：《中国古代帝国的形成与结构：二十等爵制研究》，北京：中华书局2004年版，第421—422页。

而确定的席位；其所谓"爵位"，就是一命、再命、三命等构成的命数，对应着低中高三等官员。西嶋"爵位优于齿位"的论断，肯定是不刊之论。然而西嶋所研讨的对象是秦汉二十等爵，他是在对秦汉二十等爵溯源时旁及了周代乡饮酒礼的，其重心本不在这里，所以对齿位、爵位的具体场面，无暇深究，对燕礼也没触及。

乡饮酒礼的坐席，首先有堂上、堂下之分。堂下西阶是乡人、子弟所居，或说是年龄五十以下者之站位；堂上是长者、父老之所居，或说是年龄六十以上的坐席。堂上北壁偏东之处设有两个酒尊，父老在酒尊以西就坐，其坐席以东为尊。进而，堂上父老与堂下子弟两批人，都须"序齿"，按年齿高低定席位先后。这样的坐席布局，就是一个纯粹的"齿位"秩序。

拥有爵命的官员，有时也会受邀光临，由此给这个场景引入了新的身份因素。他们到场之后，将按其命数而定坐席。其三等命数，将在乡饮场面的三个局部，导致三种"齿位—爵位"关系：

1. 一命之人在堂下西阶站立，同这里的乡人弟子序齿。那么此处的坐席秩序纯由"齿位"而定，不计"爵位"。

2. 再命之人在堂上安坐，只与父老之中的同族之人序齿。若遇到非其同族的老者，则径直坐于其上。亦即对同族父老，不计"爵位"只看年龄；对非同族父老，就变成"爵位优于齿位"了。

3. 三命以上的贵宾，不与任何人序齿，他们另有贵宾专席，是所谓"三命而不齿"。在贵宾席这里，"爵位"独尊，根本没有"齿位"的份儿。

三命以上贵宾，包括"诸公"与"大夫"两种人。他们到场后，被特称为"遵"或"遵者"。就列国而言，三命通常是执政大臣的品位，地位相当崇高，相当于国家主要领导人了，若不计国君的话。而且能够看到，诸公地位又在三命大夫之上，为三命大夫铺设的席子是两重，而为诸公铺设的席子却是三重。东汉郑玄推测诸公的品位是四命，高于三命大夫，这从逻辑上说，有其合理之处。

　　刚才提到，堂上北壁偏东处设有两个酒尊，酒尊之西是本乡父老之席，"遵"或"遵者"则在酒尊之东就坐，酒尊之东就成了贵宾席了。宋儒杨复《仪礼图》，以及清儒张惠言《仪礼图》，对乡饮酒礼的各个环节一一绘图展示，极便读者。我用这两种《仪礼图》为参考[1]，为前文所述乡饮坐席布局，提供一幅示意图，即图6：

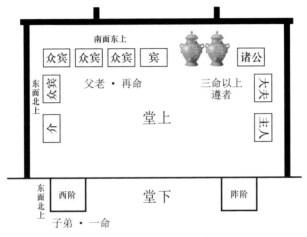

图 6　乡饮酒礼三等坐席示意图

图6所显示的，是三等坐席的情况。一等坐席在此图的左下部，即堂下西阶附近，这里便是子弟及一命之官的站位。一等坐席在堂上。堂上北壁偏东处（所谓"房户之间"）放置着两个酒尊。父老在酒尊之西，南向而坐，按年齿由东向西排列；如果人多坐不下，就折过来背靠西壁，东向而坐。还有一等坐席在场面东北、酒尊之东，这便是贵宾席或"遵席"了。就"人"、也就是宾而言，"遵席"被说成在"宾东"；就"物"、也就是酒尊而言，"遵席"被说成在"尊东"。

　　乡射礼也有饮酒环节，其坐席布局与乡饮酒礼相同，也分三等。

───────────

〔1〕　主要参考杨复《仪礼图》卷四《乡饮酒礼·二人举觯为无算爵始图》，《景印文渊阁四库全书》，台北：商务印书馆1986年版，第104册第58页；张惠言《仪礼图》卷三《乡饮酒礼·旅酬》，《续修四库全书》，上海：上海古籍出版社2002年版，第90册第538页。

东汉郑玄在阐述乡射礼时，把这种三等坐席所体现的布局原则，概括为"统于尊"：

> 《仪礼·乡射礼》：乃席宾，南面东上，众宾之席继而西。……大夫若有遵者，则入门左。……席于尊东。
>
> 郑玄注：尊东，明与宾夹尊也。不言东上，统于尊也[1]。

"统"，就是用作布局基准点的意思，"尊"就是那两个酒尊。两个酒尊被用作安排席位的基准点，这就是所谓"统于尊"。具体说，就是谁的席位离酒尊越近，谁的地位越尊。

先看宾与众宾。宾与众宾的坐席在酒尊之西，"南面东上"。"东上"就是越往东越尊贵，也就是离酒尊越近，席位越尊贵。再看"遵者"。"遵者"的坐席在酒尊之东，所以就"不言东上"了，因为"遵席"并不是以东为上的，而是以接近酒尊为"上"的。如果诸公、大夫同时应邀到场，则诸公之席在大夫西北，比大夫更接近酒尊；若无诸公前来，大夫就可以在酒尊旁边傲然就坐了。简言之，酒尊东西两边的来宾，都以更接近酒尊为尊，此即"统于尊"。虽然为诸公特设三重席，为大夫特设两重席，可席子有几重并不显眼儿，酒尊就不同了，两个高耸的酒壶耀眼夺目。在酒尊两侧就坐的人，显然都是"尊者"。那么尊卑之尊与盛酒之尊为什么使用同一个字，就更好理解了——所谓"尊者"，就是乡饮乡射时坐在酒尊旁边的人。

为三命以上者特设"遵席"，深意何在呢？这一点古人已有阐述。兹举数例：

> 1. 朱熹：古人贵贵长长并行而不悖，他虽说不序，亦不相压，自别设一位，如今之挂位然[2]。（按，这是被问以"虽说'乡

〔1〕《仪礼注疏》卷一一，阮本，第 993 页中栏、第 995 页上栏、中栏。

〔2〕朱熹：《朱子语类》卷八六，北京：中华书局 1986 年版，第 2219 页。

党莫如齿'，到得爵尊后，又不复序齿"之时，朱熹的答语。）

2. 魏校：三命为大夫，其爵隆矣。抑于父族下，非所以贵贵；躐于父族上，非所以亲亲。故别设席于尊东而谓之僎（按僎当为遵），两不相诎，此尚齿之权制也[1]。

3. 王应电：所谓诸公、大夫者，谓天子之三公卿大夫致政而在乡者也。苟序爵而躐居宾之位，则屈夫齿而失养老之义；序齿而降居宾之下，则屈其爵而非贵贵之礼，故别设位于宾之东以居之[2]。

4. 盛应期：夫乡有饮，尚德也；宾有序，尚齿也；饮有遵，尚爵也。三者备而礼成矣。……夫遵者，尊也[3]。

这些议论，都认为特设"遵席"是一种折衷、调和：若让诸公、大夫在宾席就坐，那么在确定席次之时，序爵便有妨于"养老"，序齿又有妨于"贵贵"，一举双输，两败俱伤；而把诸公、大夫另行置于酒尊之东，"养老"与"贵贵"就两不相妨、各得其所了。

这样的解释不能说没有道理，但其"应然"的意味大于"实然"成分。所谓"应然"，就是说论者希望用"挂位""尚齿之权制"等说法，来推动"齿位"与"爵位"的平起平坐，至少不要相去悬殊吧。但"爵位优于齿位"依然是客观事实。

《左传》昭公十二年（前530）有这样一段故实："季悼子之卒也，叔孙昭子以再命为卿。及平子伐莒，克之，（叔孙昭子）更受三命。叔仲子欲构二家，谓平子曰：'三命逾父兄，非礼也。'"叔仲子企图挑拨季孙氏与叔孙氏两大家族的关系，他的"三命逾父兄"之语，事关饮酒席次。杨伯峻释云："父兄指父辈兄辈，古代礼制，一

〔1〕　魏校：《周礼沿革传》卷五，《四库全书存目丛书》，济南：齐鲁书社1997年版，第87册第301页上栏。
〔2〕　王应电：《周礼图说》卷下，《景印文渊阁四库全书》，第96册第336页下栏。
〔3〕　盛应期：《苏州乡饮请遵书》，钱谷编：《吴都文粹续集》卷四《学校》，《景印文渊阁四库全书》，第1385册第85页下栏。

命之官于乡里中依年龄大小为次，二命之官于父辈中论年龄大小，三命之官则不论年龄，其官大，可以在父辈兄辈之先。"[1] 叔孙昭子原是再命。当他以再命身份参与乡饮时，其席位是"齿于父族"，即，在酒尊之西跟同族的父老序齿；而在"更受三命"之后，叔孙昭子便获得了"三命而不齿"的新席位，转在酒尊之东的"遵席"就坐，由此凌驾父兄了。"三命逾父兄"的这个"逾"字，明明就是超越、凌驾之意。叔仲子就是抓住了这一点，来挑动季平子的不满的。

总之，"乡党莫若齿"的原则，对一命官员还是有效的。再命官员就不同了，他只与父族长者序齿，对异族父兄就不客气了，以其"爵位"径居其上。至"三命而不齿"，三命以上必逾父兄，"尊尊"绝对凌驾"亲亲"。在两个高耸的酒尊面前，"齿位"只能裹足止步，不得染指"遵席"，妨碍"尊尊"。

三、燕礼"唯君面尊"辨

饮酒礼上的酒尊有身份标识功能，对这一点，日本学者小南一郎也触及了，不过他的依据不是乡饮酒礼，而是另有所据。小南提出："在新石器时代社会里，进行饮酒仪礼时，占有'酒尊'旁边座位的人，被认为'尊'"；"首长阶层的人们坐在大口尊的旁边，他们把持饮酒礼仪的进行。一般的成员必须坐在离开大口尊较远的地方，只能陪席饮酒。"新石器时代的事情，本来缥缈难征，小南是通过《礼记》中的两条记载，来向上古反推的：

1.《礼记·曲礼》：侍饮于长者，酒进则起，拜受于尊所。长者辞，少者反席而饮[2]。

〔1〕杨伯峻：《春秋左传注（修订本）》，北京：中华书局1990年版，第1335—1336页。
〔2〕《礼记正义》卷二，阮本，第1243页上栏。

2.《礼记·玉藻》：凡尊，必上玄酒，唯君面尊[1]。

第 1 条所见"尊所"，在小南看来，"一方面表示酒尊所在的地方，另一方面可能表示酒尊旁边的尊贵位置"，就是说挨着酒尊的席位最尊。他便由此推测新石器时代的情况与之相近。第 2 条中的"唯君面尊"，在小南看来，"就是说只有君王能够坐在接近酒尊的地方，面对酒尊"。他断言君主时代的这个"唯君面尊"礼制，就是史前相关礼俗的延续与发展[2]。

小南的论证还有不小的商榷余地。如前所述，乡饮酒礼（及乡射礼）上，确实是越接近酒尊的坐席越尊，然而小南所依据的那两条材料，所说的既不是乡饮酒礼，也不能证明接近酒尊的席位最尊。详下。

第 1 条所引《礼记·曲礼》的"拜受于尊所"应作何理解，古来有异说。郑玄、孔颖达认为是燕礼：

> 郑玄注：降席拜受，敬也。燕饮之礼鄉（向）尊。
> 孔颖达疏：今云"拜受于尊所"者，当是燕礼[3]。

吕大临、孙希旦却认为是私饮、私燕：

> 1. 吕大临：侍饮之礼与侍食同，因燕间而饮食，非宾主之正礼也。古之饮酒，贵贱少长无不及也。……其献也，皆主人亲酌授之。此侍饮者，亦长者亲酌授之，所以有拜受于尊所之节也[4]。

---

[1]《礼记正义》卷二九，阮本，第 1476 页中栏。

[2] 小南一郎：《饮酒礼と裸礼》，收入《中国の礼制礼学》，京都：朋友书店 2001 年版，第 65 页以下；《饮酒仪礼小考——以探讨尊的社会机能为中心》，收入陈昭荣编：《古文字与古代史》第 1 辑，"中研院"历史语言研究所 2007 年，第 1 页以下。附带说，小南一郎还认为："构成'障'字左边部分的'阜'字，原来是表示天神降临地上时使用的梯子。"这个看法，其推测成分过大了。

[3]《礼记正义》卷二，阮本，第 1243 页上栏、中栏。

[4] 卫湜：《礼记集说》卷六引蓝田吕氏，纳兰性德编：《通志堂经解》，扬州：江苏广陵古籍刻印社 1996 年版，第 12 册第 379 页上栏。

2. 孙希旦：愚谓此侍长者私饮之礼也。必拜受于尊所者，此盖长者亲酌而赐之，故于尊所拜受，不敢烦长者至己席前而授之也。私饮或在室中，其设尊盖于北墉下与？……愚谓侍饮于长者，谓长者私饮而少者侍之耳，固非臣侍君燕之礼，亦非大夫士燕饮之正。……且《记》明言"长者""少者"，安可以为君臣燕饮之礼耶[1]？

孙希旦指出，《曲礼》此文既然使用"老者""少者"这样的称谓，那就不可能是君臣燕礼。这一点很有说服力。孙希旦还推测，若是家内老少私饮，其地点应在室内，而不是堂中；酒尊也许放在"北墉下"，也就是北墙之下。

图 7   战国宴乐图中的私宴场面

1. 嵌错铜壶局部。原图见四川省博物馆：《成都百花潭中学十号墓发掘记》，《文物》1976 年第 3 期，图版二。按，图中第一位献酒者手持之酒器摹绘似乎有误，被绘为盛食品的豆了。也许应该同于下图第一位献酒者手中所持，作觚形或筒形杯形。

2. 战国铜壶刻纹。保利艺术博物馆：《保利藏金续》，广州：岭南艺术出版社 2001 年版，第 192 页。

---

[1] 孙希旦：《礼记集解》卷三，北京：中华书局 1989 年版，第 59—60 页。

按，战国铜器所见宴乐刻纹中有不少饮酒场面，其中若干似乎就是私宴。图7就是其中的两例。在这两幅刻纹的左侧，有一个人凭几而坐，或说踞坐于台上，似乎有"长者"身份，有数人持觚、持豆向其献酒、献食。两幅画面中部的酒尊，恰好就是位于"北墉下"，而不是放在长者身边的。顺便指出，小南一郎把盛酒的酒器说成"大口尊"，这一点不适合春秋饮酒礼。在春秋时的饮酒礼上，使用罍形的圆壶或方壶盛酒，而不是大口尊。图2中的两个酒尊都作罍形。

就算"拜受于尊所"的事情发生在燕礼之上，那也不能证明酒尊旁边的席位被看成尊位。小南的第2项举证、即《礼记·玉藻》所云"唯君面尊"，确实是燕礼的一个礼数。然而其实际意义为何呢？详下。

国君宴享臣下的燕礼，与乡饮酒礼颇不相同。燕礼的坐席布局，是卿大夫背靠北壁，面南而坐，以东为上，从东到西按卿、宾、大夫的次序排列；国君则坐东朝西，他的前面摆放着四个酒尊，南北排列。在四个酒尊中，南侧那两个称"瓦大"或"瓦甒"，属于"膳尊"，供国君饮用；北侧那两个称"方壶"，属于"散尊"，系供卿大夫饮用。两组酒尊中，靠南的那一个用来盛"玄酒"（或说"玄酒"就是清水）。这四个酒尊都以其正面朝着国君，这就叫"唯君面尊"。参照杨复《仪礼图》及张惠言《仪礼图》，我把燕礼（及大射礼）饮酒坐席布局，绘为图8：

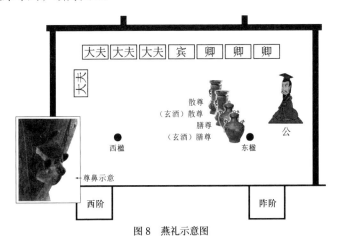

图8　燕礼示意图

图中的"公"即国君。"公"与卿大夫都跟酒尊保持着一定距离。即便"公"距离酒尊稍近，但这个距离，既不足以、也不被古人认为具有特殊意义。被古人赋予了身份标识意义的，并不是君臣与酒尊的不同距离，而是酒尊的摆放方向，以及君臣坐席的"面尊"或"侧尊"。请看：

> 《礼记·玉藻》：凡尊必上玄酒，唯君面尊。……大夫侧尊，用棜；士侧尊，用禁。
>
> 郑玄注：面，犹向也。
>
> 孔颖达疏："唯君面尊"者，面，向也。谓人君燕臣子，专其恩惠，故尊鼻向君，故引《燕礼》燕臣子之法以解之。……侧，谓旁侧[1]。

对"唯君面尊"的"面"字，郑玄释为"向"即"朝向"，在这里是"正面相对"的意思。按，酒尊的下腹部铸有一个称"鼻"的突出物，有鼻的这一面被认为是正面，在摆放酒尊时，必须以尊鼻、也就是以酒尊的正面朝向国君，这就是"唯君面尊"。尊鼻的样子，参看图8。在图8中又可以看到，堂上卿大夫沿着北壁面南而坐，所以只能看到酒尊的侧面，这个情况叫做"侧尊"。堂下西阶站立的士也只能看到酒尊的侧面，其实也处于"侧尊"状态。

　　孔颖达疏这样阐述"唯君面尊"的重大意义："谓人君燕臣子，专其恩惠。"孔疏的意思是说，这种摆放方式，象征着四个酒尊属于国君，用它们宴享臣子，也就是恩惠来自国君。这是国君生杀予夺权势的一种宣示。宋儒方悫也是这么看的："君面尊者，专惠之道也；臣侧尊者，避君之嫌也。"[2]"面尊"或"侧尊"给人以不同视觉感

---

[1]《礼记正义》卷二九，阮本，第1476页下栏。
[2] 卫湜：《礼记集说》卷七四引严陵方氏，纳兰性德编：《通志堂经解》，第13册第107页下栏。

受，高贵者得以正面对着事物，卑贱者只能侧面对着事物，这是有心理效应作为基础的。同时，符号的意义也是人们有意识地赋予的。刻意用"专惠"与"避嫌"来阐述"面尊"与"侧尊"，这本身也是一种"意义赋予"，赋予"侧尊"以"避君之嫌"的意义，不失时机地利用燕礼坐席进行思政教育，用以强化"臣子心理"。

总之，"唯君面尊"、臣子"侧尊"，乃是"君尊臣卑"之宣示。这个礼数的关键是酒尊的朝向与坐席的朝向，而不是君臣与酒尊的距离。小南一郎说"唯君面尊"意味着首长坐在大口尊的旁边，一般成员坐在离大口尊较远的地方，这并不确切。古人并不是这么看的。

四、燕礼上的"统于君"

《礼记·玉藻》孔疏还把燕礼的"唯君面尊"礼数，以及"面尊"或"侧尊"之异，同另外两种饮酒礼、也就是乡饮酒礼及两君相见之礼做了比较。这样的比较，进一步展示了饮酒礼不同，则"人—尊关系"也不相同。先来看孔疏对燕礼与乡饮酒礼的比较。

孔疏指出，乡饮酒礼上的大夫、士，也是"侧尊"的：

> 1.《礼记·玉藻》孔疏：侧，谓旁侧。在宾主两楹间，旁侧夹之，又东西横行，异于君也。……大夫、士侧尊者，《乡饮酒义》云"尊于房户之间，宾主共之也"[1]。
>
> 2.《礼记·乡饮酒义》：乡人、士、君子，尊于房户之间，宾主共之也。
>
> 郑玄注：共尊者，人臣卑，不敢专大惠。
>
> 孔颖达疏：故设酒尊于东房之西、室户之东，在宾主之间，

---

[1]《礼记正义》卷二九，阮本，第 1476 页下栏。

示宾主之共有此酒也。酒虽主人之设，宾亦以酢主人，故云"宾主共之"也[1]。

第1条孔疏指出，乡饮时宾主两方把两个酒尊夹在中间，又呈东西横行排列，这跟国君在场的情况很不相同。孔疏随即引用《礼记·乡饮酒义》"尊于房户之间，宾主共之也"一语，用"共"即"宾主共之"，来解释乡饮酒尊的摆放方式的意义。

第2条郑玄论述说，人臣身份卑下，所以不允许僭用"面尊"之法。这就意味着"面尊"是君主的专利，是他用以显示"专大惠"的专用酒尊摆放方式。复据第2条孔疏，乡饮用酒虽是主人提供的，但因宾主以对等的身份互相酬酢，等于是共享此酒，那么在摆放酒尊时，就要体现出这种对等与共享，于是就把酒尊置于房户之间，也就是宾主之间了。在这时候，酒尊面南放置，既不正对着来宾，也不正对着主人。清儒江永也是这么看的："如《燕礼》东楹西之尊鼻向东，《乡饮酒礼》房户间之尊鼻向南。……'专惠'唯燕礼堂上尊面向君为然。若（乡饮酒礼）房户间之尊，与宾主夹之，面向南，则非'专惠'矣。"[2]简言之，燕礼上的酒尊摆放，用以体现居高临下的"专惠"；乡饮酒礼上的酒尊摆放，用以体现身份对等的共享。

燕礼上国君出场了，坐席布局与酒尊放置为之一变。这种变化，

---

[1]《礼记正义》卷六一，阮本，第1682页下栏。按，"尊于房户之间"原文作"尊于房中之间"，"中"字显误。艺文印书馆2001年版《十三经注疏·礼记正义》(嘉庆二十年江西南昌府学重刊宋本)，亦误作"房中"(第1004页下栏)。查绍熙八行本，作"房户"，不误(上海书店1985年版《景宋本礼记正义》卷六八，第24册第一七页，及北京图书馆出版社2003年版中华再造善本《礼记正义》卷六八，第一七页)。上海古籍出版社2008年版《礼记正义》用八行本为底本，故亦不误(第2287页)。各种《礼记》译注都作"房户"而不作"房中"。而北京大学出版社1999年简体横排版的《十三经注疏·礼记正义》(第1928页)，及2000年版的《礼记正义》(第1900页上栏)，都是用阮刻本作为底本的，由此承袭了"房中"之讹。

[2] 江永：《礼记训义择言》卷七，北京：中华书局1985年版，第111页。

郑玄称之为"统于君"：

> 1.《仪礼·燕礼》：司宫兼卷重席，设于宾左，东上。
>
> 郑玄注：卿坐东上，统于君也。
>
> 贾公彦疏：云"卿坐东上，统于君也"者，决《乡饮酒》《乡射》诸公、大夫席于尊东，西上。彼遵尊于主人，故郑注云"统于尊"。此为君尊，故统于君而东上也[1]。
>
> 2.《仪礼·大射仪》：司宫尊于东楹之西，两方壶，膳尊两甒。（膳尊两甒）在南，……皆玄尊，酒在北。
>
> 郑玄注：皆玄尊，二者皆有玄酒之尊，重本也。酒在北尊，统于君，南为上也。唯君面尊，言专惠也[2]。

第 1 条说，燕礼上有司宫为卿铺设重席，卿位于宾的左侧；卿与大夫按"东上"列席，越靠东的人越尊贵。由图 8 可见，这就意味着越接近国君越尊贵。而这跟乡饮坐席是相反的，图 6 所展示的乡饮坐席，则是离酒尊越近越尊贵，所以诸公、大夫的坐席以"西北为上"，这是"统于尊"。燕礼上卿大夫的坐席由"西北为上"变为"东上"，转而"统于君"了。国君的出场导致了"人—人关系"的变化，国君变成臣子坐席的基准点了。

　　第 2 条所述为大射礼，大射礼也有"人君燕臣下"的饮酒环节，其时也要遵循"唯君面尊"之法，也以四个酒尊面对君席。四个酒尊南北排列，供卿大夫饮用的两个方壶摆在北侧，供国君饮用的两个膳尊摆在南侧，以南为上，这都是为了体现"统于君"。因为，国君之席在卿大夫之南，所以酒尊也要以南为上，如敖继公所言："尊皆南上者，统于君位也，君位亦南上，故顺之。"[3] 在两组尊中，都是靠

---

〔1〕《仪礼注疏》卷一五，阮本，第 1020 页上栏。
〔2〕《仪礼注疏》卷一六，阮本，第 1029 页中栏。
〔3〕 敖继公：《仪礼集说》卷六，上海：上海古籍出版社 2017 年版，第 278 页。

北的那一个盛酒（"酒在北尊"），靠南那一个盛清水，即玄酒。饮水比饮酒更古老，古人"重本"，认为盛水的"玄尊"比盛酒的尊更高贵。把盛水的玄尊放在盛酒之尊之南，也是"南为上"的，也是体现"统于君"的。赘言之，国君出场还导致了"人—尊"关系的变化，国君又变成酒尊摆放的基准点了。

以上是燕礼与乡饮酒礼之对比。此外，孔疏对燕礼与两君相见之礼也进行了比较：

> 1.《礼记·玉藻》孔疏：若两君相见，则尊鼻于两楹间，在宾主之间夹之，不得面向尊也[1]。
> 2.《礼记·郊特牲》孔疏：乡饮酒是卿大夫之礼，尊于房户间；燕礼是燕己之臣子，故尊于东楹之西；若两君相敌，则尊于两楹间[2]。

若值"两君相见"，"人—尊"格局又因之而变，这时酒尊的摆法就变成"尊鼻于两楹间"或"尊于两楹间"了。究其用心，当然是为了体现"两君相敌"、国与国之平等了。"尊鼻于两楹之间"稍有费解。查李如圭："堂东西之中，曰'两楹间'"[3]；又江永："凡言两楹间者，不必与楹相当，谓堂东西之中尔。"[4] 照此说来，"两楹间"就是堂上的东西中线。所谓"尊鼻于两楹间"、"不得面向尊也"，就是两君各居东西，酒尊位于堂上中线，尊鼻朝南，不面对任何一方的国君。孔疏所说的这种酒尊摆放之法，也许是图 9 的那种样子吧。

附带说，对孔颖达"尊于两楹间"之说，孙希旦持有异议。他

---

〔1〕《礼记正义》卷二九，阮本，第 1476 页下栏。
〔2〕《礼记正义》卷二五，阮本，第 1448 页上栏、中栏。
〔3〕李如圭：《仪礼释宫》，长沙：商务印书馆 1937 年版，第 7 页。
〔4〕江永：《仪礼释宫增注》，长沙：商务印书馆 1937 年版，第 8 页。

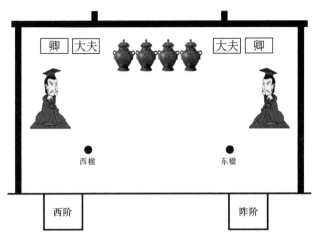

图9　两君相见时酒尊摆放想象图

认为，两君相见时会使用很多酒尊，它们应分别放置在室中、户内外、堂上；堂上的酒尊，应放在两阶之上的土坫北侧[1]。即便如其所论，两君相飨时的酒尊放置也应体现"两君相敌"、双方对等。这也可以说是一种"统于君"了，只是由"统"于一君变成了"统"于两君而已。

这样一来，我们就看到了三种"人—尊"格局：

1. 乡饮酒礼：此时宾主身份相去不远，基于礼宾目的，两个酒尊置于房户之间，以示"宾主共之"。

2. 燕礼：君主燕饮臣子，因君尊臣卑，故酒尊置于东楹之西，令君席正对酒尊，臣子侧对酒尊，以示君主"专惠"。

3. 两国朝聘：君主宴请他国君主，酒尊置于两楹之中线，且两

---

[1] 孙希旦认为"设尊之法，必有所傍"，酒尊应靠着墙壁、楹柱等等放置；"两楹之间非设尊之所也"，意谓两楹间的空地无所依傍，不是放置酒尊的合适地方。他说燕礼上"两君相飨，其尊非一"，这时会使用"盛郁鬯之彝"、"齐酒之尊"、"盛（三）酒之尊"等多种酒尊，它们分别放在室中、户内外、堂上，"郁鬯在室，齐在户，酒在堂"。又云"盖坫设于两阶之上，尊皆在其北。"见其《礼记集解》卷二五，第680页。孙希旦对祭祀、宴飨时酒尊的种类、数量、位置，做了不少推测，参看同书卷二一，第588页以下。

方都不面对酒尊，以示"两君相敌"。

在场者的尊卑关系有变，则酒尊的摆放因之而变，"人之尊"与"酒之尊"呈联动关系。

古代典礼的空间秩序，还有"统于堂""统于门""统于宾"等规则，分别适用于典礼的不同宾主、不同环节、不同区域。但只要君主出场，则围绕君主的空间关系与行事方式，就会无例外地"统于君"了。再举几个例子：

1. 郝敬：乡射三耦立堂西，此立堂东者，射器在东，大射统于君也；乡射器在西，统于宾也[1]。

2.《礼记·曲礼》：大夫、士出入君门，由闑右。

郑玄注：臣统于君。闑，门橛。

孔颖达疏引卢辨：门以向堂为正，主人位在门东，客位在门西。今此大夫、士是臣，臣皆统于君，不敢自由宾，故出入君门恒从闑东也。其士之朝位，虽在西方东面，入时仍依闑东[2]。

3.《礼记·坊记》：故天子四海之内无客礼，莫敢为主焉。故君适其臣，升自阼阶，即位于堂，示民不敢专其室也。

郑玄注：臣亦统于君[3]。

4.《周礼·秋官·朝士》：掌建邦外朝之法。左九棘，孤卿大夫位焉，群士在其后；右九棘，公侯伯子男位焉，群吏在其后；面三槐，三公位焉，州长众庶在其后[4]。

《礼记·曲礼下》孔颖达疏：三公北面者，以其贵臣答王之义也；孤及诸侯东面者，尊之，故从宾位；卿大夫西面者，君之

〔1〕 郝敬：《仪礼节解》卷七，《续修四库全书》，第 85 册第 642 页上栏。
〔2〕《礼记正义》卷二，阮本，第 1238 页中栏。
〔3〕《礼记正义》卷五一，阮本，第 1621 页中栏。
〔4〕《周礼注疏》卷三五，阮本，第 877 页下栏。

臣子统于君也[1]。

第 1 条明儒郝敬比较了两种射礼的射器放置之法：大射之时，射器放在堂东，因为国君的坐席在堂东，放在堂东以示"统于君"，是"尊君"之意；而乡射不同，射器放在堂西，因为宾与众宾的坐席在堂西，放在堂西以示"统于宾"，变成"礼宾"的意思了。

　　第 2 条事涉进门出门的礼数。门槛中部有一个门橛，称"闑"。基于主人在东、来宾在西的礼俗，主人要从闑右、也就是门橛之东入门，宾客则从闑左、也就是门橛之西入门。孔子很清楚这个规矩，所以"立不中门"[2]，因为中门而立的话，就非主非宾了。而大夫、士拜见君主，必须由门橛之东出入君门。为什么呢？如郑玄所云，是为了宣示"臣统于君"。臣子的人格与人身都是从属于君主的，同家奴相去不远，所以要从闑右出入。若从闑左出入君门，那就等于以宾自居，就是跟君主分庭抗礼了。尽管士在入门之后要向左走，站立在中庭之西，但在入门时照样要走门橛之东，不能图方便走门橛之西。如敖继公所言："凡己之臣子，入门而左右，皆由闑东。"[3]

　　第 3 条也是上门造访的礼数，不过是天子光临臣子之家的礼数。其时天子由阼阶、而不是西阶登堂，在堂东、而不是堂西就坐，俨然主人之态。这背后是一项基本原则："天子无外"，"天子四海之内无客礼"，不论到了哪里他都是主子。如果天子光临你家，你绝不可以自居主人、视天子为宾。按照政治规矩，这家虽是你的，但你没有百分百的所有权，你的家归你所有，但也归天子所有。"民不敢专其室"，臣子的人身、财产与家室全都"统于君"，取决于最高统治者的

---

〔1〕《礼记正义》卷五，阮本，第 1266 页上栏。
〔2〕语出《论语·乡党》。相关诠释，可参黄怀信：《论语汇校集释》卷一〇，上海：上海古籍出版社 2008 年版，第 859 页。
〔3〕敖继公：《仪礼集说》卷六，第 280 页。按，标点本的断句是"凡己之臣子入门，而左右皆由闑东"，不从。

予取予夺。

依第 4 条《周礼》阐述的外朝礼制，朝位是分为东西中三列的：公侯伯子男五等诸侯居西，东面而立，他们作为列国之君，得到了天子的特殊尊礼，被安排在宾位了；三公北面，正面对着天子，表明三公是辅弼天子、操持国政的贵臣；卿大夫居东、西面而立，所遵循的便是"君之臣子统于君"之义了，按古人观念，这表明他们是天子的属臣，而不是宾。

总之，燕礼与大射礼的"统于君"，乡饮酒礼及乡射礼上的"统于尊"，都是"周礼"传统的有机组成部分。我们由此看到，周人的等级感非常细腻，在"行政化"的爵秩品阶演生之前，他们就已娴熟自如地利用物品、席次等等可视化手段，制造原生可视标识，以便精细入微地处理身份差异、标识地位高低了。围绕席次而滋生的"人—人"空间关系，就是饮酒礼上最主要的"空间化等级标识"；而围绕酒尊而滋生的各种"人—尊"空间关系，就是饮酒礼上最主要的"物品化等级标识"。

「三命而不齿」与「三命逾父兄」

——先秦饮酒礼上的命数与席次

春秋时代存在着一种命数制度，由一命、再命、三命等构成，被用来区分官贵的品位高低。就《左传》等史书看来，命数同车服与席次有直接关系。例如国君会有"先路、三命之服""次路、再命之服"这样的颁赐，所颁赐的路车与冕服，是与命数高低挂钩的。又如乡饮酒礼上的坐席，有"一命齿于乡里，再命齿于父族，三命而不齿"之礼，表明官贵之坐席因命数而异。这个礼数，还被用来安排朝堂上和宗庙中的官贵班位。当然在席次、班位与命数的关系上，还有若干细节有待推敲。详下。

一、"三命不齿"与"族有七十者，弗敢先"

乡饮酒礼的起源非常古老，被认为源于氏族会食。氏族社会的基本结构，就是"父老—子弟"体制，氏族秩序要靠族长、长老的权威来维系，所以乡饮酒礼的主题，就是尊长敬老，以维系"长幼之序"。

在乡饮酒礼上，"长幼之序"的具体体现之一，是席次安排。《礼记·乡饮酒义》："乡饮酒之礼，六十者坐，五十者立侍，以听政役，所以明尊长也。"[1]依据孔颖达疏，其坐席安排大致是这样的：六十以上者在堂上就坐，面朝南，其排列以东为上；五十以下者在堂下西阶站立，面朝东，其排列以北为上。陈澔概括说："坐者，坐于堂上；

---

〔1〕《礼记正义》卷六一，阮本，第 1683 页中栏。

立者，立于堂下。"[1] 居于堂上的是父老，居于堂下的是子弟。堂上父老、堂下子弟，还得继续按年齿确定居上居下。这就是所谓的"正齿位"。

乡饮酒礼是本乡父老与子弟们的会聚。但除了本乡的父老子弟，也会邀请官贵光临观礼，为典礼助兴。这些拥有朝廷爵命的官贵到场，就使乡饮酒礼的坐席安排复杂化了。处理"爵位"与"齿位"关系的礼制，应运而生。请看：

　　1.《周礼·地官·党正》：饮酒于序，以正齿位。一命齿于乡里，再命齿于父族，三命而不齿。

　　郑玄注：齿于乡里者，以年与众宾相次也。齿于父族者，父族有为宾者，以年与之相次；异姓虽有老者，居于其上。不齿者，席于尊东，所谓"遵"[2]。

　　2.《礼记·祭义》：一命齿于乡里，再命齿于族，三命不齿。族有七十者，弗敢先。

　　郑玄注：齿者，谓以年次立若坐也。三命，列国之卿也，不复齿，席之于宾东[3]。

参照第 1 条《周礼》，则第 2 条《礼记》也可以认定为"饮酒于序，以正齿位"之礼了。"齿"，就是依年龄而决定坐于堂上或立于堂下，及居前居后。前来观礼的官贵，则要按照一命、再命、三命之别，与齿位分等对接。

在研究二十等军功爵时，日本学者西嶋定生把军功爵的身份功能，追溯到了周代乡饮酒礼的席次上去，可谓视野开阔。对乡饮时命数与齿位的对接原理，他有这样一段阐述：

―――――――

[1]　陈澔：《礼记集说》卷一〇，南京：凤凰出版社 2010 年版，第 474 页。
[2]　《周礼注疏》卷一二，阮本，第 718 页上栏。
[3]　《礼记正义》卷四八，阮本，第 1600 页中栏—下栏。

　　一命而成下士者与乡人按年齿的顺序坐立；再命而成为中士者，不再与乡人同计齿位，而只与族人按年齿之顺而坐立；三命而成上士者，因其位已高，甚至跟其族人也不再按齿位而论序了，不过，三命者，已被优拔于其同族齿位的场合，对于同族中七十岁以上的人，在《祭义》说来，则不能超越这些七十岁之人。而在《荀子》的说法，则即便是族人中的七十岁者，三命之人也比他们处于优位，可看出两种说法的不同[1]。

西嶋"齿于乡里""齿于族"及"不齿"的阐述，都合于注疏。把一命之人、再命之人、三命之人分别释为下士、中士、上士，有《周礼》九命为据。当然，若换一个角度看，《周礼》所述制度有编排建构成分，所述王室命数也不能代表列国的实情。在命数、爵称与席次的对应关系上，其实还有更优解释。

　　西嶋还谈到，《礼记·祭义》的"族有七十者，弗敢先"与《荀子·大略》所述相反，前者说的是三命者不能逾越七十岁者，后者却说七十岁者不能逾越三命者。不过在我看来，《礼记·祭义》与《荀子·大略》的宗旨并无不同，西嶋所指出的论点对立，其实是后代的经学注疏造成的。下面就来辨析这个问题。

　　首先请看：

　　　　《礼记·祭义》"族有七十者，弗敢先"郑玄注：不敢先族之七十者，谓既"一人举觯"乃入也，虽非族亦然。

　　　　孔颖达疏："族有七十者，弗敢先"者，若此饮酒之时，族亲之内有年七十者，令其先入，此三命者乃始后入，故云"不敢先"也[2]。

〔1〕西嶋定生：《中国古代帝国的形成与结构：二十等爵制研究》，北京：中华书局2004年版，第421页。《祭义》《荀子》的书名号，原文无，系本文所加。
〔2〕《礼记正义》卷四八，阮本，第1600页下栏。

依照郑注，《祭义》"族有七十者，弗敢先"所说的，并不是坐席次序，而是入场次序了：七十以上的族人，在饮酒礼之初就先行就坐了；而三命官贵呢，直到礼仪进行到了"一人举觯"之后，才姗姗入场。下面借用杨宽对乡饮酒礼的流程概括[1]，把"一人举觯"的时间点，列示如下：

1. 谋宾、戒宾、速宾、迎宾。

2. 主宾献酢酬。

3. 作乐。

　　主人之吏"一人洗，升，举觯于宾"。

　　"宾若有遵者诸公、大夫，则既一人举觯乃入。席于宾东"[2]。

　　作乐。

4. 旅酬。

5. 无算爵、无算乐。

6. 送宾及其他。

"一人举觯"这个动作，发生在作乐之前。"遵者诸公、大夫"就是三命以上官贵前来观礼者，他们之所以在"一人举觯"之后入场，郑玄说其原因就是"不敢先"——不敢先于七十岁以上的族人入场。郑玄还说，对族人之外的七十岁以上者也是一样，"虽非族亦然"。孔疏追随郑注，也把"不敢先"解释为三命者之较后入场。

　　我仅就个人电脑中所存储的电子书，查阅了七八种《礼记》注译本，看到今人在阐述《礼记·祭义》的"族有七十者，弗敢先"时，几乎众口一词地采用"三命者不能逾越七十者"之说。从中选择几条为例：

　　1. 到了三命之官，虽不必和族人序齿，但还得让七十岁的人居先。

---

〔1〕 杨宽：《乡饮酒礼与飨礼新探》，收入《古史新探》，上海：复旦大学出版社 2016 年版，第 214—215 页。

〔2〕《仪礼注疏》卷九、卷一〇，阮本，第 985 页上栏、第 989 页下栏。

2. 三命的人，不必按年龄排次序了，但遇到自己族中七十岁以上的人还是不敢越前的。

3. 三命之官就不与族人按年龄序尊卑了，但对于族中年高七十的人，不敢在他之先。

4. 本族有年及七十岁以上的老人，自己虽有三命之尊，也不敢出入居老人之先，座次在老人之上。

第1、2、3条都申说三命者要让七十岁老人居先，然而泛泛而谈，没说明到底在哪一事项上"不敢先"。第4条则把"不敢先"具体落实在两件事情上。首先是落实在"出入"上，即入场退场不敢居老人之先；进而落实在"座次"上，不敢在老人之上就坐。郑玄只把"族有七十者，弗敢先"说成三命者不敢先于老人入场，如果说还有退场也不敢居先、座次上也不敢居先，那已超出郑注、孔疏了。超出郑注、孔疏并不等于错了，但能提供证据就好了。

然后再看《荀子·大略》：

> 一命齿于乡，再命齿于族。三命，族人虽七十，不敢先。
>
> 杨倞注：一命，公侯之士；再命，大夫；三命，卿也。……（三命不齿）言不唯不与少者齿，老者亦不敢先也[1]。

依杨倞所释，只要爵至三命，级别便足够地高了，不但不跟年少者序齿，哪怕年至七十的同族老者，也不敢坐于这位三命官员之上。杨倞的"不与少者齿"这句话，只能是就坐席而言的，那么下文"老者亦不敢先也"顺承上文，就也只能是就坐席而言的了，意谓其坐席不敢居三命者之先。郑玄把"族有七十者，弗敢先"，解释为三命者不敢先于七十岁族人入场，这个"弗敢先"的主语是三命者；而依杨倞，

---

[1] 王先谦：《荀子集解》，北京：中华书局1988年版，第493—494页。

"不敢先"的主语不是那位三命者，而是七十岁以上的族人。

两相比较，杨倞的解说显然合乎《荀子·大略》原义，郑玄对《礼记·祭义》的解说就不敢恭维了。至于今人的各种三命者礼让七十者的注译，参照《荀子·大略》，都极可疑。

首先，郑玄说七十者在饮酒礼之初就入场了，三命者在"一人举觯"之后才入场，这就是"族有七十者，弗敢先"，这就是对七十以上者的礼让了。这一论点，就连孔疏都觉得可疑："大夫之入，依礼自当'一人举觯'之时，纵令无族人七十者亦当如此。又族之七十者及乡人少者于先已入。"[1]那么请看：

第一，纵令来宾之中没有七十岁族人，三命者也是要在"一人举觯"之后入场的，这样一来，三命者的较晚入场，就不好说成是对七十以上者的礼让了。

第二，在行礼之初，不光"族有七十者"，而且包括"乡人少者"即年轻人在内的众宾全都入场了，那么三命卿大夫的后入，岂不就成了对包括青少年在内的所有来宾的礼让了么？三命是执政大臣的品位，相当于国家领导人，他们肯定不会谦卑到这种程度的。

进而还有第三：在阐述《仪礼·乡饮酒礼》时，郑玄又把三命诸公大夫"则既一人举觯乃入"的意义，解释为"不干主人正礼也"[2]。"干"就是干扰。那么"一人举觯乃入"的目的，又不是为了礼让七十岁族人了，而是为了避免因诸公大夫地位太尊，而干扰了主宾之间的献酬酢进程。郑玄两处两个不同说法，不留神自相矛盾了。

郑玄虽是一位不世出的杰出学者，但百密一疏，他在"不敢先族之七十者"的解释上失足了。当代《礼记》注译本中的三命者需要"让七十岁的人居先""不敢越前""不敢出入居老人之先，座次在老人

---

[1]《礼记正义》卷四八，阮本，第 1600 页下栏。
[2]《仪礼注疏》卷一〇，阮本，第 989 页下栏。

之上"之类说法，也都欠精确，至少对乡饮酒礼的席次无效。

在乡饮酒礼上，三命者有特殊坐席。正如郑玄所述："不齿者，席于尊东，所谓'遵'"，"三命，列国之卿也，不复齿，席之于宾东。"所谓"尊东""宾东"，具体说是这样的：堂上北壁的房户之间放置着两个酒尊，宾与众宾的席位在酒尊之西，南面东上；三命以上官员被称为"遵"，其坐席独在来宾之东、酒尊之东，不与任何人相齿。而且为公铺设了三重席，为大夫铺设了两重席，表明这里是贵宾之席。两个夺目耀眼的酒尊，把三命遵者与其他来宾分隔开来了。在周代社会中，"七十岁"是元老、父老的致事年龄，礼制上对他们有特殊尊重。但是，哪怕已获得了特殊尊重的七十岁以上元老或父老，也不敢绕过两个酒尊，跑到贵宾席就坐，与三命者序齿争先；三命者对任何人都没有礼让义务，哪怕七十岁族人。这就是"族有七十者，弗敢先"的本意。

《荀子·大略》的"三命，族人虽七十，不敢先"，显然是就坐席而言的，杨倞也是按"坐席"来解释的。《礼记·祭义》《周礼·党正》与《荀子·大略》叙述"三命而不齿"，虽字词小异，如"乡里"或略作"乡"，如"父族"或略作"族"，还有《荀子·大略》省略了"不齿"二字，但三段文字显然同出一源。三篇的三位作者都是先秦之人，而且都是一流礼制专家，他们对同一礼制的理解，绝不会存在重大差异，以至达到了意义相反的程度。《荀子·大略》"族人虽七十"多用了一个"虽"字，语义遂分外显豁。这个连词"虽"至关重要，它是"纵使""即便"的意思，表明达到三命就不齿于族了，这个规矩对所有来宾一视同仁，纵使族人也不能破例，即便七十岁以上的同族老者，也不敢倚老占先。《祭义》的文义其实跟《大略》无异，但因没有使用"虽"字，就给郑玄留下了曲解的空间。

所以我们说，《礼记·祭义》与《荀子·大略》看上去文义相反，其实并无二致，问题发生在后世的经学家那里。《荀子》是子书而非经书，也许就是为此，便被经学家们忽视了。当然也不是没有例外，注意到了《荀子·大略》的经学家，也是有的，而且他们随即就被说服，抛弃郑注、孔疏，转用《荀子·大略》来解释《礼记·祭义》。例如：

> 1. 陆佃："族有七十者，弗敢先"，言族人齿虽高，犹后三命。《荀子》曰："三命，族人虽七十，不敢先。"[1]
>
> 2. 姚际恒：此言周家贵贵之礼。如"有七十者，不敢先"，谓虽有七十者犹不敢先之，所以明不齿于族也。《荀子》曰："三命，族人虽七十，不敢先。"与此同。郑氏附会乡饮酒、乡射……以"有七十者弗敢先"为"既一人举觯乃入"……辞遁如此，而时解依之，何也[2]？
>
> 3. 孙诒让：此"不齿"谓爵贵特居尊位，虽父族亦不以年相次。《荀子·大略篇》云："三命，族人虽七十，不敢先。"《祭义》文略同[3]。

陆佃首发其端，以《荀子·大略》释《祭义》，元人吴澄率先注意到了这个与众不同之新说："陆引《荀子》，义与旧注异，今兼存之。"[4] 姚际恒、孙诒让继踵而来。虽寥寥数人，可称凤毛麟角。姚际恒还径指郑玄注是"附会"，并对后人的盲从表示不解。

从经学角度看，现代《礼记》的注译本参考郑注、孔疏来解释《祭义》，倒也无可厚非。然若说到历史实际，那就必须参照《荀

〔1〕 卫湜：《礼记集说》卷一一三引陆佃《礼记解》，《通志堂经解》，扬州：广陵古籍刻印社 1996 年版，第 13 册第 303 页上栏。

〔2〕 姚际恒：《礼记通论辑本（下）》，《姚际恒著作集》，台北："中研院"中国文哲研究所 2004 年版，第 3 册第 256 页。

〔3〕 孙诒让：《周礼正义》卷二二，北京：中华书局 1987 年版，第 874—875 页。

〔4〕 吴澄：《礼记纂言》卷二三，《景印文渊阁四库全书》，台北：商务印书馆 1986 年版，第 121 册第 521 页上栏。

子·大略》及杨倞注，才能正确理解《祭义》"族有七十者，弗敢先"所涉及的礼制实态了。

二、爵命高低与堂上堂下

在朝廷官贵前来乡饮观光之时，对大夫与士的席位，或者说不同命数者的席位，注家也出现了不少异说。例如一命官吏的坐或立，即，被安排了坐席还是只有站位，孔颖达疏与贾公彦疏便不尽一致：

> 1.《礼记·祭义》孔疏：身有一命官者，或立或坐，齿与乡人同[1]。
> 2.《周礼·党正》贾疏：则一命齿于乡里，在堂下与乡人齿；再命齿于父族，父族为宾在堂上[2]。

第 1 条孔疏中的"或立"，意味着立于堂下；"或坐"，那就能坐于堂上了。这么说来，一命官吏者既有立于堂下的，也有坐于堂上的。而依第 2 条贾疏，则一命者只能立于堂下，再命才可以坐于堂上。

之所以对席次与命数的关系出现了不同认知，《周礼》所记"九命"，是主要原因之一。在《周礼》之中，公侯伯子男五等爵的命数各异，与之相应，天子的卿大夫士、公侯伯之国的卿大夫士、子男之国的卿大夫士，其命数各不相同。这样事情就复杂化了，就得把天子王畿举行的乡饮酒礼、公侯伯国的乡饮酒礼及子男之国的乡饮酒礼区分开来，再推算其卿大夫士的不同命数，再来辨析哪一命数才能在乡饮时上堂安坐了。西嶋定生采用"一命而成下士""再命

---

[1]《礼记正义》卷四八，阮本，第 1600 页下栏。
[2]《周礼注疏》卷一二，阮本，第 718 页下栏。

而成为中士""三命而成上士"这样的阐述，就是依据《礼记》孔疏及《周礼》贾疏，进而以《周礼》九命为前提、以天子之士为准的。

然而《周礼》只是私人著作，并不是天子颁布、各国恪守的法典。《周礼》虽充分利用了现实礼制素材，但也有明显的理想化成分。其所记"三命而不齿"确实来自现实礼制，至于"九命"，恐怕就是参考列国外交礼节，加工编排而成的了。"九命"既不全是制度实录，也不适用于一国之内的礼仪活动，未必能跟《仪礼·乡饮酒礼》《礼记·乡饮酒义》无缝对接。在《礼记》《左传》《荀子》《庄子》等典籍中，最高只能看到三命。在各诸侯国的国内，三命就是最高品位。那么对于列国乡饮，只就三命以下立论，最近实情，最为稳妥。就此而言，《荀子》杨倞注以一命为士，再命为大夫，三命为卿之说，以及贾疏一命立于堂下，再命坐于堂上之说，都不失为以简驭繁的较好选择。过于复杂的推演，不但治丝益棼，而且超出了史料所能支持的限度。

就一命、再命、三命的命数而言，孔疏认为一命者有坐有立，本文不取其说；但就卿、大夫、士之爵称而言，孔疏说士立于堂下、大夫坐于堂上，又颇合理。《礼记·祭义》孔疏：

> 云"齿"者，谓以年次立若坐也者。士立于堂下，大夫坐于堂上。知者，《乡射》云"大夫受献讫，及众宾皆升就席"。于时虽立，至彻俎即坐。《乡射记》又云"既旅，士不入"，不见士坐之文，明立于堂下。……于诸侯之国，爵为大夫则不齿。是大夫坐于上，士立于下者，谓诸侯之国[1]。

乡射礼与乡饮酒礼有相似的饮酒环节。孔疏利用乡射礼的两个礼仪细

---

[1]《礼记正义》卷四八，阮本，第 1600 页下栏。

节，指出大夫有席可坐，士不能坐，随后判断乡饮时"士立于堂下，大夫坐于堂上"。我认为其说可从。

"士立于堂下，大夫坐于堂上"之说，应源于一个古老礼俗：在氏族会食共饮之时，子弟居堂下、父老居堂上，以示尊老敬老，以维系"父老体制"。而在这个时期，"大夫—士"关系与"父老—子弟"关系是一致的。"夫"本义是成年男子，"大夫"就是"大人"的意思。朱骏声："凡大人、大夫、太子、太君，皆尊词。"[1]在先秦秦汉，父母、长辈、尊者、首领都可以称"大人"。据段志洪考证，"大夫"之称来自"大人"，"大人"则是原始社会的父家长之称[2]。其说甚是。至于"士"的本义，原指成年男子，故"士女"可以并称。我们觉得在较早时候，比如氏族时代，大夫与士、父老与子弟这两对称谓，曾经相通相融；后来因国家诞生、行政进化，大夫、士被用作官吏级别之名了，由此才跟父老、子弟之称分道扬镳了。若然，由较早时期的父老居堂上、子弟居堂下的礼数，推定较晚时期的大夫居堂上、士居堂下的礼数，便不在情理之外。在周人的古老观念中，大夫跟父老都属于"大人"，"大人"就该安坐堂上；屈居堂下侍立的是子弟、晚辈，是那些虽已加冠称"士"、但还没有获得"大人"身份的人。

孔疏认为"大夫坐于堂上"，其说可从；然而孔疏又云"于诸侯之国，爵为大夫则不齿"，这一点本文并不认可。就《左传》等史料来看，诸侯国的通例是三命为卿，卿是一国执政大臣，地位显赫，人数寥寥。一般说来，青年贵族初次册命任职，只是一命而已；随年龄增长、资历累积，便有望再经册命，晋升大夫。至于三命而卿、主持军国大政，那就只是极少数人的机遇了。兹罗列《左传》中的如下命数记载：

---

〔1〕 朱骏声：《说文通训定声》，北京：中华书局1984年版，第659页上栏。
〔2〕 段志洪：《周代卿大夫研究》，台北：文津出版社1994年版，第3—8页。

表 1 《左传》所见三等命数

三命	晋：以三命命先且居将中军。（僖公三十三年，前 627）
	晋：赐三帅先路、三命之服。（成公二年，前 589）
	晋：享晋六卿于蒲圃，赐以三命之服。（襄公十九年，前 554）
	郑：享子展，赐之先路、三命之服。（襄公二十六年，前 547）
	鲁：叔孙昭子更受三命。（昭公十二年，前 530）
	宋：正考父三命而俯。（昭公七年，前 535）
再命	晋：以再命命先茅之县赏胥臣。（僖公三十三年）
	郑：赐子产再命之服。（襄公二十六年）
	鲁：叔孙昭子以再命为卿。（昭公十二年）
	宋：正考父再命而伛。（昭公七年）
一命	晋：以一命命郤缺为卿。（僖公三十三年）
	晋：司马、司空、舆帅、候正、亚旅，皆受一命之服。（成公二年）
	晋：军尉、司马、司空、舆尉、候奄，皆受一命之服。（襄公十九年）
	宋：正考父一命而偻。（昭公七年）

由上可知，甚至还存在着业已任卿，但个人品位仍达不到三命的情况。比如鲁之叔孙昭子、晋之胥臣以再命为卿；晋之郤缺尤显特殊，他虽已任卿，却仍在一命之卑。对这一点，孙希旦、孙诒让均有讨论：

> 1. 孙希旦：《左传》"晋侯以三命命先且居将中军，以再命命先茅之县赏胥臣"，"以一命命郤缺为卿"。鲁叔孙穆子为卿，止于再命；季平子、叔孙昭子初以再命为卿，及伐莒克之，更受三命。是公侯伯之卿以三命为极，而其初升者或惟再命及一命也；子男之卿以再命为极，而其初升者或惟一命也[1]。

---

[1] 孙希旦：《礼记集解》卷一二，北京：中华书局 1989 年版，第 324 页。

2. 孙诒让:《左》襄二十六年传,亦说郑赐子展三命之服、子产再命之服,是侯伯之卿自有再命一命者。盖命初为卿,命数皆减,与大夫同,加赐乃得三命。此经(即《周礼》)唯云卿三命者,据其最贵者言之,实则公侯伯卿不必皆三命,而大夫士亦不必皆再命一命,可类推也[1]。

总之,爵在大夫、身居再命了,便能以"大人"的姿态在堂上安坐了。三命的地位则相当崇高,其"三命而不齿"之礼,再命的大夫无缘消受,叔孙昭子即是其例,详见下节。

辨析至此,若干要点已清晰一些了。对乡饮酒礼上的爵级、命数与席次的关系,若求以简驭繁,本文认为以下三说较为可取:

1. 爵称与命数,参照杨倞:士一命,大夫再命,卿三命。
2. 命数与席位,参照贾疏:一命居堂下,再命、三命居堂上。
3. 爵称与席位,参照孔疏:士立于堂下,大夫、卿坐于堂上。

以上三点,可供大致理解列国的乡饮坐席。而乡饮坐席规则,还对朝礼与燕礼发生了影响。下面再看朝礼与燕礼上的爵级、命数与席位之关系。

《礼记·檀弓》中有这样一个故事:

工尹商阳与陈弃疾追吴师,及之。陈弃疾谓工尹商阳曰:"王事也,子手弓而可。"手弓。"子射诸。"射之,毙一人,韔弓。又及,谓之,又毙二人。每毙一人,掩其目。止其御曰:"朝不坐,燕不与,杀三人,亦足以反命矣。"

郑玄注:朝、燕于寝,大夫坐于上,士立于下,然则商阳与御者皆士也。

孔颖达疏:朝之与燕,皆在于寝。若路门外正朝,则大夫

〔1〕 孙诒让:《周礼正义》卷三九,第 1616 页。

以下皆立。若其燕朝，在于路寝，如孔子摄齐升堂，又《诗传》云："不脱屦升堂谓之饫。"明脱屦升堂则坐也。是"大夫坐于上"。燕亦在寝，故《燕礼》云："燕，朝服于寝。"案《燕礼》献卿大夫及乐作之后，西阶上献士。士既得献者，立于东阶下西面，无升堂之文，是"士立于下"[1]。

先来看经文。楚国的公子陈弃疾带着工尹商阳等人追击吴师。商阳在已射杀了三人之后，便对其御者说，我们俩只是朝会没有坐位、燕飨不能参与的人而已，既然已射杀了三人，就足以交差了。再看郑注。郑注提供了相关的礼制背景：在朝会与燕飨之时，大夫才能坐在堂上，士只能站在堂下，不能上堂。商阳及其御者既然"朝不坐，燕不与"，亦即，朝会没有坐位、燕飨没资格参与，可知这两个人的身份都是士。孔疏又补充了更多礼制背景：在路门之外举行的正朝，大夫以下都站立行礼，这时不存在或坐或立的问题；而路寝之内的朝会与燕飨不同，是可以席地而坐的，当然只有大夫才能上堂安坐，士不得上堂，只能堂下站立。

　　那么我们来看，商阳不是直接说"我俩不是大夫，只是士"，却绕了个弯子，借助坐席与燕飨来表达一己之"士"身份，这恰好说明"大夫"与"士"身份，与坐席、燕飨息息相关。其实，作为爵称的"大夫"与"士"，本来就是从燕飨席次中发源的。

　　工尹商阳的例子，有力地强化了本文论点：大夫才能上堂、士不得上堂。这大约是周代许多典礼的共同礼数。西周的燕礼与飨礼本是两种礼仪，到了春秋，二者有了合一之势。按照杨宽的意见，飨礼来源于乡饮酒礼。若由此推论，则乡饮酒礼上父老居堂上、子弟居堂下的礼俗，应即飨礼／燕礼时大夫居堂上、士居堂下这个礼数的历史渊源。相应地，再以飨礼／燕礼反推乡饮酒礼，则在大夫、士光临乡饮

---

[1]《礼记正义》卷一〇，阮本，第 1311 页中栏至下栏。

酒礼时，再命之大夫应在堂上与同族序齿，一命之士应在堂下与子弟序齿。

"一命齿于乡里"的所谓"乡里"，我们认为就是乡人中的子弟、晚辈。"再命齿于父族"的"父族"，指父系族人。杨伯峻却以"父辈"释"父族"："父兄指父辈兄辈，古代礼制，一命之官于乡里中依年龄大小为次，二命之官于父辈中论年龄大小，三命之官则不论年龄，其官大，可以在父辈兄辈之先。"[1]"父族"和"父辈"在字面上似不一致，而情况实际是这样的：再命者在宾席就坐，因为他有官员身份，所以其坐席在本乡来宾之先，不过，若在来宾中遇到了父族之人，就要跟父族之人序齿，让父族年长者居先。无论父族或非父族，总之堂上的来宾都在"父辈"。

三、"三命逾父兄"的场合问题

方才所引杨伯峻关于三命不同礼数的那段论述，本是用以解释《左传》昭公十二年（前530）中的如下故事的：

> 叔孙昭子以再命为卿。及平子伐莒克之，更受三命。叔仲子欲构二家，谓平子曰："三命逾父兄，非礼也。"平子曰："然。"故使昭子。昭子曰："叔孙氏有家祸，杀适立庶，故婼也及此。若因祸以毙之，则闻命矣。若不废君命，则固有著矣。"[2]

这个故事，为爵级、命数与席次的关系，提供了又一实例。叔孙昭子原

---

〔1〕 杨伯峻：《春秋左传注（修订本）》，北京：中华书局1990年版，第1336页。
〔2〕《春秋左传正义》卷四五，阮本，第2062下栏—2063页上栏。

先以再命为卿，在其晋升三命之后，叔仲子就以"三命逾父兄，非礼也"为辞，到季平子那里去挑拨叔孙氏与季孙氏两大家族的关系。季平子随即让叔孙昭子自行贬黜，放弃三命，没想到立遭叔孙昭子的严词拒绝。叔孙昭子说，叔孙家族曾出现动乱，嫡子被杀，最终由我这个庶子做了族长。若想利用家祸灭我，那我闻命了；"若不废君命，则固有著矣"，如果不让鲁君对我的晋升作废，那个"著"便不可变动。

所谓"著"，是先秦朝班的标志物，用草木制成，置于朝廷之中，以便官贵们在朝会时找到自己的位置。《周礼》所谓"三槐九棘"大约就是这类东西。再看《左传》昭公十六年（前526）下文，其中就有一个"著位"的细节：

> 晋韩起聘于郑，郑伯享之。子产戒曰："苟有位于朝，无有不共恪！"孔张后至，立于客间，执政御之；适客后，又御之；适县间。客从而笑之。事毕，……子产怒曰："孔张，君之昆孙、子孔之后也，执政之嗣也。为嗣大夫，承命以使，周于诸侯，国人所尊，诸侯所知。立于朝而祀于家，有禄于国，有赋于军，丧祭有职，受脤归脤，其祭在庙。已有著位，在位数世，世守其业，而忘其所！"[1]

晋国的韩起来到郑国访问，郑国的子产主持这次外事活动，要求"有位于朝"的官员都要参加，且以恭敬谨慎自律。然而大夫孔张不但迟到了，而且竟然没找到自己的班位。事后子产便斥其"已有著位，在位数世，世守其业，而忘其所"。这个"著位"，显然就是"苟有位于朝"的那个"位"，也就是用"著"来标志的固定班位。"而忘其所"的那个"所"，显然也指"著位"。孔张居然忘了自家的"著位"在哪里，真是匪夷所思，也许精神出了问题。从"已有著位，在位数世，

---

[1]《春秋左传正义》卷四七，阮本，第2079页上栏—中栏。

世守其业"一语可知，朝廷或宗庙里的这个"著"有时可以数世不变，由某家族长期拥有，那是他们家的固定班位。

回头再看鲁国的叔孙昭子，他所说的"则固有著矣"，并不意味着他此前无"著"。郑国的孔张最多只是再命，然而也有"著位"，这说明再命者在朝堂上也有"著位"。以此推论，叔孙昭子在再命之时，必定也是有"著"的。升了三命之后，班位随即上升，由此叔孙昭子的"著"变动了，应当是向前移动了。昭子宣称"则固有著矣"，意谓那个"著"既已立在新的位置，便不可以拔出来插回原位了，由此表达了"我的三命不可变动"之意。那么一个制度便清晰起来了：命数与班位是联动的关系，命数变了，班位就得跟着变，"著"就得向前移动。孔张家族的著位一直没变，究其原因，应是其家族的历代官爵命数一直没变造成的。

叔仲子挑剔叔孙昭子的口实是什么，杜预的解释是"言昭子受三命，自逾其先人"，"先人"即叔孙昭子的父亲叔孙豹。杜预由此推断叔孙豹只是再命。孔颖达疏还引证《礼记·文王世子》的"虽有三命，不逾父兄"之文，认为"昭子受三命，自逾其先人，以此为非礼也"，即，昭子以其三命逾越了其父叔孙豹的再命，而这就是"非礼"。孔疏继续推论：季平子一时糊涂，相信了叔仲子，便让叔孙昭子自行贬黜；随后遭叔孙昭子反击，才知道是自己弄错了，才知道"三命不逾父兄"之礼，说的是内朝公族会聚时的坐席，并不是说子弟的命数不能超越父兄，"非谓不得受三命逾父兄也"[1]。

对"自逾其先人"之说，经学家多从之，还由叔孙豹的例子进而去辨析"三命书氏，二命书名，一命书人"问题。然而这个"自逾其先人"之说，窒碍甚多。首先，叔孙昭子的父亲叔孙豹生前高居"介卿"，系鲁国二号领导人，杰出的贵族政治家、外交家，如果仅以再命终其一生，似不合理。叔孙豹还曾荣获周天子赐予的"大路"之

---

[1]　以上亦见《春秋左传正义》卷四五，阮本，第 2063 页上栏。

车，朱鹤龄便以此为证，推定叔孙豹已是三命之人了[1]。其论证不无道理。其次，季平子自己就位在三命，怎么会弄不懂"三命逾父兄"是什么意思呢？那么多年的执政官儿白当了？第三，叔孙家族的人"自逾其先人"，又关季孙氏什么事呢，季平子管得也太宽了吧。

不过，孔疏在论证时征引了《礼记·文王世子》"虽有三命，不逾父兄"一语，这倒提示了新的线索。《礼记·文王世子》主要讨论世子及贵族子弟的教育与管理，其中跟"逾"或"不逾"相关的内容，摘引如下：

> 庶子之正于公族者，教之以孝弟睦友子爱，明父子之义，长幼之序。其朝于公，内朝则东面北上，臣有贵者以齿。其在外朝，则以官，司士为之。其在宗庙之中，则如外朝之位，宗人授事，以爵以官。……
>
> 庶子治之，虽有三命，不逾父兄。……若公与族燕，则异姓为宾，膳宰为主人，公与父兄齿。……公族朝于内朝，内亲也。虽有贵者以齿，明父子也。外朝以官，体异姓也。宗庙之中，以爵为位，崇德也；宗人授事以官，尊贤也[2]。

---

〔1〕朱鹤龄："按《周礼》，一命受爵，再命受服，三命受车焉。襄二十四年穆叔如周贺城，王赐之大路。天子赐之，无不受之理。穆叔以上卿无路，故受之而不敢用耳。叔仲子谓叔孙豹三命逾父兄为非礼，盖诬之之辞。其实穆叔已受三命。"见其《读左日钞》卷八《叔孙未乘路》，《景印文渊阁四库全书》，第 175 册第 156 页上栏。朱鹤龄以曾受天子之车，来证明叔孙豹已是三命，其说可从。查《礼记·郊特牲》："大路繁缨一就，先路三就，次路五就。"《礼记正义》卷二五，阮本，第 1444 页下栏。可知大路高于先路，先路高于次路。鲁君曾赐晋国三帅以先路、三命之服；郑君曾赐子展以先路、三命之服，赐子产以次路、再命之服，这样的例子，都说明车服与命数相关。国君赐卿通常以先路、次路，天子所赐之车则以"大路"为名。得到周天子大路之赐的，有周初大分封时的鲁公、康叔、唐叔，有成为霸主之时的晋文公，可知赐大路的礼遇是非常崇高的。除了叔孙豹，列国之卿曾得天子大路之赐的，还有郑国的司马公孙虿。（以上均见《左传》）叔孙豹应已获得三命，所以周天子赐以大路；反过来说，周天子之赐大路，应与叔孙豹的三命地位相称。

〔2〕《礼记正义》卷二〇，阮本，第 1407—1409 页。

"公族"就是国君的同族。上文涉及了公族成员在内朝、外朝与宗庙三种场合中的班位，其班位分别由庶子、司士、宗人三官负责。

若公族成员在内朝、即路寝之内朝见国君，则由庶子安排班位，公族成员面朝东，以北为上。面朝东，也就是处于场面的西部，这里是宾位，置于宾位则是优崇的意思。班位采用"序齿"之法，年高者居北。在这时候，"臣有贵者以齿"，"虽有三命，不逾父兄"，哪怕你贵在三命，也得按年齿叙班，让父兄居先。

若公族成员在外朝朝见国君，则改由司士来安排班位，叙班原则变成了"以官"，公族与异姓混同排列、一视同仁，爵命高者居上。

若公族成员参与宗庙礼典，则由宗人安排班位，其原则是"以爵＋以官"。"以爵"，就是根据是卿、是大夫还是士，来确定班位高下与行事次序。"以官"，指宗人根据职官所分配的祭祀事务，如郑玄所注："以官，官各有所掌也。若司徒奉牛，司马奉羊，司空奉豕。""以爵＋以官"，也就是兼顾爵位和职掌。

需补充说明，宗庙祭祀的班位是比较复杂的，在祭祀进程的不同环节，分别使用"序昭穆""序爵""序事""燕毛"规则[1]。献祭的环节"以爵＋官"，即兼用"序爵"与"序事"之法。例如君主献祭时，还要穿插着以玉爵献卿、以瑶爵献大夫、以散爵献士——这时用"以爵"之法，按爵级高下分别献酒；到了旅酬赐爵的环节，就变成"昭与昭齿，穆与穆齿。凡群有司皆以齿"了，改按年齿决定行爵次序了[2]。"宗庙尚亲"之说就是这么来的[3]。祭祀完毕还有燕饮环节，燕饮坐席用"燕毛"之法。所谓"燕毛"，就是按头发的黑白程度定

---

〔1〕《礼记·中庸》："宗庙之礼，所以序昭穆也。序爵，所以辨贵贱也。序事，所以辨贤也。……燕毛，所以序齿也。"《礼记正义》卷五二，阮本，第1629页上栏。

〔2〕《礼记·祭统》，《礼记正义》卷四九，阮本，第1606页上栏。

〔3〕"宗庙尚亲"语出《庄子·天道》。郭庆藩《庄子集释》卷五中："宗庙事重，必据昭穆，以嫡相承，故尚亲也。"北京：中华书局1961年版，第470页。"据昭穆"是"宗庙尚亲"的主要体现。

席次[1]，这是"序齿"的另一修辞，应不会真的比较头发颜色或掰开嘴看牙齿，都是按年龄定席次的意思。

采用"燕毛"的燕礼，只是燕礼之一种。国君宴享臣下，有族燕与非族燕两种情况。非族燕不用"燕毛"之法，遵循"序爵"规则。根据《礼记·燕义》，首先是坐席依爵："席，小卿次上卿，大夫次小卿，士、庶子以次就位于下。"其次是献酒依爵："献君，君举旅行酬而后献卿，卿举旅行酬而后献大夫，大夫举旅行酬而后献士，士举旅行酬而后献庶子。"[2]赘言之，非族燕的燕飨，其席次、爵次都依爵级而定。

综上所述，公族席次有四种不同情况——

表 2   四种场合中的公族叙班之礼

地　点	负责官员	叙班原则	意　义
内朝非族燕		以爵	明尊卑
内朝族燕	庶子	以齿	明父子
外朝	司士	以官	体异姓
宗庙	宗人	以爵＋以官（赐爵以齿）	崇德＋尊贤（长幼有序）

以此为前提，回头再看叔孙昭子的"三命逾父兄"的问题。众所周知，叔孙氏、季孙氏及孟孙氏都出自鲁桓公，所以合称"三桓"。三家既然同出一源，按照"公族，主君同姓昭穆也"[3]这个定义，"三桓"都是公族。《礼记·文王世子》所叙公族班位，正好适用于

---

[1]《礼记·中庸》郑玄注："燕，谓既祭而燕也。燕以发色为坐。祭时尊尊也，至燕亲亲也。齿，亦年也。"《礼记正义》卷五二，阮本，第 1629 页上栏。又称"尚毛"。《诗·小雅·常棣》毛传："王与亲戚燕，则尚毛。"《毛诗正义》卷九，阮本，第 408 页下栏。《国语·齐语》："班序颠毛，以为民纪统。"韦昭注："颠，顶。毛，发也。……言次列顶发之白黑，使长幼有等。"上海：上海古籍出版社1978 年版，第 224 页。

[2]《礼记正义》卷六二，阮本，第 1690 页下栏。

[3]《诗·魏风·汾沮洳》"殊异乎公族"郑玄笺，《毛诗正义》卷五，阮本，第 357 页下栏。

"三桓"。"三桓"专鲁之政，满朝都是他们三家的人，无论在内朝、外朝或在宗庙行礼，他们全都在场，彼此的班位高下，便可能牵一发而动全身。

公族在内朝会聚，其性质是家族亲人相聚。此时如孔疏所云："皆同姓之臣，不得逾越父兄，皆以昭穆长幼为齿，谓父兄虽贱而在上，子弟虽贵而处下。"这时就连国君也得跟父兄序齿，父兄的坐席居然可以在国君之上。《礼记·文王世子》说得非常清楚："若公与族燕，……公与父兄齿"，"公与族燕则以齿，而孝弟之道达矣。"郑玄注云："以至尊不自异于亲之列。"[1] 那么，"三命逾父兄"显然不会在族燕上发生，因为这时连国君都不能"逾父兄"，三命更没资格"逾父兄"了。

族燕之外的其他会聚，就不相同了，其时三命必逾父兄。郑玄概括说，"虽有三命，不逾父兄"的原则"唯于内朝则然"，"其余会聚之事，则与庶姓同。一命齿于乡里，再命齿于父族，三命不齿。不齿者，特为位，不在父兄行列中"[2]。我们现已知道，至少有三种场合，即内朝的非族燕、外朝会聚及宗庙会聚，是序爵不序齿的，谁官大、谁命数高，谁的班位就居前。在这时候，想来季孙氏及孟孙氏就会有若干"父兄"，因不及三命，就被叔孙家那位因乱上位的庶子给"逾"了。还有其他典礼上，例如在乡饮酒礼上，季孙氏及孟孙氏若与叔孙氏偶遇，因"三命不齿"，其父兄也会不幸遭"逾"。所以，并不是说叔孙昭子的命数"逾"了其父叔孙豹，而是说叔孙昭子的三命坐席"逾"了公族各位父兄。

竹添光鸿已看到三命是可以逾父兄的，他推测叔仲子的口实，是叔孙昭子并未参加伐莒之战，属无功晋升[3]。杨伯峻则指出，叔孙昭

---

[1]《礼记正义》卷二〇，阮本，第1408页中栏、1049页中栏。
[2]《礼记正义》卷二〇，阮本，第1408页中栏。
[3] 竹添光鸿："三命至重，不可轻加，必有功然后可，而叔孙为非命功之礼也。"《左氏会笺》，成都：巴蜀书社2008年版，第1822页。

子虽没参与伐莒之战，但其家族军队必定参战了，所以仍是以功受三命的[1]。此外还应注意，在叔孙昭子反击季平子时，并无一言涉及有功无功，只是强调"叔孙氏有家祸，杀適立庶，故婤也及此"，极力为自己的庶子身份辩护。叔孙昭子不会文不对题，东拉西扯吧？春秋社会嫡庶分明。《礼记·内则》："適子、庶子祇事宗子宗妇，虽贵富，不敢以贵富入宗子之家，……不敢以贵富加于父兄宗族。"[2]庶子"以贵富加于父兄宗族"乃是大忌，会遭遇白眼，引发抵制的。很可能叔仲子、季平子心底的"非礼"，其实是"庶子以三命逾父兄"了，"以贵富加于父兄宗族"了，那小子没资格！这样一点，被叔孙昭子一眼看穿，遂严辞驳斥。

无论如何，我们由此知道了爵位与齿位的更多细节。"三命逾父兄"与"三命而不齿"，乃是同一礼数的不同表述，其适用范围超出了乡饮酒礼，广及于外朝朝会、宗庙祭祀。叔孙昭子再命时尚没有"逾父兄"的问题，一旦三命，"逾父兄"的指责就冒出来了。这说明什么呢？这说明"再命不会逾父兄"。进而这就意味着，孔疏的"若其乡饮酒，诸侯之国，但爵位为卿大夫，虽再命一命，皆得不齿""于诸侯之国，爵为大夫则不齿"等说法，均与春秋礼制不符，不可信从。鲁国算是诸侯国吧？叔孙昭子曾是再命吧？然而鲁国的叔孙昭子再命之时，就没出现"逾父兄"的情况。显然，再命之人尚没有"不齿"的特权，他们仍须同父兄序齿——当然，只是跟同族的父兄序齿而已。

后代皇帝在宴享宗室时，为弘扬"亲亲"之义，有时就会取法周礼，用序齿之法，号称"行家人之礼"。如北魏孝文帝"申宗宴于皇

---

[1] 杨伯峻既云"叔仲子此言盖以为昭子伐莒未参加，不得有三命"，又认为"据十年《经》，鲁之季孙意如、叔弓、仲孙貜皆帅师伐莒，不过季平子为主帅而已。昭子虽未与师，其四分公室所得之师必出，或由叔弓率之，故亦以功受三命。杜注云'昭子不伐莒，亦以例加为三命'，可商"。《春秋左传注（修订本）》，第1336、1335页。
[2] 《礼记正义》卷二七，阮本，第1463页下栏。

信堂，不以爵秩为列，悉序昭穆为次，用家人之礼"[1]。又如清廷"每岁元旦及上元日，钦点皇子皇孙等及近支王、贝勒、公，曲宴于乾清宫及奉三无私殿。皆用高椅盛馔，每二人一席，赋诗饮酒，行家人礼焉"[2]。

还要说明，外朝与宗庙的会聚中是依官爵叙班，但与之同时，年齿仍被用来微调。《礼记·祭义》："朝廷同爵则尚齿"；又，"军旅什伍，同爵则尚齿"[3]。唐代的朝班就取法于周礼，制定了"职事同者先爵，爵同以齿"的条文[4]。

――――――

〔1〕 魏收：《魏书》卷一九中《任城王元澄传》，北京：中华书局1974年版，第464页。
〔2〕 昭梿：《啸亭续录》卷一《曲宴宗室》，《啸亭杂录》，北京：中华书局1980年版，第374页。
〔3〕 《礼记正义》卷四八，阮本，第1599页下栏、第1600页上栏。
〔4〕 欧阳修：《新唐书》卷四八《百官志三》，中华书局1975年版，第1236页。

「层级化」与「席位爵」

——试论东周卿大夫士爵之演生

一、层级、席次与爵级

中国传统爵制滥觞于周代，这个时代发展出了两套爵列：公侯伯子男爵，公卿大夫士爵。前者的通称是"五等爵"，后者为了便利，也可以称之为"内爵"[1]。对于五等爵的研讨，自20世纪30年代就风生水起，至今仍不断深入、新说迭出。否定西周存在五等爵的论点，看上去已取得优势。至于对西周公卿大夫士爵的质疑，就不像五等爵那么引人注目了。当然不是说既已质疑五等爵了，那么不质疑公卿大夫士爵的话，就不公平，而是说西周的公卿大夫士爵更为暧昧，其可信度，还不如五等爵呢。

当然，对公卿大夫士爵的质疑还是有的。例如20世纪80年代的赵伯雄、段志洪。赵伯雄从"大夫名称出现的年代"入手，指出《尚书》可靠的西周篇章中并没有"大夫"之称，有"大夫"字样的《金縢》《牧誓》等篇系战国作品；《诗经·北山》及《云汉》中的"大夫"即便可信，也是周厉王之后的事情了；金文中唯《大夫始鼎》有"大夫"，而王国维认为这件器物是伪器。"我们可以说，'大夫'这一名称的出现，大约是在西周的末期，而且很有可能是周室东迁以后的事情。"[2]

---

[1]《白虎通义》卷一《爵》有"公、卿、大夫者，何谓也？内爵称也"，"内爵所以三等何？亦法三光也"等语，用"内爵"指称公卿大夫。陈立：《白虎通疏证》，北京：中华书局1994年版，第16、19页。

[2] 赵伯雄：《周代大夫阶层的历史发展》，《内蒙古大学学报》1983年第2期，第2—3页。

在其之后，段志洪也指出殷商并无"大夫"称谓，在西周的早中期看不到"大夫"之称，"西周晚期开始出现了大夫这一等级称谓"；还有，"周初之'士'作为贵族称呼没有等级意义"[1]。赵文以西周无"大夫"之称一点，来论证西周社会中并没有一个"大夫阶层"；段文则从品位角度，论证西周晚期之前不存在大夫爵及士爵。

当然，今日重温这个问题，分析方法应有改进了。例如，大夫、士是人称、职称还是爵称，是否已组合为"卿—大夫—士"这样一套爵列了，不宜含糊笼统，理应清晰区分。无论如何，依据赵文及段文，至少西周前期、中期并不存在"大夫—士"这套爵列，很可能整个西周都没有。两千年来，论者一直用"卿—大夫—士"来排比西周职官、礼制，说西周某个官职是大夫一级或士一级的，某种礼遇是大夫一级或士一级的，这样的做法，至今仍时而有之，赵文及段文则把这样的做法釜底抽薪了。

本文拟对"卿—大夫—士"这套"内爵"继续探讨，首先是探讨它们在西周之"无"，进而推测其如何"从无到有"。证成"无"的方法，赵文及段文的方法是"破"，即否定西周有"大夫"。本文的方法是"立"，即观察西周表述职官层级的概念是什么，如果那是另一套概念，而不是"卿—大夫—士"，那也能说明这套内爵在西周并不存在。随后，是东周的"卿—大夫—士"如何"从无到有"。在此，本文将在原理层面揭举"层级化"和"席位爵"两个概念，把它们用于观察分析。这两个概念初看上去比较生冷，下面就来逐步解释。

探讨爵制演生，就绕不过"什么是爵"这个问题。假设有人说，某某称谓只是一个尊号、但还够不上爵，那么困惑就应声而来了。查《白虎通义·考黜》："爵者，尊号也。"[2]"爵"是用来标志高贵身份

---

[1] 段志洪：《周初无大夫称谓考》，《四川大学学报》1988 年第 2 期，第 99 页；《周代卿大夫研究》，台北：文津出版社 1994 年版，第 9—14 页。

[2] 陈立：《白虎通疏证》，第 313 页。

的东西，"尊号"不就是这种东西么？二者有何区别呢？理论辨析的
必要性，由此而见。讨论伊始，就应把"尊号"与"爵列"二者区分
开来。"尊号"确实是制造爵列的"原材料"，但它们还要组织起来，
若干尊号高下有序了，才能成为"爵列"。只有"爵列"出现了，才
能说爵制演生了。纵观周秦汉间的爵制发展，本文利用如下诸点，来
确认观察爵列的演生：

1. 若干尊号组成为高下序列。

2. 各尊号对应着不同权益礼遇。

3. 尊号的予夺升降遵循一定规则、程序。

4. 这套尊号名之为"爵"。

在这一意义上，仅仅存在尊号，还不能认为存在爵列。从尊号的出现
到爵列的演生，是一个漫长历程，而不是一次立法定制的成果。暂
且把西周称为"前行政化时代"，春秋称为"准行政化时代"，把战
国变法以后的时代认作"官僚行政时代"，那么具备上述四个特点的
五等爵及内爵，应是在"准行政化时代"，即春秋时代，才发展完
备的。

一批尊号的存在，作为"原材料"，就构成了爵列生成的基础。
殷周尊号的主要来源有二：亲称与职名。各种亲称，如父老与子弟之
称、长兄与诸弟之称等，是很容易被"行政化"，被用作尊号、官号
或爵号的。职称来自氏族、部落内部事务的复杂化。当"行政"开始
萌芽，若干公共事务固定化了，需要由专人长期承担了，"职官"便
应运而生。虽然现实中不乏官、爵不分的情况，但在理论上，却有必
要把职官与爵级区分开来。一个职官由一份事务、权力、责任、资源
构成，而爵级是一种品位，用以标示个人身份的高贵程度。进而职官
与爵级之间还会发生如下情况：职名可以变为爵名，层级可以催生
爵级。

对"职名可以变为爵名"这个规律，以往我曾有揭示。在人类社
会的等级品位现象中，我发掘出了一个"职阶转化律"，表明职位是

可以变成级别的。在历代品位变迁史上，职位之转化为爵级、位阶，乃是经常现象。例如，秦汉军功爵名来自军职，唐代勋官之名来自府兵军职，宋前期寄禄官名来自唐代省部寺监的官职，等等[1]。在传统爵制的演生阶段，职名演化为爵名这样的事情，也会发生。

在"职阶转化律"的基础上，本文再行揭示一条"技术原理"："层级可以催生爵级"。即，行政层级这东西，也是可以转化为品位的。具体说是这样的：随行政体制进化，就会发生职官的层级化。人们尝试把权责大小、事务简繁相近的官职置于同一层次，予以命名，给予同等待遇，以便更精准地分等管理，由此，"行政层级"便发展出来了。为了理解何为行政层级，不妨看一看当代政府组织，所谓乡镇科级、县处级、司厅级、省部级、国家级，便呈现为五个层级[2]。进而职官的层级化，在一定条件下又可以推动个人身份的品位化。比如说，与科级官职相关的个人资格、待遇、地位，如果也被视为"科级"，则这时的"科级"概念，就不只是职务层级了，因其具有了个人属性，而呈现出"品位"性质了；与处级官职相关的个人资格、待遇、地位，如果也被视为"处级"，则这时的"处级"概念，就不只是职务层级了，因其具有了个人属性，而呈现出"品位"性质了。

由此出发，在揭示爵制演生时，就可以把如下可能性纳入考虑了：

1. 职名演生阶段。随公共事务的专门化，职官、职名滋生了。

2. 层级化阶段。行政的进化推动了职官的分等分类，包括把职官区分为高、中、低不同层级。

3. 爵级化阶段。向有资格升入或业已升入某一层级的官员，赋予与此层级相称的爵级。

---

[1] 详见拙著：《中国古代官阶制度引论》，北京：北京大学出版社2010年版，第294—298页。

[2] 至于副科、正科，副处、正处这样的设置，在行政学上属于"职级"，即职务等级，而不是行政层级。科、处本身各自构成了一个行政层级。

当然，层级并不必定催生爵级，只是说层级的存在，为一对一（或一对若干、若干对一）地创设爵级提供了架构，但层级之演化为爵级，还有待于更多条件。在这时候，前文所揭爵制成立标准中的第 4 点"名之为爵"，就显示出了必要性。

可能有人认为，"名之为爵"不能算作爵制成立的必要条件，若前三点已经具备，这套品位即便不叫"爵"，那也足以发挥同样的功能了。而本文之所以把"名之为爵"列为一个观察点，是因为"爵"字有特殊意义。"爵"本指酒爵。酒之爵与人之爵使用着同一个"爵"字，暗示二者间存在内在联系，这就把人们引向层级演化为爵级的一个必要条件或中间环节——饮酒礼了。

日人西嶋定生把"爵"之起源，追溯到了乡饮酒礼的坐席。他认为，乡饮酒礼上的席次和爵次严格依照长幼尊卑，这种体现了长幼尊卑的席次与爵次，就是原生意义的"爵"："爵是行礼的酒器，修爵即用爵巡饮，则是饮酒仪礼的施行；那时，坐席的序列即成为爵的巡行的序列，亦即爵列、爵次。"[1] 除此之外，古人还有一个"大夫以上与宴享，然后赐爵以章有德，故因谓命秩为爵"的论点[2]。语中第一个"爵"是酒爵，第二个"爵"是命秩、班位。我们推测，在国君举行的高规格宴享上，大夫以上才有资格登堂安坐，执爵而饮，供大夫登堂安坐、执爵而饮的席位，就是"大夫"的"爵位"。以此类推，卿爵、士爵也都由饮酒礼上的席位发展而来。封授之爵、饮酒之爵，由此显现出了内在联系。

若把标示官员品位的爵位称为"品位爵"，那么这种由执爵而

---

〔1〕　西嶋定生：《中国古代帝国的形成与结构：二十等爵制研究》，北京：中华书局 2004 年版，第 429 页。
〔2〕　这条材料，我最初引自黄公绍、熊忠：《古今韵会举要》卷二八"十药"引《开元文字音义》，北京：中华书局 2000 年版，第 457—458 页。后来，我对其来源又做了检索，目前认定它出自南宋绍兴进士毛晃所著《增修互注礼部韵略》。详见拙作：《〈增修互注礼部韵略〉之"大夫以上云云"——一条涉及"席位爵"的史料溯源》。此文已收入本书。

饮的席位所构成的"爵",就不妨称为"席位爵"。这里的"席位",兼含坐席与站位。这是一种原生态的"爵位",看得见、摸得着的"爵位",有爵(酒爵)、有位(席位)。创制"席位爵"这样一个概念,将给随后的阐述带来重大便利。我坚持认为,在先秦时期凡是被称为"爵"的品位,其演生都与饮酒礼相关,否则无法解释它们为什么以酒爵之名为名。公侯伯子男爵亦然。在爵列之外,周代另有两套等级。一个是"侯、甸、男、卫"构成的诸侯等级,因其演生与饮酒礼无关,所以古人并不称之为"爵",只称为"服";还有一个由一命、再命、三命构成的命数等级,它由册命次数发展而来,因其演生与饮酒礼无关,所以古人也不称之为"爵",只称为"命"。

从"席位爵"出发,可以引申出一个方法论问题。"席位爵"本质上是一种可视化的地位,体现为特定场合中人与人的空间关系,这种安排可以固化为一种尊卑秩序。历代王朝都有朝班制度,连绿林英雄也有"排座次"之举,甚至日常酒宴的席次也有各种讲究。依身份而定坐席,极简便易行,在众人群聚时可以随时发生。在"品位爵"问世之前,"排座次"的现象早已存在了。乡饮酒礼源于氏族会食共饮,其时的席次、爵次,逐渐进化为一套精致的礼俗。乡饮酒礼的坐席规则,又被国君与卿大夫的飨燕之礼袭用了,进而推动了"卿—大夫—士"这套爵列的演生。

这就意味着"位"在推动爵制发展上,曾是一个相当能动的因素。被名之为"爵"的那套品位,在很长一段时间中,依然具有浓厚的空间意味,跟群聚之时各色人等所占据的不同位置相关,看得见、摸得着,具有可视性。由《左传》《国语》等史籍就能看到,在春秋之时,"爵""班""位"几乎就是同义词,由此还滋生出了"班位""班爵""爵位"这样的组合词。有那么一段时间,一说到"爵",在周人的脑海之中,便会浮现出相关典礼上有序排列的坐席与站位。通过一一考察各种尊号来探索爵制演生,是以"号"为中心的思路，也是很多学者已经做过的事情；而若以"位"为中心，通过典礼上的席次、爵次来探索爵制演生，便有望开辟一条全新的战线。

"层级化""席位爵"概念，初看上去纯属理论推演，过于抽象了。然而"工欲善其事，必先利其器"，对研究者来说，"器"就是分析工具。尤其对于官制研究，事涉结构、功能与机制，"方法论"就成了制胜的途径之一。设计得当的概念工具，将展示锐利的分析能力。随后可以看到，本文所拟定的这两个概念，以及所阐述的"技术原理"，全都跟史实水乳交融。

二、层级化：卿士—师尹—御事

由前揭"层级化"概念出发，可以发现春秋时的习惯层级表述"卿—大夫—士"，在西周阙如。在西周大部分时期，君臣所习用的是另一套层级概念，由"卿士""师尹""御事"等构成。请看：

> 1.《尚书·洪范》：王省惟岁，卿士惟月，师尹惟日[1]。
>
> 2. 叔多父盘：利于辟王、卿事、师尹[2]。
>
> 3.《尚书·微子》：殷罔不小大，好草窃奸宄，卿士、师师非度[3]。
>
> 4. 矢令方尊、矢令方彝：令舍三事令，暨卿事寮、暨诸尹、暨里君、暨百工……[4]

---

[1]《尚书正义》卷一二，阮本，第 192 页中栏。

[2] 吴镇烽编：《商周青铜器铭文暨图像集成》，上海：上海古籍出版社 2012 年版，编号 14533，第 25 册第 583 页。

[3]《尚书正义》卷一〇，阮本，第 177 页中栏。

[4] 分见中国社会研究院考古研究所编：《殷周金文集成（修订增补本）》，北京：中华书局 2007 年版，编号 6016，第 5 册第 3705 页；9901.1，第 6 册第 5213 页。

5. 清华简《系年》：厉王大虐于周，卿事、诸正、万民弗忍于厥心[1]。

这些引文中所见"卿士—师尹""卿事—诸正"等层级措辞，就是我们此时所关注的。

第 1 条《洪范》用岁、月、日阐说职官。伪孔传发挥其义："王所省职，兼所总群吏，如岁兼四时；卿士各有所掌，如月之有别；众正官之吏，分治其职，如日之有岁月。"这个"卿士—师尹"提法，跟春秋习用语"卿—大夫—士"，显系两套不同话语，呈现出了鲜明的时代差别。继续看，就能看到这个"卿士—师尹"，乃是西周表述官僚层级的习用语。

第 2 条叔多父盘铭文中，恰好也出现了"卿事、师尹"。李学勤以此论证《洪范》为西周作品、叔多父盘不是伪器，并采用屈万里之说，释"师尹"为"众官长"，还指出"师尹"一词犹如"百僚庶尹"中的"庶尹"[2]。第 3 条《尚书·微子》中的"师师"，前一个师字训"众"，后一个师字训"长"，义同于"师尹"。这个"师师"恰好也被列在"卿士"之下。参照前三条，则第 4 条中的"诸尹"，第 5 条中的"诸正"，也都是"众官长"的意思；诸尹、诸正，是卿士之下那个层级的各位官长之总称。

西周文献及金文中，罗列官名的情况屡屡而有。虽表达方式纷纭多样、或简或繁，"层级化"既已处于"进行时"了，那么，层级结构总会在职官称述中表露出来。上揭 5 条史料就展示了西周职官的基本层级。尤其是第 1 条《尚书·洪范》的"王、卿士、师尹"，及第 5 条《系年》的"王、卿事、诸正、万民"，可以证明卿士与师尹，

〔1〕 李学勤主编：《清华大学藏战国竹简（贰）》，上海：中西书局 2011 年版，第 136 页。
〔2〕 李学勤：《论卿事寮、太史寮》，《松辽学刊》1989 年第 3 期，第 25 页；《叔多父盘与〈洪范〉》，《华学》第 5 辑，中山大学出版社 2001 年版，第 110 页；《周易溯源》，成都：巴蜀书社 2006 年版，第 28 页。

或卿事与诸正,是君王之下、民众之上的两个不同层级。

西周后期,王廷执政大臣多称"卿士"。杨宽认为,卿士或者用作卿的通称,或者专指总领诸卿的执政大臣[1]。李学勤的看法与之相似:"卿士一词有广狭两义。广义泛指众卿,狭义专指执政之卿。"[2]两先生都认为"卿士"有广狭二义。不难想象,在其通称或广义的用法上,这个职名开始向层级之名演进,可以用来指称同一层级的各种官员了。按,西周卿事寮之外,还存在着大史寮、公族、内廷官等多个职类,以"卿士"指称"师尹"之上的那个层级,是以偏代全了。然而这并非不合理,反倒是古今一贯做法。比如今之"省级行政区"的提法也是以偏代全的——除省之外,这个层级还包含自治区、直辖市和特别行政区呢。

在"公卿"这个语词中,"公"居"卿"上。西周的"公"或说是爵,或说不是爵,只是执政大臣之尊号。无论如何,"公"处于等级顶端,居其位者往往另有官职。西周成康之际,召公为太保,周公为太傅,太公为太师,毕公为太史,毛公官职不详,苏公为太史兼司寇——六公中有五公有官职可考。可见"公"这个尊号,已跟职官分离开来了,它既可指称太保、太师、太史等职官构成的那个层级,也标识出了任职者个人的崇高品位。换言之,"公"既是层级之名,也是爵级之名。杨宽认为,"公"作为执政大臣太保、太师、太史的爵称,十分明显[3]。行政原理表明,层级越高,品位化程度越高,层级顶端的品位化通常最早最高。所以最顶端的官贵最早获得了"公"这个爵称,并不在意料之外。

"公"作为执政大臣,从层级角度看,同于狭义的、即"执政之卿"意义上的"卿士"。广义的"卿士"指"众卿",在西周对应着卿事寮中的司徒、司马、司空之类职官。司徒、司马、司空这一层级的

〔1〕 杨宽:《西周史》,上海:上海人民出版社 2003 年版,第 321 页。

〔2〕 李学勤:《论卿事寮、太史寮》,第 25 页。

〔3〕 杨宽:《西周史》,第 339 页。

长官，后来省称为"卿"。列国无"公"，"卿"就成了列国的执政大臣之称了，直到春秋。春秋时代，鲁国三卿为司徒、司马、司空，郑国六卿为当国、为政、司马、司空、司徒、少正，宋国六卿则是右师、左师、司马、司徒、司城、司寇。晋国比较特殊，以三军将佐为六卿。层级意义上的"卿士"，其结构示意如表1：

表1　卿士的层级结构

卿士	狭义：执政大臣，同于"公"
	广义：众卿，如司徒、司马、司空之类

西周"卿士"或"卿事"作为层级之称，已比较固定。居其之下的"师尹"层级不尽相同，用来指称这个层级的语词，还有"庶尹""诸尹""百尹""诸正""师师""师长"等。名称不够固定，表明其层级化程度稍逊于"卿士"。

"大夫"似乎也可以指称"师尹"层级。《尚书·牧誓》《逸周书·祭公》都有"大夫、卿士"这样的表述[1]。不过，《尚书·牧誓》有人认为是战国拟作；《逸周书·祭公》之所述，又见于清华简《祭公之顾命》[2]，然而类似的句子在《礼记·缁衣》中被引作"《叶公之顾命》"[3]。这两处"大夫"只能半信半疑。就算这两处"大夫"可信，它们也只是层级之名，而非爵称。又小盂鼎铭文中有"三事大夫"，李学勤认为就是"朝臣卿大夫"，清人胡承珙把三事大夫释为"在内卿大夫之总称"，李学勤认为"其说最为妥当"[4]。"三事""三

〔1〕分见《尚书正义》卷一一，阮本，第183页中栏；黄怀信、张懋镕、田旭东：《逸周书汇校集注（修订本）》，上海：上海古籍出版社2007年版，第938页。

〔2〕《祭公之顾命》："汝毋以俾（嬖）士，息（塞）大夫、卿士。"李学勤主编：《清华大学藏战国竹简（壹）》，上海：中西书局2010年版，第174—175页。

〔3〕《礼记·缁衣》引"叶公之《顾命》"作"毋以嬖御士，疾庄士、大夫、卿士"。《礼记正义》卷五五，阮本，第1649页上栏。

〔4〕李学勤：《释多君、多子》，收入胡厚宣主编：《甲骨文与殷商史》第1辑，上海：上海古籍出版社1983年版，第15页；《小盂鼎与西周制度》，《历史研究》1987年第5期。

吏""三有司"等语词本是专称，特指常伯、常任、准人[1]，或特指司徒、司马、司空[2]。若其说不误，看来"三事大夫"也被用为卿大夫总称了。在这个现象的背后也有规律，就是总称可以变成专称，专称也可以用作总称。每当遇到这种情况，就要对总称、专称的关系加以辨析。

在"师尹"层级之下，还有一个低级职官层级。春秋时这个层级的通称是"士"，而在西周，这个层级另称"百执事"或"御事"。请看：

1.《尚书·盘庚下》：呜呼！邦伯、师长、百执事之人，尚皆隐哉[3]。

2.《逸周书·大匡》：王乃召冢卿、三老、三吏大夫、百执事之人，朝于大庭[4]。

3.《尚书·大诰》：肆予告我友邦君越尹氏、庶士、御事。……义尔邦君越尔多士、尹氏、御事[5]。

4.《尚书·顾命》：乃同召太保奭、芮伯、彤伯、毕公、卫侯、毛公、师氏、虎臣、百尹、御事[6]。

5.《尚书·酒诰》：厥诰毖庶邦庶士，越少正、御事……。文王诰教小子、有正、有事：无彝酒[7]。

〔1〕《尚书·立政》："王左右常伯、常任、准人"，"任人、准夫、牧，作三事。"《尚书正义》卷一七，阮本，第230页中栏，第231页中栏。

〔2〕郭沫若："古有三事大夫，仅司徒、司马、司空，而不及司寇也。"《周官质疑》，收入《金文丛考》，北京：人民出版社1954年版，第76页。张亚初、刘雨："三事也是指司徒、司马、司空。'三事'也称为三事大夫。"《西周金文官制研究》北京：中华书局1986年版，第58页。

〔3〕《尚书正义》卷九，阮本，第172页中栏。

〔4〕黄怀信、张懋镕、田旭东：《逸周书汇校集注（修订本）》，第147页。注释者把"三吏大夫"点断，作"三吏、大夫"，亦通。这里暂从陈梦家、李学勤意见，以"三吏大夫"为一名。

〔5〕《尚书正义》卷一三，阮本，第198页下栏、199页上栏。

〔6〕《尚书正义》卷一八，阮本，第237页下栏。

〔7〕《尚书正义》卷一四，阮本，第205下栏—206页中栏。

第 1、2 条中的"百执事",处于"师长""三吏大夫"之下,显系低级职官通称。"执事"的本义是有职守的人,"百执事"系有职守的百官的总称或泛称,然而当高官另有称谓、以示区别之时,"百执事"这个职官总称或泛称,就变成低级职官之专称了。

第 3、4 条中的"御事",处于"尹氏"或"百尹"之下。"御事"一职,在卜辞、在《尚书》里时时出现。王贵民认为"御"意为"迎迓","御事"就是"迎接事务",转指承担事务的官员[1]。刘雨、张亚初说"御事是指用事之人,即泛指百官,所以此'御事'是职官的泛称"[2]。然而当高官另有称谓、以示区别之时,"御事"这个职官总称或泛称,就变成低级职官之专称了。

第 5 条居"御事"之前的"少正",意为"小正",正如"少卿"又作"小卿"、"大尹"之外又有"小尹"一样,"小正"是相对"大正"而言的[3]。"小正"是小官,身份同御事相去不远,所以跟庶士、御事并列。下文又说到"有正、有事"。"正"通"政",即重要政务;相对于"政","事"特指日常事务。"有正"就是重要政务的承担者,"有事"及"御事""百执事",就是日常具体事务的承担者。西周君臣对政务、事务之别,似乎已有认识了,并以此来定性不同的职官层级。

在此条与第 2 条之中,还有"庶士"。"士"的本义是成年男子,后来演变为贵族通称,相应地便有了"多士""庶士"等语词。然而当高级贵族、高官及有官职者另有称谓、以示区别之时,"庶士"这个贵族总称或泛称,就变成低级贵族、低级职官或尚无固定官职的贵

---

[1] 王贵民:《说御史》,收入胡厚宣主编:《甲骨探史录》,北京:三联书店 1982 年版,第 322 页。

[2] 刘雨、张亚初:《西周金文官制研究》,第 58—59 页。

[3] "大正"可参《逸周书·尝麦》及叔良父匜。分见黄怀信、张懋镕、田旭东:《逸周书汇校集注(修订本)》,第 722 页;刘雨、卢岩编:《近出殷周金文集录》,北京:中华书局 2002 年版,编号 1016,第 4 册第 23 页。

族之专称了[1]。

在表达层级时，还存在"上兼"或"下兼"的简化说法："师长、百执事"这种措辞中的"师长"，属于"上兼"，把"卿士"也包含在内了；"卿事、诸正、万民"这个提法中的"诸正"，则属"下兼"，把"御事"也包含在内了。无论如何，穿透各种错杂歧异的表达方式，仍能看到一个基本的层级架构，即"卿士—师尹—御事"。在称述职官时人们措辞纷纭不一，但都是以这个架构为背景的。这个架构显属层级，而非爵级。虽然"公"可以说成爵，"卿士"恐怕就不能说成爵，"师尹"显然不能说成爵，"御事""百执事"绝对不能说成爵。

总之，西周君臣是立足于"卿士—师尹—御事"架构来称述职官层级的，而不像春秋以降，习用"卿—大夫—士"称述职官层级。比如说吧，同是借用岁、时、月、日来阐述各级官爵，《尚书·洪范》的说法是"王省惟岁，卿士惟月，师尹惟日"，而《国语·楚语下》的说法是"诸侯舍日，卿大夫舍月，士庶人舍时"[2]，前者采用"卿士—师尹"概念，后者采用"卿—大夫—士"概念，差异较然可见。究其原因，就是西周并不存在"卿—大夫—士"爵列，或者说卿、大夫、士在西周尚未组成为爵列。赘言之，西周已有层级，但无爵列。

三、席位爵：卿—大夫—士

东周王室大为衰落，列国却赢得了更大发展空间，其制度进化

---

[1] 当然，无固定官职不等于无所事事。"庶士"仍然要承担各种随机临时的事务。比如出使。在担任使者时，"庶士"又称"王人"。就其没有日常职事、但要承担随机临时差使而言，这种"庶士"很像秦汉的大夫、郎。秦汉的大夫、郎中无日常固定职事，但要承担各种随机差使。因为庶士仍然要承担临时事务，所以与尹氏、御事并列。金文中有"士上""士道""士昏"，这种以"士＋私名"为称的人，很可能就是"庶士"之属，即无固定职事的临时事务承担者。

[2] 《国语》，上海：上海古籍出版社1978年版，第567页。

加速。阅读西周制度，王廷制度占满了视野；阅读东周制度，列国制度充斥篇幅。西周的职官之名，大部分被东周沿用了，纵有变化，其轨迹也班班可考，唯独"大夫"不然。"大夫"在西周默默无闻、若有若无，到东周忽然成了暴发户，不仅遍布史籍，而且拉着"卿"与"士"组团结伙，共同构成了一个爵列。为什么独独是卿、大夫、士这三者"桃园三结义"了呢？人们久已习惯了这套爵列，便觉得那是理所当然。然而做研究，不就是要在熟视无睹之处划问号么。仅就西周资料而言，看不清楚卿、大夫、士三者间有什么特殊关系。

西嶋定生率先把"爵"之起源追溯到了乡饮酒礼。本文继续前行，努力把这种追溯深化、细化、具体化，落实到乡饮三等席位上来。卿、大夫、士三者间的特殊关系，将在饮酒席次上展示出来。继"层级化"之后，"席位爵"概念整装待发。后文将论证，饮酒礼是这套爵列的接生婆，"席位爵"是"品位爵"的预备役，所以这套品位才会以酒爵为称。

爵列是一个结构。任何一个结构的演化生成，都是若干因子的互动结果。在职官结构与饮酒礼数之间，眼下所能看到的制度因子，大致如下：

1. 层级：即卿士、师尹、御事。
2. 命数：即一命、再命、三命。
3. 各种宾主：即子弟、父老、首领，拥有爵命的官吏。
4. 三等席位：堂下站位、堂上坐席、贵宾专席。
5. 三个称谓：卿、大夫、士。

随后的任务，就是把上述制度因子的互动原理、爵列的生成机制揭示出来。为便理解，这里先将"席位爵"的假说预告如下：卿、大夫、士本是乡饮礼宾用语，对应着乡饮三等席位；前来观礼的官员要按层级及命数在三等席位就坐，由此便获得了相应的"席位爵"；这三等席位被朝廷燕飨之礼承用，在朝廷燕飨时，在三等席位就坐的官员也以卿、大夫、士为称了；再进一步，就是"席位爵"进化为作为官员个人秩次的"品位爵"。

随后将依次讨论如下问题：乡饮酒礼的基本坐席规则；卿、大夫、士称谓与乡饮坐席之关系；"卿士—师尹—御事"通过乡饮获得"席位爵"的原理、机制；朝廷燕飨之礼对乡饮席位规则的袭用。

（1）乡饮酒礼的席位规则

乡饮酒礼的坐席是以什么方式维系长幼尊卑呢？现就以下两条史料，做一扼要说明：

> 1.《礼记·乡饮酒义》：乡饮酒之礼，六十者坐，五十者立侍[1]。
>
> 2.《周礼·地官·党正》：饮酒于序，以正齿位。一命齿于乡里，再命齿于父族，三命而不齿[2]。

第1条表明，乡饮来宾有坐有立。对所坐所立之处，陈澔有一简释："坐者，坐于堂上；立者，立于堂下。"[3]坐于堂上的是长者、父老，立于堂下的是幼者、子弟。子弟在堂下立侍，看上去是一个古老家内礼俗的放大版："凡父母在，子虽老不坐。"[4]在父母面前，子弟必须站立，以保持奉侍姿态。进而堂上、堂下的两批人，还要继续依年齿以定席位。这就是第2条所谓的"正齿位"。乡饮席位规则，就是根据辈分年龄，来决定坐于堂上或立于堂下，决定席位的居前或居后，以此来维系"长幼之序"的。

进而上引第2条表明，朝廷官员也可能应邀到场观礼，这时他们的席位，史称取决于其为一命、再命抑或三命。在这地方有三说可

---

[1]《礼记正义》卷六一，阮本，第1683页中栏。

[2]《周礼注疏》卷一二，阮本，第718页上栏。

[3] 陈澔：《礼记集说》卷一〇，南京：凤凰出版社2010年版，第474页。

[4]《礼记·内则》，《礼记正义》卷二八，阮本，第1467页下栏。

参：第一，杨倞认为一命者是士，再命者是大夫，三命者是卿[1]；第二，贾公彦认为一命者与乡人同居堂下，再命者与父老同居堂上[2]；第三，孔颖达认为士立于堂下，大夫坐于堂上[3]。参照诸说，一命之士应当跟堂下的乡人序齿，再命之大夫应当跟堂上的父族序齿；三命之卿地位崇高，特称"遵者"，不与任何人序齿，在酒尊之东为他们特设了贵宾席，此席可称"遵席"[4]。这就是所谓"三命而不齿"。乡饮酒礼的席位规则，就是以此维系尊卑之序的。

（2）卿、大夫、士称谓与乡饮席位之关系

古文字学家指出"郷""飨""卿"三字同出一源，或本即一字[5]。杨宽指出，乡饮酒礼起源于氏族聚落会食，这个礼俗可以简称"郷"或"飨"，郷、飨及卿字本为一字，其字形为"会食"之意。"飨"就是乡饮酒礼，"郷"就是一个共"飨"的共同体，"卿"则是一"郷"之长、共同体首领，当然也是乡饮主持人了。"卿"后来用为职官之称，便有了"郷老""郷大夫"等等官名，"郷大夫"也就是"卿大夫"[6]。这个论述超越了传统礼学，富有历史学与人类学色彩，含有一个时间维度、一个进化历程。若从这一角度看，许慎的"六乡，六卿

---

[1]《荀子·大略》："一命齿于乡，再命齿于族。三命，族人虽七十，不敢先。"杨倞注："一命，公侯之士；再命，大夫；三命，卿也。"王先谦：《荀子集解》，北京：中华书局1988年版，第493页。

[2]《周礼·地官·党正》贾公彦疏："一命齿于乡里，在堂下与乡人齿；再命齿于父族，父族为宾，在堂上。"《周礼注疏》卷一二，阮本，第718页下栏。

[3]《礼记·祭义》孔颖达疏："士立于堂下，大夫坐于堂上。"《礼记正义》卷四八，阮本，第1600页下栏。

[4] 关于"遵席"，可参拙作：《乡饮酒上的遵与僎》，《中华文史论丛》2018年第4期。已收入本书，改题《乡饮酒礼上的遵、僎异同及相关礼图纠葛》。

[5] 参看陈寿卿、吴式芬、徐同柏、方濬益、吴大澂、刘心源、强运开、高田忠周、斯维至、田倩君、林洁明、白川静诸说。周法高主编：《金文诂林》"卿"条，香港：香港中文大学出版社1974年版，编号1213，第5608—5624页；周法高编：《金文诂林补》"卿"条，台北："中研院"历史语言研究所专刊之七十七，1982年版，编号1213，第2512—2515页。

[6] 杨宽：《乡饮酒礼与飨礼新探》，收入《古史新探》，上海：复旦大学出版社2016年版，第218、221—222页。

治之"之说[1]，就很好理解了；礼书说"乡大夫"就是乡饮主人，也很好理解了。"卿"作为共同体首领、乡饮主人，在"飨"时自然拥有专席，此席可以称为"卿席"。"卿"既是官称，也是礼仪用语，指乡饮主人，并对应着一个特定坐席。

"卿"既与乡饮坐席息息相关，再来看"大夫"与乡饮之关系。从词源说，"大夫"与"大人"同义。"夫"是成年男子，字形作正面人形，最上面的那一横，据说有用簪加冠之意[2]，表明这个人是已冠之士。相应地，"大夫""大人"就是比"夫""士"高一等的长辈、尊者了。长辈、尊者称"大夫""大人"或 big man，在各民族中都是普遍现象。就东周秦汉看，父亲可称"大人"，母亲可称"大人"，长辈、尊者、豪强、首领都可以称"大人"。段志洪的考述表明，"大夫"之称来自"大人"，"大人"则是原始社会父家长之称；后来"大夫"成了一个爵级，于是就同"大人"分道扬镳，二者不再混用了[3]。其说甚是。而这就意味着，在"大夫"尚未成为一个爵级之前，"大夫"跟"大人"曾是同义词，二者可以通用。那么我推测，其实殷西周并不是没有"大夫"，其时"大夫"反倒是一个日常用语，就像东周秦汉时的"大人"一样，用作父母、长者、尊者之敬称，但因为它尚不是官名、爵名，所以很少见于官书、见于铭文。在乡饮酒礼上，坐于堂上的长辈、父老，即是"大人""大夫"。

"大夫"既与乡饮息息相关，再来看"士"与乡饮之关系。"士"本义是成年男子，所以"士女"可以并称。《管子·小问》："苗，始其少也，眴眴乎何其孺子也！至其壮也，庄庄乎何其士也！"[4]是少为孺子，及壮则为"士"，这个"士"既非官称，也不是爵称。《礼记·投壶》录有"鲁令弟子辞""薛令弟子辞"，是用来约束投壶礼上

〔1〕　许慎：《说文解字》卷六下，北京：中华书局 1963 年版，第 136 下栏—137 页上栏。
〔2〕　许慎："夫，丈夫也。从大，一以象簪也。"《说文解字》卷一〇下，第 216 页上栏。
〔3〕　段志洪：《周代卿大夫研究》，第 2—8 页。
〔4〕　黎翔凤：《管子校注》，北京：中华书局 2004 年版，第 969 页。

的弟子的；所谓"弟子"包括"冠士"与"童子"，即行礼时在场的青少年。所以《投壶》中又有"司射、庭长及冠士立者，皆属宾党；乐人及使者、童子，皆属主党"的记载[1]。孔颖达疏把"冠士"释为"成人加冠之士"，甚是。可见"冠士"非官非爵，只是本乡青年来宾而已。"冠士立者"一语，又表明"冠士"在行礼时立于堂下。投壶礼是乡射礼的缩微版，而乡射礼的饮酒环节同于乡饮，在乡饮、乡射时站在堂下的弟子，其成年者也是"冠士"。赘言之，乡饮酒礼上的"士"，是有站位而无坐席的子弟之称。可见"士"这个称谓，也跟乡饮酒礼息息相关。

在氏族会食共饮之时，堂下子弟也就是"士"，堂上父老也就是"大人""大夫"。"大夫—士"之关系，最初与"父老—子弟"关系无大区别。至春秋以降，大夫、士变成了朝廷命官，乡饮时大夫、士会前来观礼，为防止混淆僭越，本乡青年便另称"冠士"了，以区别于"命士"；"大人"意义的"大夫"之称被放弃，以避贤路，好让作为爵称的"大夫"一枝独秀。由此，乡饮时的堂上父老曾经也是"大夫"这一情况，便隐而不显了，在文献中湮灭了。

总之我的看法，是在古老的乡饮酒礼上，早已存在卿、大夫、士三等身份，他们各有其相应的席位。贵宾席、堂上坐席与堂下站位，分别是族长元老之席、父老之席、子弟之位，早已形成卿席、大夫席、士之站位了。这意味着先秦先后有过两套"卿—大夫—士"爵，一套是"席位爵"，一套是"品位爵"。作为"品位爵"来源的"席位爵"，比"品位爵"早得多了，甚至可以追溯到氏族时代。

（3）"卿士—师尹—御事"与"席位爵"

作为"席位爵"的卿、大夫、士早已存在了，但作为"品位爵"的卿、大夫、士，在西周尚不存在。在这个阶段，朝廷官员若来乡饮

---

[1]《礼记正义》卷五八，阮本，第1667页上栏。

观礼，会发生什么事情呢？下面继续推论。

首先从命数开始推论。根据"一命齿于乡里，再命齿于父族，三命而不齿"的规矩，这些官员要依命数而定乡饮席位。"命数"是从册命礼发展而来的，册命礼则是任官仪式。一次册命称为一命，若迁官就要再次册命，由此又有了再命、三命。册命次数同官职大小，本来没有严格的对应关系，既可能一命就做了大官，也可能三命仍是小官。但更多情况，仍是册命次数较多则官职就会升得较高，所以一命、再命、三命逐渐发展为一套品位了。一命是低级官员的品位，再命是中级官员的品位，三命是高级官员的品位。

再把"卿士—师尹—御事"三层级纳入考虑。可以这样推想：青年贵族初次做官、册命受职，首先步入的是"御事"层级，那么"御事"层级对应着一命；随年龄增加、资历积累，得以再次受命、升入"师尹"层级，那么"师尹"层级对应着再命；若能进一步擢为卿士，那就是三命之人了。这样想来，三层级与三等命数之间，可能存在一定的对应关系。当然西周的册命次数，可能还没进化为三等品位，这里只是借助春秋时"一命齿于乡里，再命齿于父族，三命而不齿"的礼数，来反推三等官员的乡饮席位而已。

以此为基础继续推理，当卿士、师尹、御事三等官员前来观礼之时，他们的坐席将是这样的——

御事一命，在堂下侍立，与"士"即子弟序齿；

师尹再命，在堂上安坐，与"大夫"即大人、父老序齿；

卿士三命，在"遵席"就坐。此席与主人"卿席"相邻，可以等量齐观。

换言之，当官员前来观礼时，御事的"爵位"同于"士"（冠士），师尹的"爵位"同于"大夫"（大人、父老），卿士的"爵位"同于"卿"（主人）。如前所述，三命之卿在贵宾席亦即"遵席"就坐，则"遵席"也算是"卿席"了。这个"遵席"与乡饮主人乡大夫的席位相邻，而乡大夫原即卿大夫，就此而言，"遵席"也是可以归入"卿"

席"的。这样一来，在乡饮场面上，卿士、师尹、御事三级官员都有其"爵位"了，"爵位"就是卿、大夫、士。虽说这一意义上的卿、大夫、士，只是执爵而饮的席位之名而已，属"席位爵"，然而后来王朝顺水推舟，把它们弄成"品位爵"了。拿表格来显示其间原理，更为直观——

表2　"席位爵"的生成原理示意

层级	命数	乡饮宾主	"席位爵"	"品位爵"
卿士 →	三命 →	卿（乡老、乡大夫）	堂上"遵席"	→ 卿
师尹 →	再命 →	大夫（大人、父老）	堂上坐席	→ 大夫
御事 →	一命 →	冠士（子弟）	堂下站位	→ 士

当然这份表格只用以说明"生成原理"。在实际行礼时，三层级、三等命数及三等宾主、三等席位的关系，也会因时因地而异。然而既是推理，就必须动用"奥卡姆剃刀"，略去冗余信息，以凸显其间的"原理"或"机制"。

还需说明，在上述转化机制中，"命数"并不是必要条件。即便命数这种东西尚未发展成熟，卿士、师尹、御事三层级，照样可以通过乡饮而获得三等"席位爵"。而本文第一节所揭"层级可以催生爵级"的论点，由此也顺利通过史实的检验："层级化"确实为爵列的演生提供了一个架构。

（4）朝廷飨燕对乡饮席位规则的袭用

在阐述乡饮酒礼时，杨宽还提出，各种君臣飨燕之礼都由乡饮发展而来，所以它们有很多共同的仪节。本文所论"席位爵"，也可以为杨宽提供证据。

前引"大夫以上与宴享，然后赐爵以章有德，故因谓命秩为爵"那段史料，有两点值得注意。第一，它表明"大夫"这个"品位爵"发源于宴享，即饮酒礼；第二，句中所涉宴享不是乡饮酒礼，而是朝廷上的燕礼。燕礼这个环节，确实也不能置之度外。

国君用燕礼款待臣下，其范围可大可小，因时而异。有时专意款待大夫，这样的燕礼士没资格参与；有时国君打算恩惠普施，这时候士、庶子也受邀前来了。请看：

1.《仪礼·燕礼·记》：与卿燕，则大夫为宾。与大夫燕，亦大夫为宾。羞膳者与执幂者，皆士也[1]。

2.《礼记·燕义》：席：小卿次上卿，大夫次小卿，士、庶子以次就位于下。献君，君举旅行酬而后献卿，卿举旅行酬而后献大夫，大夫举旅行酬而后献士，士举旅行酬而后献庶子[2]。

3.《礼记·射义》：故《诗》曰："曾孙侯氏，四正具举。大夫君子，凡以庶士，小大莫处，御于君所。以燕以射，则燕则誉。"[3]

第 1 条是仅仅宴请卿大夫的燕礼，虽然其时也有"士"在场，然而都是打杂当差的羞膳者、执幂者，而不是就餐的来宾。第 2 条所述便是大范围的燕礼了，此时不光作为低级官员的士，而且连尚未居官的庶子，都受邀出席了。第 3 条事涉大射，而大射之前要先举行燕礼，是即"以燕以射"。郑玄注"四正"："正爵四行也。四行者，献宾、献公、献卿、献大夫，乃后乐作而射也。"又据孔疏，"小大莫处，御于君所"是说从大夫到士全都来了。这种燕礼自上而下一级级献酒，像"接力"似的一直献到庶子。当然，士与庶子只能"就位于下"，"下"就是堂下，士、庶子只能在堂下西阶立饮。曹魏高堂隆概括说："燕礼，大夫以上皆升堂，以下则位于庭。"[4]

―――――――

〔1〕《仪礼注疏》卷一五，阮本，第 1024 页下栏。
〔2〕《礼记正义》卷六二，阮本，第 1690 页下栏。
〔3〕《礼记正义》卷六二，阮本，第 1687 页中栏—下栏。
〔4〕杜佑等：《通典》卷五〇《礼十·功臣配享》，北京：中华书局 2016 年版，第 1396 页。

《礼记·檀弓》中有一个故事，其中有个细节与本文相关：楚国的工尹商阳对驾车的御者说，咱俩属于"朝不坐，燕不与"之人。郑玄解释说："朝、燕于寝，大夫坐于上，士立于下。然则商阳与御者皆士也。"[1] 商阳及其御者是什么人呢？路寝之内的朝会上没有坐位，飨燕时没资格参与，据此可以判断，他俩只能是士。

其实，要表达"咱俩只不过是士"这个意思，还有很多礼数可供修辞。比如说天子七庙、诸侯五庙、大夫三庙、士一庙，那么商阳可以说"咱俩只是一庙之人"；比如说天子一娶十二女、诸侯一娶九女、大夫一妻二妾、士一妻一妾，那么商阳可以说"咱俩只是一妻一妾之人"；比如说卿执羔、大夫执雁、士执雉，那么商阳可以说"咱俩只是执雉之人"；比如说旃以招大夫、弓以招士，那么商阳可以说"咱俩只是以弓见招之人"。然而商阳偏偏以"咱俩朝会上没有坐位，飨燕时没资格参与"为辞，这说明什么呢？在我看来，这就说明能否参与路寝内的朝会与飨燕，其时坐于堂上还是立于堂下，乃是"大夫"与"士"最原始、最经典的区别。那种区别有多大呢？大约相当于今天机关开大会，你是坐在台下、还是坐在台上主席团之中那么大的区别。古语有"升堂入室"。按照古礼及古人的观念，能"升堂"的就是"大人"（"大夫"）了，否则就只算是"士"。"士"就是饮酒礼上没资格"升堂"、只能在阶下站立的那批人。乡饮如此，燕饮也是如此，内寝朝会也是如此。

由此可见，乡饮酒礼的堂上堂下之别、坐立之别及三等坐席之法，被王朝燕礼照单全收了。那么，如果我推论卿、大夫、士这三等席位之名，也是来自乡饮酒礼的，就不是空口无凭吧。在"品位爵"的演生阶段，其实并不是"大夫以上与宴享"，而是"与宴享者为大夫"的：国君设宴款待师尹级的职官，他们得以在堂上坐饮，堂上那批职官逐渐就统称"大夫"了；国君设宴款待百官，御事级的职官只

---

[1]《礼记正义》卷一〇，阮本，第 1311 页中栏、下栏。

能立于堂下，堂下那批职官逐渐就统称"士"了。也就是说，朝廷上本没有卿、大夫、士，或更准确地说，本没有卿、大夫、士这样一个组合、一套序列，至少西周没有；后来朝廷燕礼袭用了乡饮酒礼的三等席位之法，卿、大夫、士三个称谓才逐渐配套成龙、结伴搭伙，组合为一套高下序列了。

以"大夫"一词，我对《殷周金文集成》做了一个简单检索，得到结果40余笔。首先，殷西周时期连一例"大夫"都没有，检索结果为零。对于西周尚无"大夫"，或者"大夫"尚不是官称、爵称之论点，这是一个强有力的支持。进而，春秋时的"大夫"检得20余例，它们出自嘉宾钟、邾公牼钟、许子醬师镈、蔡侯纽钟、蔡侯镈、邾公华钟、九里墩鼓座诸器。可知进入春秋，"大夫"在铭文中露脸冒头了。这时有这么两点，千万别错过了：第一，检索所得"大夫"全都铭之于乐器之上、而不是其他器物之上；第二，所得铭文中的"卿""大夫""士"，全都是国君的燕飨对象。

兹择其要者胪列于下，并补上一例邾公钅乇钟之"正卿"、一例子璋钟之"诸士"，以及另行查到的曾侯舆钟、王孙诰编钟两条，以供审视：

1. 嘉宾钟：用乐嘉宾、父兄、大夫、朋友。
2. 邾公牼钟：以宴大夫，以饎诸士。
3. 许子醬师镈：用宴以饎，用乐嘉宾、大夫，及我朋友。
4. 蔡侯纽钟：均（君）子大夫，建我邦国。
5. 邾公华钟：以乐大夫，以宴士、庶子。
6. 九里墩鼓座：余以会同姓九礼，以飲大夫、朋友。
7. 邾公钅乇钟：用乐我嘉宾，及我正、卿。
8. 子璋钟：以宴以饎，用乐父兄、诸士[1]。

---

[1] 以上分见中国社会科学院考古研究所编：《殷周金文集成（修订增补本）》，编号51、149、153、210、245、429.4、102、113，第1册第42、157、161、229、291、539、95、117页。

9. 曾侯舆钟 B3：嘉鼓竽镛，吾以及大夫，宴乐爱飨，进士备御[1]。

10. 王孙诰编钟：用宴以喜，以乐楚王、诸侯、嘉宾及我父兄、诸士[2]。

这些钟、镈、鼓专门用于"钟鸣鼎食"之时，在燕飨场合"以乐嘉宾"，器铭所见人物也都是饮酒礼上的角色。黄庭顾把这类器铭称为"春秋新见宴飨铭辞"，认为其中存在着两个新兴阶层，即大夫"执政阶层"与士"知识阶层"[3]。杨树达论邾公华钟铭，与本文关系更大："言以宴大夫，次言以喜诸士，则诸士自谓大夫士之士，非泛称都人士也。"[4]"大夫士之士"意思是说，这个"诸士"已是"大夫—士"序列中的"士"了，不再是泛称、单称的"士"了。邾公华钟铭中还有"庶子"[5]。那么这份器铭中所见大夫、士、庶子等角色，跟《礼记·燕义》中"大夫次小卿，士、庶子以次就位于下""大夫举旅行酬而后献士，士举旅行酬而后献庶子"之所见，就全对上号了。

本文正在讨论的，恰好就是这个问题：卿、大夫、士这些称谓，在什么时候、什么场合、以什么方式组成序列的。"大夫—士"既已形成组合，再来看卿。第 7 条邾公鈁钟中的"正、卿"，应系高级官

---

[1] 吴镇烽：《商周青铜器铭文暨图像集成续编》，上海：上海古籍出版社 2016 年版，编号 1034，第 3 册第 462 页。

[2] 刘雨、卢岩：《近出殷周金文录》，编号 60，第 1 册第 121 页。

[3] 黄庭顾："指涉特定执政阶层的'大夫'可能是春秋以后才逐渐出现。……故彝铭所见之'大夫'并非官员统称，应是指称春秋时代才兴起的特定阶层。……'诸士'即指士阶层，……亦即所谓的'知识阶层'。"《铸勒功名：春秋青铜礼器铭文的演变与特色》，台北：万卷楼图书公司 2018 年版，第 121、135 页。

[4] 杨树达：《积微居金文说》卷一《邾公牼钟再跋》，上海：上海古籍出版社 2013 年版，第 65 页。

[5] 杨树达《邾公牼钟再跋》论邾公华钟铭中的"士、庶子"："士庶子者，士庶人也。"此说稍失。"庶子"非庶人，而是被编制起来的贵族青少年，他们要接受教育、承担劳务以及在宫廷中担任侍从侍卫。卿—大夫—士—庶子，共同构成了贵族身份序列。可参阎步克：《从爵本位到官本位：秦汉官僚品位结构研究（增补本）》，北京：三联书店 2017 年版，第 102—106 页。

员的泛称，意谓诸正、诸卿。前文所引清华简《系年》，即有"卿事、诸正"之文。"正、卿"的提法，应是西周"卿士—师尹—御事"的表述习惯在春秋的残响。在其余各条中，"父兄"是家人，"朋友"是族人[1]；"大夫"是堂上长辈来宾之称，"士""庶子"是堂下两等青少年来宾之称。总之，这里的"大夫""士"，还有"卿"，我认为都是"宴乐爰飨"时的"席位爵"。

前面提出了一个猜想：在殷西周时，"大夫"这个称谓其实被广泛使用着，但因不是官称、爵称，所以不见于文献、卜辞与金文，那时的"大夫"只是"大人"之意，在饮酒礼上用为敬称，"士"也用为燕飨之时的礼宾之词。而这一情况，看来在春秋仍有余波："大夫"字样恰好集中出现在用于宴乐的钟、镈、鼓之上，恰好出现在"用乐嘉宾"的燕飨铭文之中。我想这不是巧合：此处的"大夫""诸士"都是礼宾用语。假设在今天的宴会上，对年长来宾称"老先生"，对年少来宾称"男士"，那就跟这些铭文中的"大夫""诸士"相似吧。

概而言之，卿士、师尹、御事层级的官员，是首先通过乡饮酒礼、进而通过朝廷燕飨之礼，而分别获得了卿、大夫、士等"席位爵"的。随后，这些"席位爵"进化为"品位爵"。在春秋之时，"卿—大夫—士"这套称谓一身二任，既用作职官层级之名，也用作官员爵级之名，从而取代了西周"卿士—师尹—御事"的称述习惯。

四、余论

假设有个人对先秦毫无了解，处于"无知之幕"背后，然后让他阅读西周资料，我想他做梦也想不到"西周存在卿大夫士爵"这种事

---

[1] "朋友"的古义是"族人"一点，采用童书业说，见其《春秋左传研究》，上海：上海人民出版社 1980 年版，第 122 页。

情。因为在西周文献之中,"大夫"之称似有似无,即便能零星找到几个"大夫",那也是职官之称、层级之称,而非爵称。西周之"士"与之类似,可以用为职官之称,但也不是爵称。在册命铭文中,看不到任何授大夫爵、授士爵的记载。然而两千年来,人们却一直认为西周有大夫爵、有士爵。不禁要感叹《周礼》《王制》等文献的影响力之强大了,一旦先入为主,就牢不可破。

若探讨爵制起源,就绕不过这一问题:酒之爵与人之爵使用着同一个"爵"字。我确信在先秦时,若一套品位称"爵",则其演生必与饮酒礼相关。五等爵、卿大夫士爵皆然。西嶋定生把"爵"之起源追溯到了乡饮酒礼,犹如打通了一个暗道、透进了一线光明。笔者的假说又迈进了一大步,借助"层级化""席位爵"两个概念,把"卿—大夫—士"这个爵列的起源,跟乡饮酒礼上的三等席位,一一联系起来了。

我把"名之为爵"视为爵制演生的第 4 个要件,其意义也由此显示出来了。卿、大夫、士爵发源于饮酒礼,三级爵位本是饮酒礼上的三等执爵而饮之"位"。晁福林也认为官爵来源于酒爵:"为什么要用'爵'来表示秩次等级呢? ……在周代贵族饮宴的时候,以爵饮酒有长幼贵贱之序",而且他还指出"以'爵'来称呼贵族的秩次等级可能是西周后期的事情"[1]。这就更有意思了:"大夫"在殷西周的文字资料中十分罕见,这个时期的"爵"字也没有等级用法;后来"爵"这个字——我想是在东周——可以指称秩次等级了,卿大夫士爵恰好也在这时破茧而出。我认为这不是巧合,看上去两件事,其实是同一件事。

若本文论点尚能成立,若干传统经学疑案便可以获得新解。例如,先秦礼书有一个很奇怪的说法——"古者五十而后爵"。《白虎通

---

〔1〕 晁福林:《先秦时期爵制的起源与发展》,《河北学刊》1997 年第 3 期,第 74—75 页。《诗经·桑柔》'告尔忧恤,诲尔序爵',郑笺 '教女以次序贤能之爵',是爵字于共和行政以前已经用如爵位之称的证据。"

义》据此而断言"士非爵"，郑玄又提出了"周制爵及命士"。后代经学家的相关论说，多不得要领。而若采用本文提出的模式，这里面很多前所未知的东西，就被照亮了。文繁不赘，将另行讨论。又如《周礼》一书，一直有人断言是西周作品。而依本文的假说，这个观点将被再次否定：《周礼》以"卿—大夫—士"区分职官高下，这是彻头彻尾的东周制度，西周并无其制。

若对"西周有层级而无爵列"之说无法提出反证，则用"卿—大夫—士"爵区分西周职官等级、礼遇等级的既往做法，即属空中楼阁，不妨考虑修订。可以考虑改用西周语词，以"卿士—师尹—御事"分等；也可以遵从现代习惯，以"高、中、低""甲、乙、丙""一、二、三"或"A、B、C"为别。若坚持把"卿—大夫—士"用于西周，最好预先申明这是借用了东周概念，以免初学者误会，以为西周真有这么一套爵列呢，其实没有。

礼书「五十养于乡」「五十而后爵」新论：
父老体制、同代群与「爵礼」

一、问题的提出

按照当下的法律，年至十八周岁就是成年公民了，退休年龄的规定目前是六十岁，所以居二者之间的"五十岁"，对今人没什么制度意义，只会引发人生感慨罢了。东周礼书中的"凡养老"等等记述，却表明在周代，约五十岁以上便有机会享受种种优待，而且某些优待礼数，已具有"身份转换仪式"的意义了。

对于中国古代的人生转换仪式，人们最熟悉的显然就是"二十而冠"了。然而周代还有一个"五十养于乡"之说，其意义还没得到充分发掘，此礼意味着年至五十，就将成为乡饮酒礼的尊崇对象。乡饮酒礼的来宾，简单说就是父老和子弟两等，"养于乡"就意味着脱离子弟队伍，跻身于父老行列了。而这就构成了一次身份转换，社会地位由此今非昔比。此外还有五十岁用杖、五十岁改变名氏称谓（所谓"五十以伯仲"）等礼数，它们同样表明五十岁是人生的又一个转折点，可以同"二十而冠"、二十岁取字相比。乡饮时堂上安坐执爵而饮的席位，其实就是原初意义上的"爵位"。先秦礼书论"凡养老"，又有"五十而爵"之说。五十岁即成为乡饮酒礼的尊崇对象，获得堂上坐饮席位，不妨说就是原生态的"五十而爵"。参照"冠礼"一名，"五十养于乡"及五十岁用杖、五十岁改变名氏称谓等礼数，就不妨合称"爵礼"。

所谓"五十而爵"及"古者五十而后爵"等说法，又被解释为

"五十为大夫，服官政"，那么，这一意义上的"爵"就是大夫之爵了。一个纠葛由此而生。既然"五十而爵"的"爵"是大夫，那么从逻辑上说，"士"就不能算爵了。于是，汉儒便来申说"士非爵"。然而阅读东周史料，"士"明明就是爵，而且还分成上士、中士、下士三个爵级。"士非爵"的问题应如何解释，其中有何隐情，就有了辨析的必要。我认为从某种意义上说，还真的有过一个"士非爵"的历史阶段，这问题同乡饮酒礼上的坐席礼俗有关。

"五十养于乡"是养老之礼，可同时又有"五十为大夫，服官政"之说，那么，五十岁究竟是"凡养老"之始，还是"服官政"之始呢？从"凡养老"方面说，应该减轻其精力体力负担；而"服官政"的重任，又将增加其精力体力负担了。其间似有矛盾。进而以后世的眼光看，年方五十岁就看成老者、给予优待，显然太早了。汉代养老优待便以七十岁为始，"高年赐王杖"也以七十岁为始。同是"养老"，五十岁与七十岁竟有二十年的年龄差。对这个年龄差应如何认识呢？若仅仅用预期寿命的增高来解释，恐不圆满。

以上种种疑问，都可以在"爵礼"的范畴内得到解释。而且必须指出，在"五十养于乡""五十而后爵"的背后，有一种"父老—子弟体制"存在着。在氏族时代，以及在国家诞生不久的一段时间里，这种体制曾是社会结构的支柱；后来随社会继续进化，"父老体制"就让位于君臣体制、行政体制了。围绕"五十养于乡"和"古者五十而后爵"的各种事象，都与"父老体制"与行政体制的此起彼伏相关。

这里所说的"父老体制"，是个什么概念呢？下面略加陈述。越在社会发展早期，"长幼之序"就越重要。费孝通指出，乡土社会的特点就是"长老统治"，这是一种"爸爸式的权力"（paternalism）[1]。继父系氏族之后，又进化出了父家长制（patriarchy），马克思认为这种父家长制"以缩影的形式包含了一切后来在社会及其国家中发展起

---

〔1〕 费孝通：《乡土中国》，北京：三联书店 1985 年版，第 65 页。

来的对抗"[1]。随社会进化,这个"缩影"逐渐舒展开来,长老权威发生了各种演化,长老之称也发生了各种演化。

　　下面就来看一些相关例子。在乌鲁克城邦的长老会议和人民大会上,吉尔伽美什分别向"城市的长老"与"城市的民众"两群人发出呼吁[2]。这两群人又被译为"城镇的长老"与"城镇的青年"[3],或译"城市的父亲们"和"城市的壮丁"[4]。不妨说这就是一种"父老—子弟"体制:长老会议由父老组成,人民大会的成员主要是青年子弟。从公元前 20 世纪到前六七世纪,长老会议在两河流域普遍存在着。新近的研究显示,尽管公元前 11 世纪以色列建立了君主制,然而长老阶层(the elder class)仍足以同君主分庭抗礼[5]。

　　古希腊在荷马时代已有长老议事会了。这种议事会在雅典发展为"战神山会议",在斯巴达发展为元老院。斯巴达的元老院称 gerousia,这个称呼来自 geroutas——"老者"。元老院中有 28 位60 岁以上的终身元老,及两位国王[6]。在古罗马建城之初,贵族称patricians,这个称呼来自 patres,意谓"父老",可见贵族之称沿用了"父老"之名,由此可以反推此前"父老"所曾拥有的尊贵地位。其时的长老会议由 100 名"父老"组成,据称代表着 100 个氏

---

〔1〕　马克思:《路易斯·亨·摩尔根〈古代社会〉一书摘要》,收入《马克斯恩格斯全集》,北京:人民出版社 1956 年版,第 45 卷第 366 页。

〔2〕　林志纯主编:《世界通史资料选辑·上古部分》,北京:商务印书馆 1962 年版,第 32 页。

〔3〕　赵乐甡译:《吉尔伽美什:巴比伦史诗与神话》,南京:译林出版社 1999 年版,第 145 页。

〔4〕　施治生、郭方:《古代民主与共和制度》,北京:中国社会科学出版社 2007 年版,第 84 页。

〔5〕　张若一:《论古代以色列王国时期的长老阶层:构成、起源及其政治地位》,《古代文明》2021 年第 4 期,第 3—15 页。

〔6〕　以上据 M. Chambers、E. Gruen:《古代希腊史与罗马共和史》,刘景辉译,台北:学生书局 1989 年版,第 26、32 页;波默罗伊等:《古希腊政治、社会和文化史》(第 2 版),周平等译,上海:上海三联书店 2010 年版,第 72、174、186 页;晏绍祥:《古典民主与共和传统:流变与再发现》,北京:北京大学出版社 2013 年版,第 16 页,注 1;祝宏俊:《古代斯巴达政制研究》,北京:中央编译出版社 2013 年版,第 4 章"长老会议",第 100—122 页。

族。罗马共和时期的元老院 senatus 之名，来自 senex，senex 即"老人"或"长者"。此时元老的人数增加到了 300 名，他们的后代号称"父族"[1]。"人们认为与元老院的成员资格俱来的，是老年人的地位。否则只有达到四十六岁才算老年。"[2] 众所周知，由 senatus 而来的 senate 一词，至今仍然被一些民主国家用为上院或参议院之称。

在两河流域、古希腊和古罗马，都可以看到"父老体制"的实例。那么在古代中国呢？我们通过秦汉之际的例子，来推断评估。直到秦汉之际，基层父老的"爸爸式的权力"，时不时地仍能影响政局。仅就《史记》略举数例：卷七《项羽本纪》，项羽有"纵江东父兄怜而王我"之语；卷八九《陈余列传》，陈豪杰父老以"愿将军立为楚王"说陈涉。可见父老具有"拥立"的能力。同书卷八《高祖本纪》，沛县父老在刘邦胁迫之下，"乃率子弟共杀沛令"；刘邦入咸阳，"与父老约，法三章耳"；围鲁，"示鲁父老项羽头，鲁乃降"[3]。可见在那个动荡时代，"父老"的意向有时可以左右地方政局。父老、父兄与子弟之关系，被认为是对"家族的拟制形式"，因其构成了一种"中间势力"，由此而被刘邦所承认与利用[4]。汉代基层所设置的"三老"，因其"率教化"之功，有学者便拿他们比拟现代的参议长、参议员[5]，或视之为"地方社会领袖"[6]。帝制时代的基层父老权力，既

---

[1] 蒙森：《罗马史》第 1 卷，李稼年译，北京：商务印书馆 1994 年版，第 69—73 页；杨共乐：《罗马史纲要》，北京：东方出版社 1994 年版，第 51 页；胡玉娟：《古罗马早期平民问题研究》，北京：北京师范大学出版社 2002 年版，第 34 页；王桂玲：《罗马帝国早期的政制研究》，长春：吉林人民出版社 2013 年版，第 3 章"罗马帝国早期的元老院"，第 61—102 页。

[2] 林托特：《罗马共和国政制》，晏绍祥译，北京：商务印书馆 2014 年版，第 90 页。

[3] 《史记》，北京：中华书局 2014 年版，第 424、3123、446、459、477 页。

[4] 守屋美都雄：《中国古代的家族与国家》，钱杭、杨晓芬译，上海：上海古籍出版社 2010 年版，第 155 页。

[5] 严耕望：《秦汉地方行政制度》，台北："中研院"历史语言研究所专刊四十五，1974 年版，第 245 页。

[6] 牟发松：《汉代三老："非吏而得与吏比"的地方社会领袖》，《文史哲》2006 年第 6 期，第 83—93 页。

来自乡村传统自身，也来自国家的委托授予[1]。既然直到帝制初期，"父老""父兄"仍展示了可观的政治能动性，若向此前的三代追溯，氏族长老、乡里父老的重要性不会更小，只会更大，也就是越往历史早期，其重要性越大。总而言之，历史早期元老、长老、父老的特殊权力，中国古代社会中也曾有过。

"父老—子弟"结构，是一种以年龄与辈分划分人群的制度。人类学告诉我们，很多原生社会还由此演生出一个个"年龄组"（age set）来。一个特定的年龄组因时光流逝、年龄增长，就会整组地升入更高的年龄级（age grade）。进入一个年龄组，以及晋升到更高的年龄级，需经特定仪式。新几内亚的贝克塔曼人的男人，一生会经历7个年龄阶段，并须通过仪式而升入新的年龄群体[2]。东非马赛人的男子，以同时举行割礼为准而组成年龄组、并终生地属于这个年龄组，相隔4年为一组，同组者相互忠诚，甚至共妻[3]。东非桑布鲁人的男子，每隔12年至14年形成一个年龄组，低年龄级负责作战，高年龄级负责训练与指挥[4]。努尔人在16岁至18岁举行成丁礼，礼仪包括用刀在额头割出六条切口，深可及骨，并以4年为间隔而组成一个个称为瑞克（ric）的年龄组[5]。

非洲的多数情况，是各个年龄组要经历少年、武士、长老等3个年龄级，或经历青年、战士、成年人、长老4个年龄级[6]。例如，东

〔1〕 鲁西奇：《父老：中国古代乡村的"长老"及其权力》，《北京大学学报》2022年第3期，第89—101页。

〔2〕 埃里克森：《小地方，大论题：社会文化人类学导论》，董薇译，北京：商务印书馆2008年版，第177页。

〔3〕 林惠祥：《文化人类学》，北京：商务印书馆2011年版，第235页；Kottak：《文化多样性的探索》，徐雨村译，台北：美商麦格罗希尔国际股份公司台湾分公司2005年版，第213页。

〔4〕 哈里斯：《文化人类学》，李培茱、高地译，北京：东方出版社1988年版，第213页。

〔5〕 埃文思—普里查德：《努尔人：对一个尼罗特人群生活方式和政治制度的描述》，褚建芳译，北京：商务印书馆2014年版，第282—283页。

〔6〕 埃文思—普里查德：《努尔人：对一个尼罗特人群生活方式和政治制度的描述》，第287页；Kottak：《文化多样性的探索》，第214页。

非卡里莫庸人的社会里有 4 个同代群（generation-sets，或译行辈组）：未成年男孩同代群、年轻同代群、年长同代群、隐退同代群。每个同代群涵盖约 25—30 年，各包括 5 个年龄组。参看图 1。后一个同代群相当于前一个群的"父辈"。年长同代群是掌权者，隐退同代群则由交出了统治权力的老人组成。跨群升级需经特定仪式，比如剃头、刺死自家的一头公牛、宴饮，由此而成年[1]。

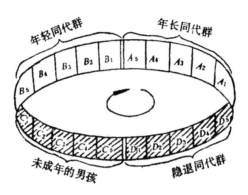

图 1　卡里莫庸人的四个同代群

高年龄级的人是长辈，是社会的领导者，低年龄级的人是晚辈，要服从并服侍高年龄级的长辈。这在东非卡里莫庸人的年龄组制度中，也能够看到："诉讼中长辈年龄组的人都坐在一起，评断两造之控诉，最后还负责宣判。幼辈年龄组的人得花很多时间来为长辈服务，如捡拾柴薪、准备肉食、表演舞蹈等等。……上一级的成员是他们的'主人'"[2]。"年龄等级制"让人类学家意识到："国家和前国家社会范围内的年龄群体往往与权力分配不均紧密相关。"[3] 把这个论点反过来说，就是权力分配不均的状况，在很古老的时代，曾经同年

〔1〕 C. 恩伯、M. 恩伯：《文化的变异：现代文化人类学通论》，杜杉杉译，沈阳：辽宁人民出版社 1988 年版，第 372—374 页。

〔2〕 基辛：《文化人类学》，张恭启、于嘉云译，台北：巨流图书公司 1989 年版，第 278 页。卡里莫庸此书译为卡利莫琼。

〔3〕 哈里斯：《人·文化·生境》，许苏明编译，太原：山西人民出版社 1989 年版，第 217 页。

龄群体的结构相关。

　　把"年龄组""年龄级""同代群"之类概念引入先秦社会史研究,并把它们同"父老体制"联系起来,其事可行吗? 我的看法是值得尝试,只要谨慎从事。可以相信,周代的"五十养于乡"、五十岁用杖、五十岁改变名氏称谓等礼数,也具有划分同代群的意义,不妨看成进入更高同代群的升级仪式。其实在现代社会,"年龄群体"现象也依然存在着,至少青少年、成年人与老年人各有其活动圈子,各有其活动内容;学生的毕业典礼,退休人员的欢送会,也有一定的"身份转换仪式"的意义。当然现代社会高度复杂,"年龄群体"的意义是有限的。而周王朝的政治体制也颇具规模了,所谓"谨慎从事",就是要把"父老体制"看成一个衰落过程,一种曾经显赫、但因国家制度进化而逐步低落的东西。相应地,本文所论"同代群"现象,应视为社会某个层面保存的一种礼俗,透过这种礼俗,可供追索更早时期的社会特点。进而对笔者目前所关注的爵制起源问题,"同代群"现象可以丰富对爵制演生历程的理解,提示原生期的"爵位"曾是饮酒礼上父老们的执爵而饮之位。

二、"五十养于乡":堂上堂下

　　《礼记·王制》论述"养老"之礼,以五十岁为享受优待之始。《礼记·内则》也有一段文字,内容略同,二者被推断来自一个共同的祖本[1]。《王制》成篇也许晚于《内则》,但传统注疏家的解说集中于《王制》篇,为了便利,这里选择引用《王制》:

　　　　凡养老,有虞氏以燕礼,夏后氏以飨礼,殷人以食礼,周人

------

[1]　王锷:《〈礼记〉成书考》,北京:中华书局 2007 年版,第 196 页。

修而兼用之。五十养于乡，六十养于国，七十养于学，达于诸侯。八十拜君命，一坐再至，瞽亦如之。九十使人受。五十异粮，六十宿肉，七十贰膳，八十常珍，九十饮食不离寝，膳饮从于游可也。六十岁制，七十时制，八十月制，九十日修。唯绞紟衾冒，死而后制。五十始衰，六十非肉不饱，七十非帛不暖，八十非人不暖，九十，虽得人不暖矣。五十杖于家，六十杖于乡，七十杖于国，八十杖于朝，九十者，天子欲有问焉，则就其室，以珍从。七十不俟朝，八十月告存，九十日有秩。五十不从力政，六十不与服戎，七十不与宾客之事，八十齐丧之事弗及也。五十而爵，六十不亲学，七十致政[1]。

根据上面的阐述，在夏商周时，"五十岁"构成了一个转折点，此时形形色色的"养老"优待骤然而来，由此开启了人生的新阶段。

这些礼数中最重要的，首推"五十养于乡"。这个"养"不是一般的供养，而是特指宴飨。上述引文中的"有虞氏以燕礼，夏后氏以飨礼，殷人以食礼，周人修而兼用之"，说的都是宴飨。所以注疏家有"天子视学之年，养老一岁有七"，或"通季春大合乐有三养老也"之论[2]，说的也是一年有七次宴飨，或三次宴飨。燕礼、飨礼及食礼，是不同的宴飨样式；"养于乡""养于国""养于学"，则是不同规格的宴飨地点。以宴飨方式优礼耆老，历代往往而有。清廷还以"千叟宴"这样的盛典来"优耆老"，"隆典优耆老，仙厨盛馔罗"，"圣世优耆老，加珍出尚方"[3]。

---

[1]《礼记正义》卷一三，阮本，第1346页上栏。

[2]《礼记·王制》孔颖达疏引熊安生，云"一岁有七"，即四季各一次，春季入学合舞一次，秋季颁学合声一次，季春大合乐时天子视学一次，总计七次。孔疏意见，则是一岁"有三养老也"，即，春秋两次，加上季春大合乐养老，通为三次。《礼记正义》卷一三，阮本，第1345页中栏、下栏。

[3]《钦定千叟宴诗》卷一八富敏泰诗，卷二七禄隆福诗，《景印文渊阁四库全书》，台北：台湾商务印书馆1986年版，第1452册第413页上栏，第612页下栏。

杨宽指出，乡饮酒礼起源于氏族时代的集体会食，此礼可以简称为"鄉"或"飨"。鄉、飨本是一字，其字形有会食之意，这意味着一个会食共飨的共同体，就是"鄉"。氏族社会依靠族长、长老的威信来维系秩序，所以乡饮酒礼的主题就是尊长敬老。国家成立之后，为了统治需要，朝廷上也举行尊长敬老之礼，辟雍、泮宫被用作行礼的场所，天子、诸侯成了行礼的主人[1]。总之，杨宽由鄉、飨为一字入手，证成了乡饮酒礼源于氏族会食，其目的就是增强氏族凝聚力，"明长幼之序"；周代的各种饮酒礼都是由乡饮酒礼发展而来的，"养于乡"就是"养于国""养于学"的源头活水。

经学家也有把"养于乡"视为乡饮酒礼的。如宋儒刘敞云："养于乡者，乡饮酒之礼，五十者始预于养也。"又宋儒陆佃云："六十者坐，五十者立，养于乡之谓也。"[2]"六十者坐，五十者立侍"语出《礼记·乡饮酒义》。然则刘敞、陆佃是把"五十养于乡"跟乡饮酒礼等量齐观的。清儒段玉裁多方举证，论定"乡饮酒礼之起，起于尚齿"，"行养老之礼即是乡饮"，养老之礼与乡饮酒礼可以视同一事[3]。其说可从。

礼书中的乡饮酒礼，被传统学者分为四类："一则三年宾贤能，二则卿大夫饮国中贤者，三则州长习射饮酒也，四则党正蜡祭饮酒。"[4]其中"党正蜡祭饮酒"的目的是"正齿位"，同"长幼之序"干系最大。请看：

----

〔1〕杨宽：《乡饮酒礼与飨礼新探》，收入《古史新探》，上海：复旦大学出版社 2016年版，第 218、221—222 页。

〔2〕卫湜：《礼记集说》卷三五引山阴陆氏、清江刘氏，《景印文渊阁四库全书》，第117 册第 711 页。

〔3〕段玉裁：《乡饮酒礼与养老之礼名实异同考》，《经韵楼集》卷一一，上海：上海古籍出版社 2007 年版，第 290—294 页。

〔4〕《礼记·乡饮酒义》孔疏，《礼记正义》卷六一，阮本，第 1682 页中栏。又《仪礼·乡饮酒礼》贾疏亦云："凡乡饮酒之礼，其名有四。""四"者，即宾贤能、党正饮酒、州长春秋习射先行饮酒，及卿大夫士饮国中贤者。《仪礼注疏》卷八，阮本，第 980 页上栏。

1.《周礼·地官·党正》：饮酒于序，以正齿位。

郑玄注：正齿位者，《乡饮酒义》所谓"六十者坐，五十者立侍"[1]。

2.《礼记·乡饮酒义》：乡饮酒之礼，六十者坐，五十者立侍，以听政役，所以明尊长也。

孔颖达疏：此正齿位之礼。其宾、介等皆用年老者为之，其余为众宾。宾内年六十以上，于堂上、于宾席之西南面坐。若不尽，则于介席之北，东面北上。其五十者，则立于西阶下，东面北上，示有陪侍之义。非即在六十者，傍同南面立也[2]。

"正齿位"的"齿"就是年齿，"位"就是席位。饮酒礼的主要敬老手段之一，就是依年齿而定席位。其具体办法，据《礼记·乡饮酒义》及孔疏，首先是堂上堂下之别与坐立之别：来宾中六十岁的人在堂上就坐，"五十者"在堂下西阶之下站立。对此，陈澔有个很简练的概括："坐者，坐于堂上；立者，立于堂下。"[3]堂上安坐者面朝南，其排列以东为上，对此古人称为"南面东上"；在堂下西阶侍立的人面朝东，其排列以北为上，是所谓"东面北上"。进而堂上堂下的两批人，还要进一步按年齿决定居前居后。

"爵"的本义是酒爵。为什么酒爵与封爵使用同一个"爵"字呢？西嶋定生提出，乡饮酒礼上的席次与爵次，严格地依照长幼贵贱，这种体现了长幼贵贱的席次与爵次，就是原生意义的"爵"[4]。"爵"一字二用的疑问，由此豁然开朗："爵"或"爵位"的本义是执爵饮酒之位。本文再进一步，揭举这样一个论点：从狭义上说，堂下

---

〔1〕《周礼注疏》卷一二，阮本，第718页上栏。
〔2〕《礼记正义》卷六一，阮本，第1683页中栏、下栏。
〔3〕陈澔：《礼记集说》卷一〇，南京：凤凰出版社2010年版，第474页。
〔4〕西嶋定生：《中国古代帝国的形成与结构：二十等爵制研究》，北京：中华书局2004年版，第429页。

站位不被古人视之为"爵"或"爵位"，只有堂上执爵而饮之坐席，才算是"爵"或"爵位"。堂上坐位是铺席的，所以称席位，这席子还因身份高下有一重、再重、三重之别。对这种原生意义的"爵"，我命名为"席位爵"，以区别于作为官员秩次的"品位爵"。"品位爵"是从"席位爵"发展而来的，二者系源流关系。

　　而"五十养于乡"就意味着，年至五十岁便有望成为乡饮酒礼的礼敬对象，拥有了堂上执爵坐饮之席，获得"席位爵"了。这个人由此脱身于子弟队伍，跻身父老阶层。这样看来，"五十养于乡"够得上一个身份转换仪式了。

三、五十岁或六十岁：父老与子弟的分界线

　　当然读者已注意到了，上一节中的史料与论点之间，出现了一个牴牾。前文提出，《礼记·王制》(及《内则》)的"五十养于乡"，意味着年至五十就能获得乡饮堂上坐席，由此跻身父老阶层，然而《礼记·乡饮酒义》说的却是"六十者坐，五十者立侍"，若依此文，则五十岁只能立侍，想在堂上就坐还要再等十年。这就同我前文的推论不尽吻合了。虽然这个牴牾可大可小，但加以辨析还是很有意义的。

　　首先《乡饮酒义》"六十者坐，五十者立侍"这个说法，本身也不精确。这句话中的两个年龄线，显然不能同时理解为"以下"的，然而又不能同时理解为"以上"，否则就是六十岁以上的人在堂上坐，五十岁以上的人在堂下立侍了，可乡饮时在堂下立侍的，还有四十岁到二十岁的人呢，单单说"五十者立侍"，对四十岁到二十岁的人视而不见，置之度外，那非常不合理。古人喜欢递增或递降的修辞，排列不同年龄段时也是如此。如果要确切表达"六十岁以上才有堂上坐席"这个意思，则"六十以上者坐，六十以下者立侍"才是最佳选

择，其理甚明。

现代注译本对《乡饮酒义》这句话，或释为"六十岁坐下，五十岁站立陪侍"，或释为"六十岁以上的人坐着，而五十岁的人则站着侍候"，然而"五十岁"指什么，是"以上"还是"以下"，都不够清晰。此外还有释为"六十岁以上的人坐，五十岁以下的人站着侍候"的，还真的给"五十者"增加了"以下"二字，然而矛盾就更突出了：五十一岁到五十九岁的人是坐是立，立刻就成了疑案了。

宋儒方悫及清儒万斯大、郭嵩焘等，坚持认为六十岁才能上堂。方悫："必五十以下则立，六十以上则坐。盖'五十曰艾'，艾则服官政之时，固宜立侍以听政役；六十曰耆，老(按当作耆)则指使之时，固宜坐以加政役于人也。"[1] 又万斯大："言六十者坐，知唯六十以上得与饮酒坐列；言'五十者立侍'，知五十以下者不得坐也。"[2] 又郭嵩焘："五十杖于乡，亦在老者之例，而不得列于宾而立之堂下，下云'六十者三豆，七十者四豆，八十者五豆，九十者六豆'，盖尊老自六十始也。"[3] 若依方氏、万氏及郭氏，则"五十者"应理解为"五十九岁以下者"。郭嵩焘还说"尊老自六十始"，与《王制》养老自五十岁始的阐述不同。明王朝对乡饮酒礼的规定，就是"宾六十以上者席于堂中上两序"[4]，六十岁以上的老者才能坐于堂上的。

贾公彦在解说《周礼》"正齿位"时，虽也承认"六十者乃于堂上而坐"，但仍然说"言尊长养老，即五十已上至九十正齿位"[5]，以

---

〔1〕 卫湜：《礼记集说》卷一五六引严陵方氏，《景印文渊阁四库全书》，第 120 册第 717 页下栏。

〔2〕 万斯大：《礼记偶笺》卷三，北京：中华书局 1985 年版，第 60 页。

〔3〕 郭嵩焘：《礼记质疑》卷四五，长沙：岳麓书社 2012 年版，第 718 页。

〔4〕 申时行等：《明会典》(万历朝重修本)卷七九《礼部三七》，北京：中华书局 1989 年版，第 456 页下栏。

〔5〕 《周礼注疏》卷一二，阮本，第 718 页中栏。

五十岁为尊长养老之始，而不是"自六十始"。"五十养于乡"，是说年届五十就成了礼敬尊崇对象、成了乡饮宴飨对象了，那么乡饮之时，他们应该作为嘉宾在堂上安坐、接受礼敬呢，还是继续在堂下与子弟为伍，"以听政役"、侍候他人呢？

对"五十者"这个模糊地带，孔颖达疏尝试填空："非即在六十者，傍同南面立也。"参看前引《礼记·乡饮酒义》。"非即在六十者"，无疑是指五十一岁到五十九岁的人了。这就表明，孔疏所理解的"五十者"乃是"五十岁以下者"。可见"六十者坐，五十者立侍"的措辞，就是在古汉语中也将引发歧义，否则孔疏就不会凭空揭举一个"非即在六十者"了。孔疏的意见颇具匠心：六十岁以上者在堂上南面而坐，"非即在六十者"在六十岁以上者的身边南面而立[1]。照此处理，乡饮席位就得分成三部分了：

1. 六十岁以上者，堂上南面坐。
2. 五十一岁至五十九岁者，堂上"傍同南面立"。
3. 五十岁以下者，堂下立侍。

这个方案可圈可点，既合乎"五十养于乡"，让五十一到五十九岁的人也能上堂接受子弟们的礼敬，又不违背《乡饮酒义》"六十者坐，五十者立侍"之文。可惜它只是孔疏的一得之见，是否符合经义史实，不得而知。

依《礼记·王制》(及《内则》)，则养老自五十岁始；依《礼记·乡饮酒义》，则六十岁才有堂上坐席。在我看来，这个五十岁、六十岁的参差牴牾，其实来自地区、时代差异，以及不同作者的认知差异。若跳出经学窠臼，转从史学角度观察，它其实是个"长幼之序"的问题，即辈分问题。请看：

---

[1] 孔疏所说的"傍同南面立"，不可能是在堂下西阶南面立，因为若在这个地方南面而立，就背对着堂上了。堂下站立的五十岁以下者，都是东面立的。所以，"非即在六十者"就只能是在堂上南面而立了，这样就同六十岁以上的安坐者朝向一致，同样面向南方了。

1.《礼记·内则》：凡父母在，子虽老，不坐[1]。

2.《盐铁论·散不足》：乡人饮酒，老者重豆，少者立食[2]。

3.《礼记·曲礼》：年长以倍，则父事之。

郑玄注：谓年二十于四十者。

孔颖达疏：此谓乡里之中，非亲非友，但二十以后，年长倍己，则以父道事之，即"父党随行"也[3]。

第1条所述，是一个家内礼俗。这礼俗想来非常古老：若父母在场，子女便不能安坐，而应站立着以保持奉侍姿态。那么请注意了：安坐的是父母，站立的是子女，安坐或站立，事涉两代人。我认为，"六十者坐，五十者立侍"这个礼数，就是"凡父母在，子虽老不坐"的升级版。这个家内礼俗，被"老吾老以及人之老，幼吾幼以及人之幼"，推广到公共会食场合了，于是就有了族长、父老在堂上坐饮，子弟在堂下立侍的规矩。

第2条《盐铁论》之文，显系《乡饮酒义》"乡饮酒之礼，六十者坐，五十者立侍……所以明养老也"那段话的缩略。那么再请注意："六十""五十"被汉儒改云"老者""少者"了。看来在西汉经师的心目之中，重豆或不重豆、坐食或立食的区别，也是事涉两代人的，其实就是长幼之别。

第3条对理解父老与子弟如何区分，也有裨益。综合郑注、孔疏，这一条要求年青人对"年长倍己"、即年龄大一倍的乡人，即以父道奉事之。以此推算，二十弱冠者应以父道奉事的人，就是20岁×2=40岁以上的人了。以父道奉事的礼数，包括同行时要跟在父老的正后方，是所谓"父之齿随行"（对年高半倍的乡人则事之如兄，

〔1〕《礼记正义》卷二八，阮本，第1467页下栏。

〔2〕王利器校注：《盐铁论校注》，北京：中华书局1992年版，第351页。

〔3〕《礼记正义》卷一，阮本，第1233页下栏。

同行时要斜跟在他的身后，是所谓"兄之齿雁行"[1]）。父老的下限既然是四十岁，年至五十者被奉为父老的概率，不会太小吧。

我们认为，乡饮时立于阶下的人就是子弟，对这一点，《礼记·投壶》也可以提供参考：

> 鲁令弟子辞曰：毋幠，毋敖，毋偝立，毋逾言。偝立逾言，有常爵。薛令弟子辞曰：毋幠，毋敖，毋偝立，毋逾言。若是者浮。……司射、庭长及冠士立者，皆属宾党；乐人及使者、童子，皆属主党。
>
> 郑玄注：弟子，宾党、主党年稚者也。为其立堂下相亵慢，司射戒令之。
>
> 孔颖达疏："冠士"者，谓外人来观投壶，成人加冠之士，尊之，故令属"宾党"。若童子，贱，则属"主党"也[2]。

大致说来，鲁国、薛国的投壶礼，专门为管理弟子制订了戒令。"弟子"就是子弟，亦即郑玄所说的"宾党、主党年稚者"，即主客两方的青少年，包括下文中的"冠士"和"童子"两种人。"冠士"就是"成人加冠之士"，他们被划归来宾一方，"童子"则被划归主人一方。也就是说，青少年由宾主两方分工照管。戒令用来禁止青少年"立堂下相亵慢"，在堂下调皮打闹。投壶礼是射礼的简化版，乡射与乡饮又有相似的饮酒环节。在这些礼典上，在堂下西阶站立者照例都是"弟子"，相应地，堂上安坐的就是父老、长辈了。这再次证明堂上堂下之别，就是一个长幼之别而已。对于年至五十者，他们的儿子通常都是"冠士"了，难道他们仍要跟儿子一块站在堂下西阶，与一群时不时调皮打闹的青少年为伍吗？

---

〔1〕《礼记·王制》，《礼记正义》卷一三，阮本，第 1347 页中栏。
〔2〕《礼记正义》卷五八，阮本，第 1667 页上栏—中栏。

　　"六十者坐，五十者侍立"与"五十养于乡"这个矛盾的化解之道，就是把它看成一个何时脱身子弟队伍、跻身父老行列的分界线问题。五十曰艾，六十曰耆。《尔雅》："耆、艾，长也。"[1] 无论五十六十，都是长辈。我认为，"长幼之序"本身很森严，身份地位不容混淆；由"少者"而"老者"的那条年龄分界线却有弹性，五十六十都有可能，各时各地各行其是。一个社会中支配阶层或领导阶级的占比，应是有规律的，通常认为占总人口 1—2%[2]。而先秦各时各地的老人占比，则差异颇大，无规律可循。随机抽取如下一类数据，以获得大致印象：

　　殷墟 172 副人骨中，56 岁以上男性占 4.2%[3]。

　　江苏邳州梁王城西周墓地，56 岁以上男性为零[4]。

　　山西榆次聂店墓地所见周代男性，50 岁以上者占 3.44%[5]。

　　陕西西安马腾空遗址所见东周男性，56 岁以上者占 4.35%[6]。

---

[1] 郭璞注、邢昺疏：《尔雅注疏》，上海：上海古籍出版社 2010 年版，第 74 页。

[2] 斯塔夫里阿诺斯："历史学家估计，在全球各个文明中，上层统治阶级仅占总人口的 1%—2%。"《全球通史》，北京：北京大学出版社 2005 年版，上册第 193 页。伦斯基："执政阶级很少达到全部人口的 2%，有时比例更小。例如，最近的研究表明，在 19 世纪的中国，执政阶级成员的数目在前半个世纪是 1.3%，后半个世纪为 1.9%。19 世纪中期，俄国贵族占总人口的 1.25%。在法国大革命前夕，各种等级和阶层的贵族只占总人口的 0.6%，尽管这当中有许多是刚刚加入的富有商人家族。在罗马共和国末期，执政阶级据估计占罗马人口的 1%。如果加入外省人口，这个比例肯定会小得多。最后，在 17 世纪的英国，贵族、男爵、骑士和乡绅加在一起仅占总人口的 1% 左右。"《权力与特权：社会分层的理论》，北京：社会科学文献出版社 2018 年版，第 275—276 页。张葆华："上层阶级，指一个社会最高收入 5% 人口中的一部分，约占全人口 1—2% 左右。"《社会阶层》，台北：三民书局 1987 年版，第 149 页，百分比改写为数码。陆学艺团队的研究显示，在当代中国阶层结构中，国家与社会管理者阶层居于十个社会阶层之首，其人口占比为 2.1%。《当代中国社会阶层研究报告》，北京：社会科学文献出版社 2002 年版，第 10 页。

[3] 杨升南：《商代经济史》，贵阳：贵州人民出版社 1992 年版，第 52 页。

[4] 朱晓汀：《江苏邳州梁王城遗址西周墓地出土人骨研究》，《东南文化》2016 年第 6 期，第 47 页。

[5] 侯侃：《山西榆次高校园区先秦墓葬人骨研究》，吉林大学 2017 年博士论文，第 81 页。

[6] 王一如：《陕西西安马腾空遗址东周时期墓葬出土人骨研究》，吉林大学 2019 年博士论文，第 13 页。

　　山西翼城大河口西周墓所见男性，56 岁以上者占 2.2%[1]。
又据一份统计，战国秦 56 岁以上的老人，在如下墓葬中的占比情况
是——

　　陕西咸阳关中监狱墓地占 7.9%。

　　陕西临潼湾李墓地占 6.94%。

　　陕西临潼新丰墓地占 19.1%。

　　陕西宝鸡建河墓地占 21.9%。

　　陕西侯马乔村墓地占 8.11%[2]。

可见社群中的老人占比，在各时各地的占比五花八门、莫衷一是。对
不同氏族或乡里而言，由此就有了这样的可能性：老人多的地方，长
幼分界线就高一些，比如以六十岁为界，以免父老过多、统治集团规
模过大；老人少了，长幼分界线就低一些，比如以五十岁为界，以免
父老太少、统治集团规模过小。经过这样的调节，由"父老"组成的
那个领导阶层，其在社群中的比例，就"合理"一些了。

　　为使各同代群的人数保持适当比例，年龄分界出现弹性，这种事
情在其他地方、其他民族也有。比如在东非卡里莫庸人的同代群制
度下，有时就会出现类似的情况。他们的同代群有 4 个，可以用 A、
B、C、D 区分；每个同代群中又有 5 个年龄组，可以用 1、2、3、
4、5 区分。学者叙述说：

　　　　设想如果 A 的各组刚刚退休，B 的各组变成长辈，并且刚
　　开启最初的 C 年龄组。如果 B 各组全体一直对为数仍然甚少的
　　C 行长辈之权，那么就会有太多的长辈，而幼辈则不够了；因此

────────

[1]　郭林：《翼城大河口墓地出土人骨的初步研究（2009—2011）》，吉林大学 2015 年
　　硕士论文，第 5 页。
[2]　熊建雪：《关中地区周秦时期人类体质健康状况研究》，西北大学 2016 年硕士论
　　文，第 15 页，表 7 "战国——秦关中地区人口死亡年龄结构与其他地区比较"。

B_1 和 B_2 除了对 C_1 行长辈权外，可能还当 B_4 和 B_5 的长辈[1]。

依其所述，如果 C 同代群的人数太少，就会出现长辈多而幼辈少的情况，这样一来，社会的年龄结构、进而是权力结构就失调了。于是调整发生了，B_1、B_2 年龄组对 B_4、B_5 年龄组也行使长辈权。昔日长幼界限本来在 B、C 两个同代群之间，现在提高到 B_1、B_2 与 B_4、B_5 几个年龄组之间了，长幼间的年龄界限提高了，B_4、B_5 被当成幼辈看待了，幼辈的人数增加了，老幼比例由此"合理化"了。

总之，以辈分为基础的"长幼之序"严格而鲜明，长幼间的年龄分界线则灵活多变，可高可低。所以，本文并不否定"六十而坐"，而是认为五十岁堂上安坐或六十岁堂上安坐，各种情况都有，因时因地而异。《礼记·王制》(及《内则》)与《礼记·乡饮酒义》的作者，分别以一时一地的情况为本，各有其据，二者并非"不共戴天"。穿透"五十、六十"的递进或递降的修辞，本文认定堂上安坐与堂下侍立之别，实质就是父老、子弟之别，亦即辈分或同代群之别，"别"的年龄分界线约在五六十岁之间。为了简便，后文将只说五十岁堂上安坐；同时为了慎重，这里预先申明，当我说"五十岁堂上安坐"之时，我是把"六十岁才能堂上安坐"的情况也包括在内的。

四、五十用杖与五十以伯仲

五十岁时的身份转换仪式，不止是"五十养于乡"一事而已，此外还有两个礼数，一是五十岁行走用杖，一是"五十以伯仲"，改变名氏称谓。这两个礼数都支持五十岁为人生转折点，而且与"五十养

---

[1] 基辛：《文化人类学》，第 277 页。

于乡"相辅相成。下面分叙之。

1. 五十用杖

《礼记·王制》(及《内则》)"五十杖于家，六十杖于乡"之文，表明杖是老人的主要外观标识，老人用杖以五十岁为始。"杖于家"与"杖于乡"的年龄参差，意味着典礼规格越高，则作为嘉宾持杖到场的年龄也越高。汉代出土的若干木鸠杖，高度可以接近 2 米。先秦时代也发现了若干青铜鸠杖首，估计全杖不会比汉杖更短。在社交场合，忽而拄起一根比人高一大截的杖了，给人的观感便判然不同了。

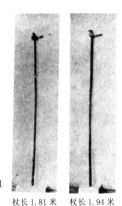

杖长 1.81 米　　杖长 1.94 米

图 2　汉代鸠杖示例

1. 甘肃省博物馆：《甘肃武威磨咀子汉墓发掘》，《考古》1960 年第 9 期，图版七 4—5。
2. 南阳文物研究所编：《南阳汉代画像砖》，北京：文物出版社 1990 年版，拓本 3，局部。
3. 朱锡禄：《武氏祠汉画像石》，济南：山东美术出版社 1986 年版，图八，局部。
4. 邹城市文物管理局：《山东邹城市卧虎山汉画像石墓》，《考古》1999 年第 6 期，第 49 页，图一三右上。

可参图 2。老人出行必定用杖："故老者……非杖不行。"[1]"谚曰：见君之乘，下之；见杖，起之。"[2]见了杖就要起身，以示敬老，这个礼数，可以同遇到国君车驾就得下车致敬相比。"父母舅姑之……杖、屦祇敬之，勿敢近。"[3]对家中长辈的杖及鞋，晚辈要格外恭敬，不能轻易碰。"谋于长者，必操几杖以从之。"[4]与老人谋事，必须带着几杖上门。"凭几据杖"变成了老人的经典姿态，仲秋时节"授几杖"被用作"养衰老"的主要措施。

家长、老人、尊者都可以称"丈人"，这样的称谓从何而来呢？元人周伯琦有一个解释："丈，从手持十，会意。借为扶行之丈。老人持丈，故谓之丈人。别作杖，通。"[5]在周伯琦看来，"丈人"就是挂杖之人的省称。《论语·乡党》："乡人饮酒，杖者出，（孔子）斯出矣。"[6]这些"杖者"出现在"乡人饮酒"的场合，显系"五十养于乡"的堂上贵宾，乡饮酒礼就是为他们而举行的，所以孔子对"杖者"毕恭毕敬，在礼毕之时让他们先行退场。《礼记·问丧》："则父在不敢杖矣，尊者在故也。堂上不杖，辟尊者之处也。"[7]父亲在场时儿子就不能使用丧杖，因为父子同时用杖就分不清谁长谁幼了；在堂上儿子不能使用丧杖，因为这地方是长辈用杖的专属区。这些虽是家内丧母时的规矩，但可以推想，公共活动时"杖"也是老人的专用品，行礼时子弟也不能用杖。然则乡饮时上堂坐饮的父老皆是"杖者"，全都是挂杖而来、挂杖而去的。不难判断：一个人年至五十、初次获得"养于乡"的礼遇之时，也就是他初次挂杖、上堂安坐之

---

[1]　桓宽：《盐铁论·未通》。王利器：《盐铁论校注》，第 192 页。
[2]　《战国策·楚策四》，上海：上海古籍出版社 1985 年版，第 562 页。
[3]　《礼记·内则》，《礼记正义》卷二七，阮本，第 1462 页上栏。
[4]　《礼记·曲礼》，《礼记正义》卷一，阮本，第 1233 页上栏。
[5]　周伯琦：《六书正讹》卷三上声二二，《景印文渊阁四库全书》，第 228 册第 144 页下栏。
[6]　《论语注疏》卷一○，阮本，第 2495 页下栏。
[7]　《礼记正义》卷五六，阮本，第 1657 页上栏。

日。"拄杖"与"坐饮"携手并肩，一并助成了由子弟到父老的身份转折。

　　"杖者"之杖，看上去还具有责罚功能，而责罚就是一种权力。从"范文子喜直言，武子击之以杖"[1]、"曾子有过，曾晳引杖击之"等史事看，以及"小棰则待，大杖则逃"之类说法看来[2]，"杖"曾是父老对子弟的权力象征。许慎认为"父"字是以手持杖之形[3]，为什么他会这么想呢？大概就出自父亲用杖责打孩子这类事情给他留下的记忆吧。考古发现的若干先秦青铜鸠杖首，就被学者推测为首领的权杖[4]。段玉裁："凡可持及人持之皆曰杖，丧杖、齿杖、兵杖皆是也。"[5]春秋以来，丧杖是依爵使用的，有爵者才能使用丧杖，《礼记》所云"有爵而后杖也""杖者何也？爵也"[6]，就是这个意思。军人的兵杖，也是依爵授予的。据《周礼》所记，伊耆氏一官管理着两种杖，即有爵的军官使用的兵杖，以及老年人使用的齿杖："军旅，授有爵者杖。共王之齿杖。"郑玄注："别吏、卒，且以扶尊者。将军杖钺。"[7]"杖"用以区分军吏与士卒。军中等级严明，身份标志物也井然有序：步卒无杖、军吏用杖、将军用钺。后世"节钺"一词，便是节杖与斧钺的合称，二者都是军权的信物。将军"持节"，就有杀人的权力了。"齿杖"是授给老人的，老人又是"席位爵"的拥有者，那么不妨说"齿杖"也与爵相关。总之，齿、杖、爵之间存在着内在

〔1〕《韩非子·外储说左下》。王先慎：《韩非子集解》，北京：中华书局1998年版，第307页。

〔2〕《韩诗外传》卷八。许维遹：《韩诗外传集释》，北京：中华书局1980年版，第296页。

〔3〕许慎：《说文解字》卷三下，北京：中华书局1963年版，第64页上栏。

〔4〕郭浩：《汉代王杖制度若干问题考辨》，《史学集刊》2008年第3期，第96页；又周建忠：《德清出土春秋青铜权杖考识》，《东方博物》2004年第4期，第60页。

〔5〕段玉裁：《说文解字注》卷六上，上海：上海古籍出版社1981年版，第263页下栏。

〔6〕《礼记·杂记》及《丧服四制》。分见《礼记正义》卷四二、卷六三，阮本，第1562页中栏、第1695页中栏。

〔7〕《周礼·夏官·伊耆氏》，《周礼注疏》卷三七，阮本，第890页上栏。

联系。

2."五十以伯仲"

先秦的名氏礼俗，也支持五十岁为人生转折点。按照周礼，人到了五十岁就要改变称谓。《礼记·檀弓》："幼名，冠字，五十以伯仲，死谥，周道也。"[1] 在周族的贵族一生中，称谓会有三次变化，每一次都是一个身份变化的节点：出生三月起名，二十岁加冠起字，"五十以伯仲"。若把死后的谥号也算上，那么，从生到死就有4次称谓变动了。

什么是"五十以伯仲"呢？古人的解释纷纭不一，其间异同，据我所见大致有两派，两派分别以"舍""加"为特点。具体说来，一个主张"五十舍字"，一个主张"五十加伯仲"：

1."舍"：二十岁取字，始用"伯仲"，至五十岁"舍"去字，留下"伯仲"。

2."加"：二十岁取字，不用"伯仲"，至五十岁加上"伯仲"。随即引述相关论述以明之。

先看第一种"舍"即"五十舍字"一派的解释。此处以《礼记》孔颖达疏与叶梦得为例：

1.《礼记·檀弓》孔颖达疏：故始生三月而加名，故云"幼名"也。"冠字"者，人年二十有为人父之道，朋友等类不可复呼其名，故冠而加字。年至五十耆艾，转尊，又舍其二十之字，直以"伯仲"别之[2]。

2. 叶梦得：始冠而字者，"伯仲"皆在上，此但以其序次之，所以为字者在下"某甫"也，如伯牛、仲弓、叔肸、季友之类是也。至于五十为大夫，尊，其为"某甫"者则去之，故但言

---

[1]《礼记正义》卷七，阮本，第1286页中栏。
[2]《礼记正义》卷七，阮本，第1286页中栏。

"伯仲"而冠之以氏，"伯仲"皆在下，如召伯、南仲、荣叔、南季之类是也。……"幼名，冠字"，为众人言也；"五十以伯仲"，为大夫言也[1]。

在第 1 条中，孔疏解释说，人到了五十岁就不再称字了，"舍其二十之字，直以伯仲别之"。比如说，孔子虽出殷人，但若采用周礼，则自二十岁始称"仲尼"，到了五十岁，就要舍去"尼"字，唯以"仲"为称。这就是"舍"，即"五十舍字"。

在第 2 条中，叶梦得把"五十舍字"阐述得更为细致：加冠取字时，采用"伯仲＋字＋甫"格式，如伯牛（甫）、仲弓（甫）、叔肸（甫）、季友（甫）之类；到五十岁做了大夫，就把"字＋甫"给舍了，增加氏为前缀，形成"氏＋伯仲"结构，如召伯、南仲、荣叔、南季之类。其说主"舍"，与孔疏相近。按照叶梦得的说法，孔子在二十岁时是以"仲尼甫"为称的，到五十岁就把"尼甫"舍了，改以"孔仲"为称了，以合乎"氏＋伯仲"格式。按照这种说法，在二十岁到五十岁这个期间，是可以使用"伯仲"称谓的。

再看第二种"加"即"五十加伯仲"的意见，这一派以《仪礼》贾公彦疏为代表：

> 《仪礼·士冠礼》贾疏：二十为字之时，未呼伯仲，至五十乃加而呼之。……若孔子生于周代，从周礼呼"尼甫"，至五十去"甫"、以"尼"配"仲"，而呼之曰"仲尼"是也[2]。

贾疏的意见，与孔疏、叶梦得大异。他对"五十以伯仲"的理解是"加"，即年至五十，字前加"伯仲"。以孔子为例。孔子本来是殷

---

[1] 卫湜：《礼记集说》卷一八引石林叶氏，《景印文渊阁四库全书》，第 117 册第 369 页上栏。

[2]《仪礼注疏》卷三，阮本，第 958 页上栏。

人，但若他采用周人之礼，则应二十岁时加冠称"尼甫"，即，采用"字+甫"格式。而到了五十岁，就得把"甫"去掉，在"尼"字之前加上一个"仲"，改以"仲尼"为称了，由此形成"伯仲+字"格式。按照这种说法，在二十岁到五十岁这个期间，是不使用"伯仲"称谓的。

其后的学者或"舍"或"加"，或"氏+伯仲"，或"伯仲+字"，纷纭不一。陈祥道是支持贾疏的[1]，也就等于支持孔子五十岁改称"仲尼"。朱熹在《答郭子从》一文中，也以贾疏为是[2]。然而在这地方，朱熹把孔疏的意见说成"加"、把贾疏的意见说成"舍"，把孔、贾给弄反了，他其实是以孔说为是的。后人有不辨其误、原样引用，结果以讹传讹者。所以在这里，我要特别提醒读者。查朱熹《仪礼经传通解》卷一《士冠礼》："此贾疏不同，疑孔说是。"[3]这个"疑孔说是"，才是朱熹的本意。朱熹既以孔疏为是，也就是以"舍"为是，也就等于支持孔子五十岁改称"孔仲"了。元人吴澄对"五十以伯仲"也有较详细的讨论，其意见跟叶梦得差不多少[4]。江永赞扬吴澄，说"吴氏说详而确"[5]。黄以周对孔、贾都持怀疑态度，觉得"贾疏固非，孔疏所言与通行之称亦不合"。然而黄氏的个人意见，其实是接近贾疏的，即五十岁时在字的前面加上"伯仲"，称"伯某"[6]。

对人名之中的"伯仲"字的用法，现代学者已有了不少讨论。具体到"五十以伯仲"这个说法，关注就相对较少了。方炫琛论《左

〔1〕　陈祥道：《礼书》卷六四，《景印文渊阁四库全书》，第130册第405页下栏。
〔2〕　朱熹：《晦庵先生朱文公文集》卷六三，《朱子全书（修订本）》，上海古籍出版社、安徽教育出版社2010年版，第23册3051页。
〔3〕　朱熹：《仪礼经传通解》卷一《士冠礼》，《朱子全书（修订本）》，第2册第61页。
〔4〕　吴澄：《礼记纂言》卷一四上，《景印文渊阁四库全书》，第121册第352页下栏。
〔5〕　江永：《礼记训义择言》卷二，北京：中华书局1985年版，第32页。
〔6〕　黄以周：《礼书通故》卷五《冠礼通故》，《黄以周全集》，上海：上海古籍出版社2014年版，第3册第236页。

传》人物称谓，注意到了对"五十以伯仲"的解释，孔疏与贾疏是不相同的[1]。近年来李永康做出了很大推进。他在文章中（此后简称"李文"）排比周代器铭所见人名，指出了这样一个现象：上一代宗子若在世，则其子不能称伯仲，以免父子两代人同时称伯仲，造成称谓相混；上一代宗子去世之后，新一代宗子就可以依照其排行而称伯仲了。畿内世族、诸侯国君及周王室皆然。进而他认定："父子两代不能同时称伯仲，这就是'五十以伯仲'的真实含义。"但"五十以伯仲"的"五十"与绝对年龄无关，只是个虚数。春秋初礼俗有变，子代也称"伯仲（及叔季）"了，但要在排行之前加一个"子"字[2]。

　　这份研究能在多方面提供启迪。若把"父子两代不能同时称伯仲"这个推进运用于"同代群"问题，会有什么启迪呢？它首先就表明是否称伯仲，事涉父子两代人。当然也须注意，在长辈宗子在世时，他的成年儿子的名字里，并不是没有伯仲字样的。《仪礼·士冠礼》冠辞："曰伯某甫仲叔季，唯其所当。"[3]"二十而冠"之时，即已改用成年人的名氏结构"伯某甫"或"仲/叔/季某甫"，所以在二十岁之后，父子的名字里已同时有伯仲了。那么严格说来，问题只是"称"或"不称"，不称伯仲不等于名字里没有伯仲。

　　《仪礼·郊特牲》："冠而字之，敬其名也。"贾公彦疏："故君、父之前称名。至于他人称字也，是敬定名也。"[4]加冠成年后，他人就会以字相称，以为礼貌。至于贾疏所云"君、父之前称名"一事，可参《礼记·曲礼上》："男子二十，冠而字。父前子名，君前

---

〔1〕　方炫琛：《左传人物名号研究》，新北：花木兰文化出版社 2019 年版，第 29 页。

〔2〕　李永康：《论西周时期的"伯仲称谓"——兼论春秋时期的"子伯仲称谓"》，复旦大学出土文献与古文字研究中心网站，http://www.fdgwz.org.cn/Web/Show/4782，2021 年 4 月 30 日首发。

〔3〕　《仪礼注疏》卷三，阮本，第 957 页下栏。

〔4〕　《礼记正义》卷三，阮本，第 958 页下栏。

臣名。"〔1〕取字之后，名氏结构中已有了"伯仲"字样了，但因儿子在父亲面前不能称字、只能称名，可想而知，不能以"伯某甫"或"仲／叔／季某甫"为称，那就连带着"不称伯仲"了。还有，臣子在君主面前也不能称字、只能称名，所以也连带着"不称伯仲"了，如此而已。李文所利用的名字资料，主要来自器铭，那些铜器摆放庭堂宗庙里，系家内用品。那些器铭中的"不称伯仲"现象，在我看来，乃是"父前子名"原则的一种运用，在家内的运用，其他场合未必如此。李文又提到册命礼上的受命者也称名而不称伯仲，在我看来，那是"君前臣名"原则的一种运用，其他场合未必如此。

"父前子名"跟"五十以伯仲"是一回事吗？我觉得二者有密切关系，又不全相同。家内是一个"子女 vs. 父母"的场合，不管儿子年龄多大，都只能称名。如宋儒王子墨所言："一家之尊无以加于父也，父之前无长幼皆名之，不敢致私敬于其长也。"〔2〕"无长幼皆名之"也就是不涉年龄，跟多大岁数没关系。假设某位百岁老人，有个七八十岁的儿子，这儿子自称时照样"父前子名"。假如这人在父亲面前提起大哥，也只能称大哥之名，不能称其字，"不敢致私敬于其长也"。而若此人已经丧父了，即便年未五十，也可以在家内称伯仲。李文就提供了两个三十多岁称伯仲的例子，霸仲和曾伯棽，他俩既然称伯仲了，则其父亲必已过世了。据此推理，由"父前子名"而来的不称伯仲现象，应表述为"父在不称伯仲""父前不称伯仲"，反过来说就是"父丧以伯仲"，却非"五十以伯仲"，因为家内不需要一条年龄线，是否称伯仲仅以老爹健在与否为准。

把视线由世族、公室及王室的两代宗子，转向"五十养于乡"即乡饮酒礼，那会是什么情况呢？燕礼及大射礼有国君出场，所以将遵循"君前臣名"，那就不称伯仲了。乡饮是一个"子弟 vs. 父老"的

〔1〕《礼记正义》卷二，阮本，第 1241 页下栏。
〔2〕卫湜：《礼记集说》卷五引，《景印文渊阁四库全书》，第 117 册第 118 页下栏。

场合，用玩笑话说，等于"一群儿子 vs. 一群父亲"，事涉两个同代群的相互称谓。三代的村社乡里有一种深厚悠久的传统：父辈长者全都视之为父，同辈长者全都视之为兄。如前所引《礼记·曲礼》："年长以倍，则父事之。"还有孔疏："此谓乡里之中，非亲非友，但二十以后，年长倍己，则以父道事之。""五十岁"是堂上父老、堂下子弟的分界线，其间堂上堂下之分，不妨看成一种广义的"父子不同席"[1]。父老与主人、贵宾之间，当然是互用敬称，满口"伯仲"的。问题是子弟同代群。我认为子弟在面对父老时，自称应该称名，称呼父老时"以伯仲"。这也算一种"父前子名"了，然而此时"父"与"子"的区分，不是以血亲，而是以年龄为准、即以五十岁为准的，所以这一情况只能表述为"五十以伯仲"，仅此无他。反过来说，"五十以伯仲"严丝合缝地符合养老之礼，符合"五十养于乡"。"××岁"这样的分界线，是划分同代群的基本标准。先秦好多养老之礼都以"五十岁"为准，也可以旁证"五十以伯仲"是一种敬老的礼数。今天人们对老人依然使用敬称，如"老人家""老先生"之类。

乡饮酒礼上的彼此称谓，礼书中还残留着若干细节。请看——

《仪礼·乡饮酒礼》：司正升，相旅，曰："某子受酬。"受酬者降席。

郑注：某者，众宾姓也，同姓则以伯仲别之。又同，则以且字别之。

贾疏："某者，众宾姓也"者，以某在子上，故知是众宾姓也。若单言某，则是字，故《乡射》云"某酬某子"，注云："某者，字也。"云"同姓则以伯仲别之"者，但此众宾之内有同姓，司正命之，则呼伯仲别之也。云"又同，则以且字别之"者，为

---

[1] "父子不同席"语出《礼记·曲礼上》，《礼记正义》卷二，阮本，第1241页上栏。

同姓之中有伯仲同者，则以某甫且字别之也[1]。

这是"旅酬"时的景象。"旅酬"就是一个人一个人地依次相酬，像"接力赛"一般。蔡德晋："曰'某子受酬'，以序呼而进之也，受酬者闻其呼已，乃降席，未受者不得越次也。"[2]在司正指令某人接受酬酒时，对这人以"某子"为称，依郑玄意见，就是以"姓＋子"为称（当为"氏＋子"，参后文乡射礼）。若以孔子为例，那就是"孔子受酬"了。再假设孔子的哥哥孟皮也在场，那就出现两个"孔子"了，这时为了区别，司正便借助"伯仲"，一个是"孔伯（或孔孟）受酬"，一个是"孔仲受酬"。再假设孔氏家族某个房支居然还有另一个排行第二的"孔仲"在场，则称谓依然雷同，那就要借助"字"来区别了，对孔子称"孔仲尼甫"，对另一个称"孔仲某甫"。

郑玄所谓"则以且字别之"的"且字"，意指"某甫"。"且"有承藉之义，"甫"字是用来承藉某人之字的，所以使用"字＋甫"的称谓方式就是"且字"。对这一称谓礼俗，段玉裁有论："今按《说文》：'且，荐也。'凡承藉于下曰'且'。凡冠而字，只有一字耳，必五十而后以伯仲，故下一字所以承藉伯仲也。言'伯某''仲某'，是称其字；单言'某甫'，是称其且字……《乡饮酒礼》：'司正升相旅，曰：某子受酬。'……言同姓之中有伯仲同者，则呼'某甫'也。"[3]

再来看乡射礼：

> 《仪礼·乡射礼》：司正升自西阶，相旅，作受酬者曰："某酬某子。"受酬者降席。
>
> 郑注：某者，字也。某子者，氏也。称酬者之字，受酬者曰

〔1〕《仪礼注疏》卷一〇，阮本，第988页中栏。
〔2〕蔡德晋：《礼经本义》卷三：《景印文渊阁四库全书》，第109册第539页下栏。
〔3〕段玉裁：《经韵楼集》卷二《且字考》，上海：上海古籍出版社2007年版，第31页。

　　某子。旅酬下为上，尊之也。《春秋传》曰"字不若子"。

　　　　贾疏：云"旅酬下为上，尊之也"者，以旅酬者少长以齿，逮下之道，前人虽卑，其司正命之饮酒，呼之称谓尊于酬者，故受酬者为某子，酬他为某也。……是"字不若子"[1]。

郑注云"某子者，氏也"，可证前条《乡饮酒礼》郑注"某者，众宾姓也"之"姓"，应理解为"氏"。"某子受酬"是司正对受酬者的指令，"某酬某子"则是司正对酬者的指令；合起来就是"某酬某子，某子受酬"了[2]。假设司正让孔子酬他人，比如说酬其老朋友原壤，司正就会说"尼酬原子，原子受酬"。

　　司正"某酬某子，某子受酬"之语，意在提示酬者要对受酬者称子。旅酬之法，虽然从尊到卑依次相酬，但酬酒时尊者要向卑者示敬，这就是"旅酬下为上，尊之也"。根据郑注，之所以酬者称字、受酬者称子，原因就是"尊之也"，是酬者向受酬者示敬。依先秦古礼，"名不若字，字不若子"，称子比称字更尊贵。那么现在我再补充一条："且字不若伯仲"——当然也就有了"伯仲不若子"了。饮酒礼上的司正指令提示我们，"子＞伯仲＞且字"。首选是"子"，"伯仲"虽不如"子"，却优先于"字＋甫"。这就意味着"伯仲"比"字＋甫"更尊贵吧？如果只是为了避免称谓雷同，那么直接称字显然比称伯仲更具区分度，也就是称"尼甫"比称"孔仲"更具区分度，可伯仲仍然居"且字"之先，究其原因，只能因为伯仲比"且字"更尊贵。可见"尊之也"的说法确切无误，"伯仲"确系尊称。

---

[1] 《仪礼注疏》卷一二，阮本，第 1005 页下栏—1016 页上栏。
[2] 韦协梦云："《乡饮酒礼》云'某子受酬'，据受酬者而言也；此云'某酬某子'，据酬者而言也。其意盖曰'某酬某子，某子受酬'，经特互文见义耳。"《仪礼蠡测》卷五，《续修四库全书》，第 89 册第 583 页下栏。其说是。胡培翚意见略同："《乡射》某酬某子，上某字指酬者，下某字指受酬者，则兼酬者受酬而受相之，此（指《乡饮》）云某子受酬，与《乡射》文互见也。"《仪礼正义》卷六，南京：江苏古籍出版社 1993 年版，第 388—389 页。

由此看来，在前述学者对"五十以伯仲"的解释中，贾疏"二十为字之时，未呼伯仲，至五十乃加而呼之"这个阐述，不无道理，因为它符合"且字不若伯仲"的称谓礼俗。由贾疏出发又可推测，二十以上的"冠士"们是彼此称字 或"字十甫"的，更尊贵的"伯仲"系敬老之辞，五十岁以上的人才能用。当然必须补充，与贾疏不同，我只敢说乡饮酒礼上如此，其他场合须另行考察。

"某酬某子，某子受酬"这两句话，是仅仅针对堂上父老的，因为下文就是"受酬者降席"，席于堂上的父老才谈得上"降席"呢，堂下站立的弟子无席可"降"。堂上父老都在五十岁以上，都有了"五十以伯仲"的资格。除了旅酬时"五十以伯仲"，我想主人、父老彼此寒暄，弟子向父老问候，都应是"五十以伯仲"的。弟子相互称字，面对父老则遵循"父前子名"。这样看来，先秦确有"五十以伯仲"之礼，此礼与"五十养于乡"直接相关，也就是与乡饮酒礼直接相关。

尊称是供他人使用的，社交聚会时才生效，乡饮乡射都是社交盛会。年至二十岁、由"童子"变成"冠士"，来到乡饮乡射场合，人们便改容相对，不再称名，而以"某甫"相称。年至五十岁，又得以拄杖上堂、执爵坐饮，遂再次被刮目相看，众人改以"伯仲"相称了。无论如何，二十加冠取字是一次称谓变动，"五十以伯仲"又是一次称谓变动。叶梦得已把"五十以伯仲"同"五十为大夫"联系起来了，认为二者具有相关性："五十以伯仲，为大夫言也。"认为"以伯仲"同"为大夫"存在内在联系。如果我再把"五十以伯仲"跟"五十养于乡"联系起来，认定二者相辅相成，不算捕风捉影吧。

为此本文再推出一个"三段论"：

1. 三月起名，列身童子时总角，乡饮时到场旁观。
2. 二十岁加冠，取字称甫，乡饮时作为"冠士"立于堂下。
3. 五十岁用杖，改以"氏＋伯仲"或"伯仲＋字"为称，乡饮时作为父老在堂上执爵坐饮。

从加冠到用杖的变化，从称字到"以伯仲"的变化，从堂下侍立到堂上安坐的变化，划开了由幼年而成年、由成年而老年三大阶段，其中包含着两大转折点。既然"冠"与"爵"是人生两大里程碑，为此我建议把"五十养于乡"称为"爵礼"，以便跟"冠礼"一名相映成趣。如果再把"七十致事"看成第三个转折点的话，那么人生就将经历四大阶段了。

在本文第一节，我们引述了东非卡里莫庸人的"同代群"制度。在他们的社会中，存在着未成年男孩同代群、年轻同代群、年长同代群、隐退同代群等4个同代群。以此为参照，先秦社会的同代群，也可以确定为如下四者：

1. 二十岁以下的"童子同代群"。

2. 二十岁到五十岁的"冠士同代群"。

3. 五十岁到七十岁的"父老同代群"。

4. 七十岁以上的"致事同代群"。

在其之间，分别有冠礼、"爵礼"和"七十致事"之礼，构成了三个身份转换仪式，协助当事人晋升到更高的年龄级。参看下图：

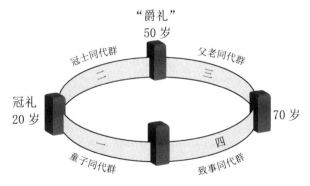

图3　先秦社会的四个同代群

用各色与"五十岁"相关的碎片拼图，一套身份转换仪式现出轮廓了。与其他民族的基于年龄的身份升级仪式相比，这套仪式，在复杂程度和清晰性上并不逊色，在内容、形式上则自有"中国特色"。若把饮酒礼上的席次爵次看成一种"席位爵"，那么"五十养于乡"也算一种"五十而爵"了，同"二十而冠"有可比性了。"二十而冠"是在家内举行的，"五十而爵"则是在公共场所，向整个氏族或乡里宣示了此人的全新身份。

五、"士非爵"辨：一个"席位爵"的视角

《礼记·王制》及《内则》叙养老礼数，都有"五十而爵"之文。同时在东周礼书之中，还有两处"古者五十而后爵"之说。一处是《仪礼·士冠礼·记》："无大夫冠礼，而有其昏礼。古者五十而后爵，何大夫冠礼之有？"[1]另一处是《礼记·郊特牲》，文义略同。为什么没有大夫的冠礼呢？因为男子二十而冠，五十才能爵为大夫，爵为大夫之时早就举行过冠礼了。为什么会有大夫的婚礼呢？因为大夫有可能再娶，再娶就得再次举行婚礼。在这些地方，"五十而后爵"被用来解释冠礼、婚礼。而且这"五十而后爵"被说成是"古者"的事情，属于往事，并不是作者所处时代的情况。

先秦制度史的研究者，对"古者五十而后爵"之说并不重视。姚彦渠《春秋会要》、董说《七国考》及杜佑《通典》等典制之书，在先秦爵制部分，都没提到"古者五十而后爵"。今人王贵民之《西周会要》，王贵民、杨志清之《春秋会要》，缪文远之《七国考订补》，杨宽、吴浩坤主编之《战国会要》等，搜集排比两周制度，也都没有把"古者五十而后爵"列入其中。各种现代政治制度史阐述先秦爵制，对这个说法，大抵一字不提。当然，我想学者们倒不是否认"五十而后爵"这种事情的存在。他们大约只把它看成一种"人生

---

〔1〕《仪礼注疏》卷三，阮本，第958页下栏。

观"、即一种贵族人生历程的总结了，而不是视作王朝正式制度的。

东周礼书中，又不止一处出现了"五十命为大夫"之说。这个"五十命为大夫"的说法，又被经学家拿来解释"五十而后爵"：

> 1.《礼记·内则》：二十而冠，始学礼，可以衣裘帛，舞大夏，惇行孝弟，博学不教，内而不出。三十而有室，始理男事，博学无方，孙友视志。四十始仕，方物出谋发虑，道合则服从，不可则去。五十命为大夫，服官政。七十致事[1]。
>
> 2.《礼记·曲礼上》：人生十年曰幼，学；二十曰弱，冠；三十曰壮，有室；四十曰强，而仕；五十曰艾，服官政；六十曰耆，指使；七十曰老，而传；八十九十曰耄，七年曰悼。悼与耄，虽有罪不加刑焉。百年曰期颐[2]。

以上两段文字都属于"人生观"，即对人生从幼到老的概括总结。"四十始仕""四十曰强，而仕"，意味着四十岁左右担任"初级领导职务"；"五十曰艾，服官政""命为大夫，服官政"，则意味着年至五十便走上"高级领导岗位"了，"五十而后爵"了。这也许是很多贵族的人生经历，却不能认定为正式制度，并不是说到了五十岁就必定爵为大夫，或者爵为大夫必须年过五十岁[3]。

---

〔1〕《礼记正义》卷二八，阮本，第 1471 页中栏。

〔2〕《礼记正义》卷一，阮本，第 1232 页上栏。

〔3〕按，《荀子·大略》还有一个"古者匹夫五十而士"之说。杨倞注云其"恐误"，觉得这段文字不可信。郝懿行《荀子补注》把这个"士"释为"事"："士者，事也。五十曰艾，服官政，然后可以任事也。"《郝懿行集》，济南：齐鲁书社 2010年版，第 4642 页。若依郝说，释"士"为"事"、"事"就是"官政"，那就跟"四十强仕""五十命为大夫"不矛盾了。俞樾另辟蹊径，认为"匹夫五十而士"说明"民间秀士"与"士族子弟"的入仕年龄不同，二者有十年之差，民间秀士五十方仕，士族子弟四十即仕。见其《诸子平议·荀子平议》，《春在堂全书》，南京：凤凰出版社 2010 年版，第 2 册第 166 页上栏。日人久保爱固守杨倞注："五当作四，士当作仕。"王先谦原作、久保爱增注《荀子集解》，《域外汉籍丛刊·汉文大系》丛书，成都：四川大学出版社 2017 年版，第 15 册第 754 页。

　　然而在"人生观"之中，汉儒竟然发现了一个制度问题："士非爵"。《白虎通义·爵》："何以知士非爵？《礼》曰'四十强而仕'，不言'爵为士'。至五十爵为大夫。……大夫，爵之下者也。"[1] 所谓"爵之下者"，就是"爵的最低一级"的意思。若以"大夫"为最低一级爵，"士"就被摒于爵列之外了，"四十始仕"时做的官也就不在爵列之内了。初看上去这好像是无事生非，其实不然。既然"五十而后爵＝五十命为大夫"，把等式两端的"五十"消去，则必有"爵＝大夫"。东周礼乐专家追述三代礼制，在他们写下"古者五十而后爵"及"五十而爵"之文时，明显地没把士当成爵。而这不会是偶然的。我推测，在殷周薪火相传的古老礼乐知识中，确实有过一个大夫以上才算爵的时代，要不然，怎么会平地生风，无缘无故地冒出一个"古者五十而后爵"的说法，并被视为常识，用来解释冠礼、婚礼、谥礼呢。

　　东汉初《白虎通义》的"士非爵"之论，还比较简略笼统；东汉末郑玄在讨论这个"士非爵"的问题时，扣住了"古者五十而后爵"的"古者"二字，进而又区分出了爵制进化的三个阶段：

　　1. "殷以前也，大夫以上乃谓之爵"，士不算爵。

　　2. "周制爵及命士"[2]，"士"成为一个爵级了；此时年未五十之贤材也可以试为大夫了，不过仍要服士服、行士礼。

　　3. 时至周末，就连"未冠而命为大夫"的情况都出现了，"五十而爵"被彻底突破。

郑玄随即就用这个"三段论"解释"古者生无爵，死无谥"："古谓殷，殷士生不为爵，死不为谥。周制以士为爵，死犹不为谥耳，下大夫也。今《记》之时，士死则谥之，非也。"[3] 清人陈立又借助这个

〔1〕 陈立：《白虎通疏证》卷一，北京：中华书局1994年版，第18—20页。
〔2〕《礼记·郊特牲》"古者生无爵，死无谥"郑玄注。《礼记正义》卷二六，阮本，第1455页下栏。
〔3〕《仪礼·士冠礼》郑玄注，《仪礼注疏》卷三，阮本，第959页上栏—中栏。

"三段论"，把《白虎通义》的"士非爵"说成"夏殷制"。然而在这地方，陈立多有曲解，因为他把郑玄之说强加给《白虎通义》了。相关辨析，内容稍繁，所以另置于本节"附录"。

郑玄在解释古礼时，若遇异说，往往就会运用"三代异物"理念，把其间分歧说成是夏、殷、周之别。至少东周史料表明，年未五十岁而为大夫者已时时而有，士不但逐渐成了"爵"了，还有了上士、中士、下士之别。跟《白虎通义》不分时代地认定"士非爵"不同，在郑玄的论述中，"士非爵"经历了一个变迁历程，只存在于某个历史阶段，即殷代以上。较之《白虎通义》，郑玄可称后来居上。当然，"周制爵及命士"仍是一个经学论点，它还需要史学的检验。

所谓"命士"之"命"，来自册命制度。官吏上任前需经册命，这个程序增加了任职的庄重性和职务的正式性，所以是一个行政进步。作为普遍规律，高官的任命总比卑官更庄重、更正式，为此我断言，册命之礼是从等级的高端发端，随后再逐渐向低端普及的。"傅说受命为相"之类史文，以及近年发现的相关简文，暗示册命制度在殷朝就已萌生了。那么，继续推测大夫的册命先于士之册命而演生，不算无稽之谈吧。世入西周，册命铭文大量出现。在这些铭文中，能看到鼓、钟、辅、场、虞、牧、驭、祝、仆、底鱼、宫人、善夫、奠人、小臣、小子、司旗、司卜、司士等众多职官，它们层级不高，在《周礼》中都属于士一级的职官。可见在东周属于"士"层级的诸多职官，西周时其任职已需要册命了，被纪录于册命铭文之中了。

看到这里，读者可能会这样想："周制爵及命士"看来可以成立了。可惜实不尽然。再往前看，就遇到了一道鸿沟："命士"概念的成立需要有"命"有"士"，而西周有"命"无"士"。西周虽能看到几个以"大夫"、以"士"为名的官职，但用作爵级、组成爵列的"大夫—士"，既得不到可靠史文的支持，也得不到器物铭文的支持[1]。至少在西周晚期以前，并不存在"大夫—士"这套爵列。由册命制度，逐渐发展出了由一命、再命、三命构成的"命数"，但命数并不是"爵"，不能因为官员有"命"就说他有"爵"。赘言之，西周时"命"是存在的，而作为一个层级概念和爵级概念的"士"，尚不存在；与东周的"士"相当的那个层级的官员，在西周已拥有册命了，但还没有获得"士"爵。因为西周尚无"大夫—士"这套爵列。所以郑玄"周制爵及命士"之说，并不适合西周。

我坚持认为，先秦凡是称"爵"的秩次等级，其演生都跟酒爵有关，也就是跟饮酒礼上执爵而饮的席位有关，否则便无法解释为什么那套品位称"爵"。公侯伯子男与公卿大夫士这两套品位称"爵"，所以二者的演生都跟饮酒礼有关。"命数"是由册命次数发展而来的，与饮酒礼无关，所以不被看成"爵"。饮酒礼上的席次与爵次，我们视之为一种原生态的爵，即"席位爵"。"五十而后爵"及"士非爵"，当从饮酒礼求解。在"席位爵"的意义上，乡饮时父老在堂上执爵坐饮，不妨说父老有"爵"；子弟只能在堂下侍立，故子弟无"爵"。而大夫、士这两个称谓，究其来源，本是同于父老、子弟的。

什么是"士"呢？"士"本义是成年男子，所以"士女"并称。从士之字又可从女，如婿又作壻。乡饮酒礼上的"冠士"，就是立于堂下的子弟之称。至于"大夫"，其本义极似"大人"。父母可以称"大人"，乡里领袖也可以称"大人"[2]，长辈、尊者都属"大人"。段

---

〔1〕可参看赵伯雄：《周代大夫阶层的历史发展》，《内蒙古大学学报》1983年第2期，第1—8页。段志洪：《周初无大夫称谓考》，《四川大学学报》1988年第2期，第96—99页；《周代卿大夫研究》，台北：文津出版社1994年版，第9—14页。

〔2〕父亲之称"大人"，如《史记》卷八《高祖本纪》"始大人常以臣无赖"，同前，第482页。母亲之称"大人"，如《汉书》卷八〇《淮阳宪王刘钦传》"欲上书为大人乞骸骨去"，颜师古注："大人，博自称其母也。"第3312页。父老、乡里领袖之称"大人"，如《后汉书》卷一七《岑彭传》"彭因言韩歆南阳大人，可以为用"，李贤注："大人，谓大家豪右。"同书卷三一《苏章传》"祖父纯……三辅号为'大人'"，李贤注："大人，长老之称，言尊事之也。"北京：中华书局1965年版，第654、1106—1107页。

志洪指出，"大夫"之称来自"大人"，"大人"则是原始社会父家长之称[1]。其说极是。所以在最早时候，大夫与父老，士与子弟，在身份上是可以画等号的。在乡饮酒礼上，大夫、士曾被用作礼宾之辞，分别是堂上父老与堂下子弟之称。

我推定，作为"品位爵"的大夫、士，来自作为乡饮礼宾之辞的大夫、士。国君会用燕礼来款待官员，而燕礼承袭了很多乡饮礼数，包括堂上堂下之制，也包括大夫、士之称。小规模的燕礼只宴请高官，他们得以在堂上执爵坐饮；大范围的燕礼泽及卑官，但卑官只能立于阶下。而依乡饮概念，堂上安坐者是贵宾、是大人，换言之也就是"大夫"，阶下侍立者通称为"士"，所以高等职官逐渐以"大夫"为称，低等职官逐渐以"士"为称了。如此这般地，"大夫""士"二者便由乡饮礼宾之辞，演变为两个职官层级之称，进而是两等爵称了。而依照乡饮古俗，堂上的坐席才算"爵位"，堂下的站位不属"爵位"，所以曾有一段时间，在人们的心目中，"大夫"（大人）才有"爵位"，高官可以安坐堂上执爵而饮，所以高官可称"大夫"（大人）；"士"没有"爵位"，卑官在饮酒礼上无堂上坐席，只能立于堂下，所以卑官在"士"之列。

约在两周之间，或东周之初，"大夫"与"士"进化为职官层级之名。但囿于"堂上大人的坐席才算爵"的传统观念，一度只有"大夫"才被看成"爵"，"士"在相当一段时间里只是一个职官层级之名，但不被看成一级爵名。在这段时间里"士非爵"，做到了大夫才算有爵。"五十而爵"的社会观念就是这么来的。这个"士非爵"的阶段，在汉以后就淡出了学者的视野，战国礼家的脑海里却仍珍存着历史记忆，其"无大夫冠礼，而有其昏礼，古者五十而后爵，何大夫冠礼之有"之论，其"死而谥，今也。古者生无爵，死无谥"之说，都不是无根之谈，语中所谓"古者"，全都指向那个"士非爵"的历

---

[1]　段志洪：《周代卿大夫研究》，第2—8页。

史阶段。那时的"爵"仍有浓厚的"席位爵"色彩，有爵无爵，由饮酒礼上有无堂上坐席而定。

历史车轮继续前行，才逐渐驶入了纯粹的"品位爵"阶段。这时候人们感到，大夫与士不光在指称职官层级时其功能是相同的，而且在用作官员品位之名时，二者的功能也是相同的，把二者都视之为"爵"，在行政管理上更合理、更便利。

因"大夫""士"已成了职官层级之称，乡饮时父老就不好再称"大夫"（大人）了，否则就会同官爵之称混为一谈；子弟也改称为"冠士"了，好同"命士"区分开来。"大夫—士"同"父老—子弟"本是一回事，然而随制度进化，二者逐渐分化了，"父老体制"让位于行政体制了。

"士非爵"之说一直被忽视，其实这个说法值得深究。它告诉人们，曾有一个历史时期，堂上大夫的坐席才算"爵"，而这就反过来证明了，在"品位爵"出现之前，中国爵制曾经历过一个"席位爵"的阶段。

【附录】陈立《白虎通疏证·爵》的不当之处

《白虎通义》有"何以知士非爵"一语，对这一句话，陈立《白虎通疏证》释云："班氏所言，盖据夏殷制。"（第18页）对《白虎通义》的"大夫，爵之下者也"之文，陈立亦云："此亦据夏殷制也。周则士亦为爵，不得以大夫为爵之下矣。"（第20页）在这些地方，陈立都依据郑玄的"三段论"，用"夏殷制"和"周制"来区分"士非爵"与"士亦为爵"，然而那并不全是《白虎通义》的本意。详下。

《白虎通义·爵》在论述公侯伯子男五等爵时，采用了"一质一文、殷质周文"之说，认为殷代属"质家"，所以爵三等；周代属"文家"，所以爵五等。可见对于五等爵，《白虎通义·爵》确实是区分殷、周的，所谓区分，就是一个质家、一个文家，一个三等、一个五等。至于对于"内爵称"，也就是公卿大夫这套爵，就不同了。《白虎通义·爵》明言"所以不变质文者何？内者为本，故不改内也"。"内"就是"内爵称"，也就是公卿大夫爵。既然申明了"内爵称"是"不变质文"的，"不改内"意谓"内爵称"从殷到周一如既往、不做改动，那么殷周内爵便都是公、卿、大夫三等，都没有士了。也就是说，在《白虎通义》看来，周代依然"士非爵"。

又如，《白虎通义·爵》有"内爵所以三等何"之语，对这个"三等"，陈立认为"此据诸侯臣卿、大夫、士三等言也"（第19页）。陈立这个说法仍不准确。第一，这个"三等"之所指，乃是前文中的公、卿、大夫三等，并不含士在内。第二，这三等爵中有公爵，而公属于"天子臣"，并不是诸侯臣，诸侯之臣是没有公爵的。随后《白虎通义·爵》引《王制》"上大夫、下大夫、上士、中士、下士，凡五等"，这五等才是"诸侯臣"。在这五等之中，也只有上大夫、下大夫两等是爵，上士、中士、下士这三等，在《白虎通义》看来不算爵。所以《白虎通义》随后又说"大夫，爵之下者也"，再次强调"爵"至大夫而止，大夫以下非爵，也就是"士非爵"。

据此，在今人解说《白虎通义》上述文句之时，不宜采用陈立之说。

六、"五十为三老"或"七十养于乡"："优耆老"与"服官政"

在周秦汉的"三老"史料中，有一条支持"五十养于乡"。汉二年（前205）二月癸未刘邦令：

举民年五十以上，有修行，能帅众为善，置以为三老，乡一人。择乡三老一人为县三老，与县令丞尉以事相教，复勿繇戍。以十月赐酒肉[1]。

刘邦甫即汉王之位，便不失时机地下令设置乡三老、县三老。看来刘邦基于他的政治经验，认为乡三老、县三老在基层所发挥的作用，不可或缺。

战国及秦已在乡里设有"三老"了。《礼记·文王世子》："遂设三老、五更、群老之席位焉。"郑玄注云："以《乡饮酒礼》言之，席位之处，则三老如宾，五更如介，群老如众宾必也。"[2] 这意味着三老之礼是可以同乡饮酒礼比拟的，二者存在着密切关系。三老之制有基层与朝廷两个层次。战国时，社会基层设有乡三老、县三老；至汉，又在朝廷上设置了"国家级"的三老。这同《王制》所云"养于乡""养于国"两个等级，看上去似有对应关系。于是元人马端临说，与古之"五十养于乡"相对应的，是"汉初每乡及县皆有三老"；与古之"养于国"相对应的，是"天子视学，设三老五更群老之席位"[3]。今人也有类似的看法[4]。汉代的乡县三老，可以说由氏族长老、乡里父老的行政化、官方化而来，二者是"先河后海"的关系。若然，乡县三老的"年五十以上"的选任标准，我想就不是凭空而来，而是来自一个古俗：成为氏族长老、乡里父老，通常以五十岁为始。

---

[1] 班固：《汉书》卷一上《高帝纪上》，北京：中华书局1962年版，第33—34页。

[2]《礼记正义》卷二〇，阮本，第1410页上栏。"席位之处"的"席"字，原文误作"帝"字。据惠栋校改。参看刘玉才主编：《十三经注疏校勘记·礼记上》，北京：北京大学出版社2015年版，第389页。

[3] 马端临：《文献通考》卷四五《学校考六》，北京：中华书局1986年版，第425页中栏、下栏。

[4] 例如王雪岩："顺着'七十养于学'的养老制度发展而来的是'食三老五更于大学'的上层礼仪系统的三老制；'五十养于乡'则可能演变成了基层行政系统的三老制，这也就是汉代成为地方社会领袖的这类三老。"见其《汉代"三老"的两种制度系统：从先秦秦汉的社会变迁谈起》，《中国社会经济史研究》2009年第2期，第18页。

在"养老"措施的起点上，"五十养于乡"系先秦礼家之通识。时移事异，到了汉代，朝廷实行的却是"七十养于乡"了，有多种优待是以七十岁为始的。略举数例：

> 1.《周礼·大司徒》"二曰养老"郑玄注：养老，七十养于乡、五十异粮之属。
>
> 贾公彦疏：案《王制》云："五十养于乡，六十养于国，七十养于学。"彼谓大夫士也。《王制》又云"凡三王养老，皆引年"，（郑玄）注云："已而引户校年，当行复除也。老人众多，非贤者不可皆养。"故《食货志》云"七十已上，上所养也"[1]。
>
> 2.《汉书·食货志》：七十以上，上所养也[2]。
>
> 3.《续汉书·礼仪志中》：仲秋之月，县道皆案户比民。年始七十者，授之以王杖，铺之糜粥[3]。
>
> 4.《王杖诏令册》：年七十以上，人所尊敬也。非手杀伤人，毋告劾，它毋所坐[4]。

在第 1 条中，郑玄所说的"七十养于乡"，有那么一点可能是"五十养于乡"之讹。因为下一句"五十异粮"出于《王制》，而在《王制》中，"五十异粮"的上一句是"五十养于乡"。"五十养于乡"是周制，"七十养于乡"是汉制。郑玄会把汉制与《王制》混着说吗？

不过对这个"七"字，一向无人质疑，贾疏也不把"七"看成讹字。贾疏认为，先秦礼书中的"五十养于乡"，只是对大夫士而言的；

---

〔1〕《周礼注疏》卷一〇，阮本，第 706 页中栏。"七十已上，上所养也"一句，"所养"二字之前原无"上"字。查孙诒让《十三经注疏校记》："'所养'上，据汉志当重'上'字。"据补。北京：中华书局 2009 年版，第 125 页。

〔2〕班固：《汉书》卷二四上《食货志上》，第 1120 页。

〔3〕范晔：《后汉书》，第 3124 页。

〔4〕武威县博物馆：《武威新出土王杖诏令册》，收入甘肃省文物工作队、甘肃省博物馆编：《汉简研究文集》，兰州：甘肃人民出版社 1984 年版，第 35 页。

至于庶民就不同了，郑玄已指出"老人众多，非贤者不可皆养"，庶民中的老人太多、朝廷养不过来，只好选择其中的"贤者"来养，所以汉廷的优待限于七十岁以上。对汉廷实行的"七十养于乡"，可参第 2—4 条。用大夫士与庶民之别，来解释"五十养于乡"与"七十养于乡"之别，颇具合理性。正如周代的冠礼很可能只是贵族之礼，与庶民关系不大一样，"五十养于乡"的"爵礼"大约也只是贵族之礼，与庶民的关系并不太大。

问题还不仅仅如此。《礼记·曲礼》云"五十曰艾，服官政"，郑玄注："艾，老也。"孔颖达疏："四十九以前通曰'强'。年至五十，气力已衰，发苍白，色如艾也。五十是知天命之年，堪为大夫服事也。大夫得专事其官政，故曰'服官政'也。"[1] 在这类论述中，五十岁既是一个"气力已衰，发苍白"，需要纳入"优耆老"的范畴，给予优待、减轻负担的年龄，又被说成一个经验能力足以承担重任、"堪为大夫服事"的年龄。按照"七十致政"之法，五十岁之后还能整整工作二十年呢。把"优耆老"与"服官政"糅在一起，好像有矛盾了，到底是五十已衰还是七十已衰呢？"气力已衰"怎么反而还要"服官政"呢？

其实，《王制》说的是"五十始衰"，连《黄帝内经》说的也是五十始衰[2]，而不是孔疏所说"年至五十，气力已衰"。"始衰"好比刚刚日过中天，"已衰"则已日薄西山了。若向早期原生社会追溯，则在"父老体制"下，族长、父老是领导阶层，子弟是被领导阶层，这时候"优耆老"与"服官政"浑然一体、水乳交融。"五十养于乡"的作用，是让年届五十岁者通过"爵礼"成为父老，为领导层补充新鲜血液。后代学者对这一点早已陌生，通常只从"优耆老"来解说"五十养于乡"。实际上"五十养于乡"的更大意义，在于它是"父老

---

[1]《礼记正义》卷一，阮本，第 1232 页上栏—中栏。
[2]《灵枢·天年》："五十岁，肝气始衰，肝叶始薄，胆汁始灭（减），目始不明。"河北医学院：《灵枢经校释》，北京：人民卫生出版社 1982 年版，下册第 127 页。

体制"的支柱，维系高居社会之上的"爸爸式的权力"。显而易见，这时"养老"的重心处在"服官政"一方，而不是"优耆老"一方。这样一种"养老"必须自五十岁始，以充分利用五十岁者的体力精力，而不能自七十岁始，七十岁者"已衰"，已没能力"服官政"了。

随小型简单社会向大型复杂社会进化，国家体制逐渐取代了父老体制，行政架构逐渐取代了"长幼之序"，"服官政"者由父老变成了官员，于是"养老"的重心从"服官政"向"优耆老"大幅度偏转，最终变成了王朝的一宗慈善事业、一项社会政策了。汉朝养老之法，有糜粥、赐粟絮酒肉、赐王杖、给予礼制特权与法制特权等。对这个数千万人口的大帝国，"优耆老"以七十岁为起点，大致适应了当时政府的财政能力。西汉后期的东海郡简牍显示，当时对七十岁、八十岁、九十岁者实行分等优待之法。同时郡中设有二百多名县、乡三老[1]，这些县、乡三老的任职年龄，估计与汉初相同，仍以五十岁为起点，以保证他们仍有体力精力"服官政""率教化"。在这地方，人们又看到了那个二十年的年龄差。"五十养于乡"和"七十养于乡"之间的二十年落差，不仅来自贵族与平民之异，也来自父老体制与行政体制之别。总之，与"五十""七十"相关的各种异同，都是由父老体制向行政体制的转型所造成的。

当然，元老、父老的权势沦落，在各个地方都是一个漫长历程。在周朝，元老们仍有备顾问、供咨询、培训青年贵族之责，仍能用他们的言谈、政见影响"官政"。《礼记·内则》："凡养老，五帝宪，三王有乞言。"[2]这是周天子向老者"乞言"。又《礼记·文王世子》："凡祭与养老乞言，合语之礼，皆小乐正诏之于东序。"[3]这是世子和学子向老者"乞言"。

元老之参政议政，还往往同饮酒礼相关，借助于饮酒的形式。

─────────

[1]　以上参看《尹湾汉墓简牍》，北京：中华书局1997年版，第77—78页。
[2]　《礼记正义》卷二八，阮本，第1468页上栏。
[3]　《礼记正义》卷二〇，阮本，第1405页中栏。

"三老"对天子的教诲，就是在天子为之割牲、敬酒之时，表达出来的。杨宽指出，周朝的乡饮酒礼及飨礼，都具有"议会"或"元老会议"的性质，执政者把它们用作咨询机关，用以商定大事，包括立嗣、"定兵谋"等等。例如季武子通过饮酒礼来确定继承人，例如鲁侯"在泮饮酒"、即在学宫中举行乡饮酒礼，同元老们商议征伐淮夷、"屈此群丑"之事："在泮饮酒者，征先生君子，与之行饮酒之礼，而因以谋事也。"[1] 后代通常把朝议与宴饮分为二事，而周人把二者合之为一，习惯在餐饮之时"谋事"，边吃喝边议政[2]。所以对饮酒礼的"官政"功能，不宜忽略了。

顺便说，《礼记·王制》的"五十而爵"四字之后，是"六十不亲学，七十致政"。对句中的"六十不亲学"一语，现在也有了重新诠释的余地。"六十不亲学"的既往解释，姚际恒概括有二："或谓'不能备弟子之礼'；或谓'以前未学，止六十始亲学，晚矣，故不亲学'。二说未知孰是。"[3] 在二说之中，《钦定礼记义疏》选取后者："六十不亲学，示人至此学已晚也。"[4] 陆佃还说，六十岁入学念书是有点晚了，但这把年纪已可摆脱书本、得意忘言了[5]。姚氏云"二说未知孰是"，我认为二说皆非。"亲学"的意思，应是亲身前来学校。

---

[1]《诗·鲁颂·泮水》"在泮饮酒"郑玄笺，《毛诗正义》卷二〇，阮本，第611页中栏。

[2] 利用餐饮机会议政的习惯，又见于《国语·周语中》所记饫礼："夫王公诸侯之有饫也，将以讲事成章，建大德，昭大物也，故立成礼烝而已。饫以显物，宴以合好，故岁饫不倦，时宴不淫。"韦昭注："饫，飨礼。讲，讲军旅，议大事；章，章程也。"《国语》，上海：上海古籍出版社1978年版，第54—65页。"饫"是站立的飨礼，其意义不限于餐饮，周人借此议决军政大事，所以要经常举行，不厌其烦。参看杨宽：《"乡饮酒礼"与"飨礼"初探》，《古史新探》，第287—293页。景红艳赞成杨宽的这个论点："军旅大事以及典章制度，仍然是大飨礼上贵族可以讨论的话题。"《〈春秋左传〉所见周代重大礼制问题研究》，北京：中国社会科学出版社2015年版，第120页。

[3] 姚际恒：《礼记通论》，简启桢辑：《礼记通论辑本》，收入《姚际恒著作集》，台北："中研院"文哲研究所2004年版，第2册第244页。

[4]《钦定礼记义疏》卷一九，《景印文渊阁四库全书》，第124册第543页上栏。

[5] 陆佃："六十而犹学，晚矣。盖当是时，虽离文字可也。"卫湜：《礼记集说》卷三五引山阴陆氏，《景印文渊阁四库全书》，第117册第717页下栏。所谓"离文字"，即"法离文字，道不可名""即文字而谓教，离文字而谓禅"之意。

若依前说，六十岁太老，就得中止学业了；若依后说，至六十岁尚未入学，那就断了这个念头吧。然而这都跟七年小成、九年大成的学制不符。早期社会的人力资源是很宝贵的，不会有人不农不工不商不官，一直在学校闲呆到六十岁。"六十亲学已晚"之说显然过于牵强了，不能成立。六十则"不能备弟子之礼"，这说法本身倒不无道理，六十岁就不必屈居弟子了，不过这跟"不亲学"，仍不止一步之遥。

先秦之"学"其实是一个"多功能厅"，除了用于教育子弟，还用来举行各种集体活动，包括举行饮酒礼，以及议决公务。通观"五十而爵，六十不亲学，七十致政"之文，第一句是说五十岁获得"学"中的坐饮之席，作为父老而参决"官政"，第三句是说"七十致政"退居二线告别"官政"，那么居于二者之间的"六十不亲学"一句，大概率也同"官政"相关。我猜想这个"亲学"是"到会""到场"之意：长老们举行会议共商"官政"，或者日常在"学"中值班处理"官政"，五十岁者理应参加、义不容辞，年过六十就不一定到场了。"不亲学"就是"不必定亲学""不强求亲学"的意思，来不来看情况，你自定。

《增修互注礼部韵略》之「大夫以上云云」

——一条涉及「席位爵」的史料溯源

一、《增修互注礼部韵略》中的"大夫以上云云"

西嶋定生有一个观点：爵制起源于乡饮酒礼上的爵次与席次。他之所以滋生了这样一个想法，是受了清儒的如下启发：

1. 朱骏声：旧说，古人行爵有尊卑贵贱，故引申为爵禄[1]。
2. 俞樾：或曰，古人行爵有尊卑贵贱，故引申为爵禄字[2]。

这个"旧说"表明，命秩之爵得名于饮酒之爵。朱骏声与俞樾所引，文字全同，大约是俞樾袭用了朱骏声的引文吧。其实，朱、俞二人都不赞成这个"旧说"，对命秩之爵如何得名，他们另有解释。朱氏主张"尊号之合音为爵"，俞氏说指称爵禄的那个"爵"字，本是册命诸侯的命书之象形，跟酒爵之"爵"的字形不同。尽管朱、俞另有主张，但他俩对"旧说"的引述仍然嘉惠后人了：这个"旧说"成了西嶋定生的灵感来源了。

可惜那个"旧说"从何而来，朱、俞都没有提供，西嶋未加检索，我也一直没能查到来源。不过我看到了古人的另一段论述，也把饮酒之爵与命秩之爵联系起来了。起初我误以为那段论述出自《开元

〔1〕 朱骏声：《说文通训定声·小部》，北京：中华书局1984年版，第337页下栏。
〔2〕 俞樾：《兒笘录》二，《春在堂全书》，南京：凤凰出版社2010年版，第2册第571页下栏。

文字音义》，后加检索核对，发现其实不然。下面就把检索核对的结果整理如次。

我是在宋代韵书之中，首先查到这段论述的。请看：

> 1.《增修互注礼部韵略》：爵，即约切，鸟名，象其形为酌器，取其能飞而不溺于酒，因以寓徵戒焉。大夫以上与燕享，然后赐爵以章有德，故因谓命秩为爵[1]。
>
> 2. 胡三省《资治通鉴音注》：毛晃曰："大夫以上预燕飨，然后赐爵秩以章有德。"[2]
>
> 3.《洪武正韵》卷一五：爵，即约切，鸟名，象其形为酌器，取其能飞而不溺于酒，因以寓徵戒焉。大夫以上与燕享，然后赐爵以章有德，故因谓命秩为爵[3]。

第 1 条《增修互注礼部韵略》（后文简称《增韵》）一书，系毛晃所作，系就北宋丁度的《礼部韵略》一书增注而成。毛晃是南宋绍兴年间（1131—1162）的进士。这部《增韵》，后来由其子毛居正校勘重增，随后刊行。其"大夫以上预燕飨，然后赐爵秩以章有德"之论，意味着厕身国君的宴享、消受赐爵饮酒的资格，便使得"爵"这个酒器之称，变成了"命秩"之名，变成"大夫"的品位之名了。换言之，"爵"是通过饮酒礼，而发生了词义引申，转指官贵品位的。毛晃的这句话，本文随后简称"大夫以上云云"。

第 2 条胡三省的《资治通鉴音注》在引用毛晃"大夫以上云云"之时，对原文做了简化，然而他把"然后赐爵以章有德，故因谓命秩

---

[1] 南宋毛晃增注、毛居正重增：《增修互注礼部韵略》卷五《入声·十八药》，《景印文渊阁四库全书》，台北：商务印书馆 1986 年版，第 237 册第 566 页下栏。

[2] 司马光等著、胡三省音注：《资治通鉴》卷一二，北京：中华书局 2013 年版，第 47 页。

[3] 乐韶凤等：《洪武正韵》卷一五《六药》，《中华汉语工具书库》，安徽教育出版社 2002 年版，第 61 册第 595 页上栏。

为爵"简化为"然后赐爵秩，以章有德"了，这却是一种曲解，远离了原意。不过胡三省的引用还是很有意义的，详后。

　　第 3 条《洪武正韵》，全袭《增韵》。以此为始，此后明代几种法学著作在解释"爵"字时[1]，还有明清时《古隽考略》《潜确类书》《类书纂要》等类书解释"爵"字时[2]，都征引了"大夫以上云云"。这些征引都属于从《增韵》到《洪武正韵》这个系统。

二、"大夫以上云云"与《开元文字音义》

　　在毛晃父子的《增韵》中查到"大夫以上云云"之后，我又想知道这段话从何而来。一些蛛丝马迹，把我引向了唐玄宗《开元文字音义》：

　　　1. 元《古今韵会举要》：《文字音义》：爵，量也，量其职、尽其材也。大夫以上与宴享，然后赐爵以章有德，故因谓命秩为爵[3]。

　　　2. 明末《正字通》：《文字音义》曰：爵，量也，量职、尽其材也。大夫以上与燕飨，赐爵以章有德，故谓秩为爵[4]。

----

[1]　参看张楷：《律条疏议》卷一，明嘉靖二十三年黄岩符验重刻本，卷一第三十一页；应槚《大明律释义》卷一，《续修四库全书》，上海：上海古籍出版社 2002 年版，第 863 册第 17 页；郑继芳：《明律集解附例》卷一《名例·除名当差·纂注》，光绪戊申重刊本，早稻田大学图书电子版，第 2 册第四十页。三书所引均不完整，各得其一端。

[2]　顾充辑：《古隽考略》卷三，《四库全书存目丛书》，济南：齐鲁书社 1995 年版，子部第 195 册第 445 页下栏。陈仁锡辑：《潜确居类书》卷九一《服用部四》，《四库禁毁书丛刊》，北京：北京出版社 1998 年版，子部第 16 册第 193 页下栏。陈仁锡引用时弄出了错乱，后一部分被抄成了"大夫以上以彰有德，与燕享，然后赐爵，故因谓命秩为爵"了。周鲁辑：《类书纂要》卷三〇，《四库全书存目丛书》，子部第 238 册第 643 页下栏。

[3]　黄公绍、熊忠：《古今韵会举要》卷二八《入声·十药》引，北京：中华书局 2000 年版，第 457—458 页。

[4]　张自烈：《正字通》卷一二《爪部》，《中华汉语工具书库》，第 5 册第 144 页上栏。

这两条史料中的"《文字音义》"，就是唐玄宗《开元文字音义》。我最初未加详考，便以此为据，把"大夫以上云云"引为《开元文字音义》之文。后来发现情况没那么简单。查黄奭、汪黎庆分别辑有《开元文字音义》：

> 1. 黄奭辑：爵，量也。量其职、尽其才也。（原注：《广韵·十八药》。《韵会·十药》引，下云"大夫以上与宴享，然后赐爵以章有德，故因谓命秩为爵"，疑亦是本文，《广韵》脱引。）[1]
>
> 2. 汪黎庆辑：爵，量也，量其职、尽其才也。（原注：《广韵·十八药》）；量也，量其职、尽其才也。大夫以上与宴享，然后赐爵以章有德，故因谓命秩为爵。（原注：《五音集韵·一药》《古今韵会·十药》）[2]

两相比较，对"大夫以上云云"，黄奭持谨慎态度，只说到"疑亦是本文"为止，不必其事。汪黎庆则径直辑入，等于认定"大夫以上云云"跟前一句"爵，量也，量其职、尽其才也"一样，都来自《开元文字音义》了。（汪黎庆还有一个疏忽：在金代修成的《五音集韵·一药》中，只有"《文字音义》曰：爵，量也，量其职、尽其才也"，并无"大夫以上云云"以下[3]，所以"《五音集韵·一药》"六字应该前移到"《广韵·十八药》"五字之后。）

南宋《增韵》出现了"大夫以上云云"了，但并没有说引自《开元文字音义》；在"大夫以上云云"之前，也没有"爵，量也云云"

---

〔1〕 黄奭辑：《汉学堂经解》，《黄氏逸书考》第29册，清道光黄氏刻民国二十三年朱长圻补刻本。

〔2〕 汪黎庆辑：《小学丛残》二，收入王国维主编：《学术丛编》第9卷，上海：上海书店2015年版，第3册第88页。

〔3〕 参看韩道昭：《五音集韵》卷一五《一药》，《景印文渊阁四库全书》，第238册第324页上栏。

那一段来自《广韵》的文字。检阅北宋修成的《集韵》及《礼部韵略》，则既无"爵，量也云云"，也没有"大夫以上云云"[1]。《原本广韵》《重修广韵》开始引用"《文字音义》：爵，量也，量其职、尽其材也"之文了，但没有"大夫以上云云"之语，这跟金修《五音集韵》是一样的[2]。这样看来，"大夫以上云云"之文，是在南宋《增韵》中首先出现的，随后被元修《古今韵会举要》所承袭，并把它置于"《文字音义》，爵，量也云云"一语之后了。《洪武正韵》并无"《文字音义》，爵，量也云云"一语，就是说《洪武正韵》跳过了元修《古今韵会举要》，直承《增韵》，遂如学者所云："可见《古今韵会举要》与《增韵》(按即《增修互注礼部韵略》)关系非比寻常"，"《洪武正韵》是在《增韵》的基础上改并删补编纂而成的。"[3]

总之，"大夫以上云云"与《开元文字音义》的关系，看来相当渺茫。

三、"大夫以上云云"与《埤雅》

另一些史料，又把人引向了北宋末年陆佃所编的《埤雅》：

1.《康熙字典》：又《埤雅》：大夫以上与燕赏，然后赐爵以章有德，故谓命秩为爵禄、爵位[4]。

[1]　分别参看丁度：《集韵》卷一〇《十八药》，上海：上海辞书出版社 2012 年版，第 1480 页；丁度：《附释文互注礼部韵略》卷五《十八药》，《景印文渊阁四库全书》，第 237 册第 287 页下栏。

[2]　参看《原本广韵》卷五《十八药》，《景印文渊阁四库全书》，第 236 册第 201 页下栏；陈彭年等：《宋本广韵》，南京：江苏教育出版社 2005 年版，第 148 页下栏。

[3]　李子君：《〈增修互注礼部韵略〉研究》，北京：社会科学文献出版社 2012 年版，第 6 页。

[4]　张玉书等：《康熙字典(标点整理本)》，上海：汉语大词典出版社 2002 年版，第 642 页左栏。

2. 周寿昌:《埤雅》:大夫以上与燕赏,然后赐爵以章有德,故谓命秩为爵禄、爵位[1]。

3. 郭嵩焘:所谓爵者,命数也,盖周制之文也。《埤雅》:命秩为爵[2]。

第 1、2 条一模一样,都把"大夫以上云云"引为《埤雅》,所引与前述诸书的"大夫以上云云"略有小异之处,是"宴享"作"燕赏","为爵"作"为爵禄、爵位"。第 3 条所见,郭嵩焘只采用了"命秩为爵"四字,但也把它归于《埤雅》了。

《康熙字典》所引"大夫以上云云"的句末,作"为爵禄、爵位",相似的增益在明后期韵书、字书中就出现了。例如《重刊详校篇海》作"故因谓命秩为爵,又曰爵禄,一曰爵位"[3];《并音连声字学集要》作"故因谓命秩为爵禄、爵位"[4];《同文铎》作"因谓命秩为爵,故曰爵位"[5];等等。康熙时的学者张永铨《百爵图说》所引"大夫以上云云",句末也作"因谓命秩为爵禄、为爵位"[6]。以上诸书引"大夫以上云云",句末皆有"爵禄、爵位"字样,显然出自同一传抄系统,这个系统的传抄影响到了《康熙字典》。

然而检阅今传《埤雅》,其中并没有"大夫以上云云"之文[7]。那么,或者"大夫以上云云"系今本《埤雅》佚文,或者这段话被错误地归为《埤雅》了。前一可能性并无旁证,后一可能性更大一些。下

〔1〕 周寿昌:《汉书注校补》卷三一,上海:商务印书馆 1936 年版,第 532 页。
〔2〕 郭嵩焘:《礼记质疑》卷五,《郭嵩焘全集》,长沙:岳麓书社 2012 年版,第 149 页。
〔3〕 李登:《重刊详校篇海》卷四《爪部》,《续修四库全书》,第 232 册第 246 页下栏。按,据研究,赵新盘是此书的主要编者。
〔4〕 陶承学、毛曾:《并音连声字学集要》卷三《药入》,《续修四库全书》,第 259 册第 298 页下栏。
〔5〕 吕维祺:《同文铎》卷二八,《续修四库全书》,第 252 册第 373 页下栏。
〔6〕 张永铨:《闲存堂文集》卷一三《百爵图说》,《清代诗文集汇编》,上海:上海古籍出版社 2010 年版,第 152 册第 590 页下栏。
〔7〕 陆佃:《埤雅》卷九《雀》,杭州:浙江大学出版社 2008 年版,第 88 页。

面这类史料中，也许潜藏着致误的因素：

> 1.《古今韵会举要》：爵……陆佃云：一升曰爵。亦取其鸣节以戒荒淫。雀，鸟之淫者，一曰爵位也。《白虎通》："爵者，尽也，所以尽人材。"《文字音义》：爵，量也，量其职、尽其材也。大夫以上与宴享，然后赐爵以章有德，故因谓命秩为爵。
>
> 2.《六书正义》卷九：爵，音雀，礼器也。陆佃云：酒器，容一升。《宾筵》诗："三爵不识。"《左传》昭五年："爵盈而不饮。"《洞箫赋》："腾觚爵之斟酌。"从鬯，又谐雀，省声。……【借】禄位也。古者大夫以上与宴享，然后赐爵以彰有德，因谓命秩为爵[1]。

在这两段文字中，都是先有"陆佃云云"之后，随后又出现了"大夫以上云云"的。是此类陈述干扰了《康熙字典》编者的思维，误把"大夫以上云云"归于陆佃《埤雅》了吗？恐怕不能排除这种可能。《康熙字典》的"《埤雅》"之说，看来就是一个误会。

四、"大夫以上云云"与《资治通鉴音注》

现在看来，把"大夫以上云云"的来源归于《开元文字音义》，并无确证；把它归于北宋末年的《埤雅》，也不可信。目前所见，"大夫以上云云"初见于南宋初的毛晃《增韵》，随后被胡三省《资治通鉴音注》引用了。

胡三省是在宋理宗宝祐四年（1256）时投入《音注》的写作的，《增韵》则于宋宁宗嘉定十六年（1223）刊行于世[2]，其间间隔只有

---

[1] 吴元满：《六书正义》卷九《爵部》，《续修四库全书》，第 203 册第 269 页下栏—第 270 页上栏。此书约万历时写成。

[2] 李子君：《〈增修互注礼部韵略〉研究》，第 43 页。

三十多年。胡三省作《音注》时，利用了史炤的《通鉴释文》。我核对了《通鉴释文》[1]，在同一段落、即周纪二周显王十年那一段中，未见引用"大夫以上云云"。所以，率先以《增韵》"大夫以上云云"释《资治通鉴》的，应是胡三省。胡氏《音注》解释字词时，引用《说文》超过 240 处，引用《广韵》近 40 处，引用《集韵》近 30 处，引用《增韵》约 90 处。其引用《增韵》虽不及引用《说文》之多，但仍多于引用《集韵》《广韵》。可见胡三省对《增韵》一书相当看重。

后人盛赞《资治通鉴音注》"宏搜博引，备录诸说"[2]。而在胡三省的视野中，"大夫以上云云"首次出现于《增韵》，径称"毛晃曰"，那么他肯定不是在其他地方读到"大夫以上云云"的，不然的话，他就会从其他地方、而不是从《增韵》征引其文了。考虑到胡三省的阅读量，"大夫以上云云"大概率是毛晃或其子毛居正首创。甚至"象其形为酌器，取其能飞而不溺于酒，因以寓儆戒焉"一句，据检索也是首先见于《增韵》的，也应是毛氏父子的本人陈述，而非转引。

毛晃著有《禹贡指南》，毛居正著有《六经正误》，父子二人既是小学家，也是经学家。可以想象，或是父亲或是儿子，在解说经书时被先秦燕礼触发了灵感，便把酒爵与命秩之爵联系起来了。

五、"大夫以上云云"与《易·中孚》

除开礼书中的饮酒礼部分，《易经》中也含有"爵"字。明末与清代引用"大夫以上云云"的，很大一部分居然是易学著作。这是因为《易·中孚·九二》有"我有好爵，吾与尔靡之"之文，而这个"好爵"，既可以解作饮酒之爵，也可以解作命秩之爵。在这时候，

〔1〕 史炤：《资治通鉴释文》，上海：商务印书馆 1939 年版，第 5 页。
〔2〕 胡应麟：《少室山房集》卷一〇一《读通鉴胡氏注》，《景印文渊阁四库全书》，第 1290 册第 740 页下栏。

"大夫以上云云"便吸引了易学家的注意，随即拿它来解释"好爵"。这方面的著作，可以举明末学者何楷、钱士升、方孔炤、方以智、张次仲、姜震阳等人为例，以及清代学者孙宗彝、黄宗炎、查慎行、潘思榘、叶佩荪等人为例[1]。

在征引"大夫以上云云"时，有的易学家并未照录原文，而是用一己措辞表达个人的理解，比如：

1. 黄宗炎《周易象辞》：祭享，大夫以上得赐爵，因借为爵禄之用。

2. 查慎行《周易玩辞集解》：礼，大夫以上与燕享则赐爵，爵本酒器名，与"我有旨酒"义同，后人借作秩位解。

3. 倪涛《六艺之一录》：古者大夫以上与燕，然后赐爵尊之也，借为爵禄之爵[2]。

4. 叶佩荪《易守》：大夫以上与燕享，然后赐爵，因谓命秩为爵，以明尊卑之有等。

5. 李道平《周易集解纂疏》：盖古者爵位取义于酒爵[3]。

第1、2、3条的"借为""借作"之辞，就是对"因谓命秩为爵"的又一表达，也就是把它看成酒爵的借代。按，前引《六书正义》也出

〔1〕 分见何楷：《古周易订诂》卷六，《文渊阁四库全书》，第 36 册第 269 页下栏；钱士升：《周易揆》卷九，《续修四库全书》，第 13 册第 480 页下栏；方孔炤、方以智：《周易时论合编》，北京：中华书局 2019 年版，第 1103 页；张次仲：《周易玩辞困学记》卷一二，《文渊阁四库全书》，第 36 册第 753 页上栏；姜震阳：《新镌十名家批评易传阐庸》卷六七，《四库全书存目丛书》，经部第 11 册第 539 页上栏；孙宗彝：《易宗》卷九，《四库全书存目丛书》，经部第 32 册第 825 页上栏；黄宗炎：《周易象辞》卷一七，《文渊阁四库全书》，第 40 册第 591 页上栏—下栏；查慎行：《周易玩辞集解》卷八，北京：中华书局 2020 年版，第 479 页；潘思榘：《周易浅释》卷四，《文渊阁四库全书》，第 51 册第 168 页上栏；叶佩荪：《易守》卷三一，《续修四库全书》，第 24 册第 357 页下栏。
〔2〕 倪涛：《六艺之一录》卷二一四，杭州：浙江人民美术出版社 2017 年版，第 10 册第 4584 页下栏。
〔3〕 李道平：《周易集解纂疏》卷七，北京：中华书局 1994 年版，第 518 页。

现了这个"借"字，在引述"大夫以上云云"时，编者在句前加了一个"【借】"字，以示命秩之爵是饮酒之爵的引申义。在第 4 条中，叶佩荪把与燕享、受赐爵看成一种等级资格，所以用"爵"字指称"尊卑之等"，顺理成章。在第 5 条中，李道平虽没有直接征引"大夫以上云云"，但在阐述《中孚·九二》时，他径指"爵位取义于酒爵"，我猜想"大夫以上云云"就是其依据，因为此前多位易学家引用了那段话，李道平不会视而不见。其"爵位取义于酒爵"，就是对毛晃"大夫以上云云"的最佳诠释。

六、"大夫以上云云"与朱骏声所引"旧说"

由此反观朱骏声、俞樾所引述的"古人行爵有尊卑贵贱，故引申为爵禄"之"旧说"，我就有了一个感觉：朱、俞并非捕风捉影，在他们之前，确实已存在着类似论点了。并且，朱骏声本人居然也是"大夫以上云云"的引用者！其《六十四卦经解》是这样阐释《中孚·九二》中的"好爵"的：

> 又爵者雀也，其鸣节节足足，故象形为酌器。大夫以上与燕飨者，然后赐爵。爵所以行献酬[1]。

朱骏声并不赞成爵禄来自酒爵，也许就是为此，他在引用"大夫以上云云"时，刻意删除了"故因谓命秩为爵"一句，用以割断酒爵与爵禄的联系；他只把那个"好爵"释为"旨酒"，以示"爵所以行献酬"，"爵"仅仅是饮酒礼器而已，此处的"赐爵"也只是赐饮而已，跟"命秩"无干。

---

[1] 朱骏声：《六十四卦经解》卷八，北京：国家图书馆出版社 2008 年版，第 265 页。

朱骏声的《六十四卦经解》一书成于道光八年（1828）[1]。如前所见，此前已有众多的小学与易学著作引用"大夫以上云云"了，包括朱骏声本人也引用了。《六十四卦经解》在正文之前还列有"近时说易家"，即与朱骏声时代相近的易学家，计有9位，其中至少叶佩荪、孙宗彝二人引用了"大夫以上云云"。更早的黄宗炎、查慎行、倪涛等，迳指命秩之爵是从酒爵"借"来的，这"借为""借用"之说，朱骏声未必不知道。请比较下表中的左栏与右栏：

表1 朱氏引"旧说"与《增韵》"大夫以上云云"对比

朱氏引"旧说"	《增韵》"大夫以上云云"
古人行爵有尊卑贵贱，	大夫以上与燕享，然后赐爵以章有德，
故引申为爵禄。	故因谓命秩为爵。
	又黄宗炎：因借为爵禄之用。 查慎行：后人借作秩位解。 倪涛：借为爵禄之爵。

前半句两相比较，字面上没多大相似性；而后半句的左右两栏，文义居然相去不远。那么，"大夫以上云云"与朱骏声所引"古人行爵有尊卑贵贱，故引申为爵禄"那个"旧说"，是什么关系呢？若推测这个"旧说"中含有"大夫以上云云"的影响，就不能说是空穴来风了。那个"旧说"便有了一丁点可能，是朱骏声根据此前的众多引用传述，尤其是使用了"借用""借为"字样的那些传述，概括出来的。本文所提供的资料中，也足以让读者感受到，众多的引用传述，以及"借用""借为"的措辞，都表明"命秩之爵来自燕飨之爵"已被很多人接受了，已成了一种流行看法了，这就足以让朱骏声把它名为"旧说"了。

我一直没能查到朱骏声"古人行爵有尊卑贵贱，故引申为爵禄"那句话的更早出处。如果这个"旧说"是朱骏声从"大夫以上云云"

---

[1] 参看朱骏声：《石隐山人自订年谱》，江苏省立图书馆编：《吴中文献小丛书》之十，第7页。

原文及传述中概括出来的，事情就很好解释了：在朱骏声之前，还不存在那句话呢。其实在朱氏之后，传述这个"旧说"也只有俞樾而已。而如前所述，对"大夫以上云云"的引用与传述，远比朱骏声的"旧说"广泛。

当然，以上的讨论辨析，主要依据于有限的网络检索，远远做不到"上穷碧落下黄泉"、全无遗漏。倘若学人居然找到了"旧说"的更早出处，我随即宣布"'旧说'系朱骏声从'大夫以上云云'概括而来"的这个猜测作废。

学术讲座：
制度史视角中的酒爵酒尊
——周代爵制的原生可视形态

（此篇来自 2018 年 9 月 17 日在北京大学文史研究院的演讲记录稿，据以修订增益，收录于此。）

一、绪论：原生态可视化等级标识

今天打算给大家提供的论题，是"制度史视角中的酒爵酒尊——周代爵制的原生可视形态"。

"爵"在礼书之中是饮酒器的通称，同时又是古代最重要的品位序列，从周代到清末，历代都有封爵。"尊"则是盛酒器的通称，它也成了自古以来最重要的身份用词。相应地，"尊卑"一词，在古今都指身份地位之高下。两个身份用语"爵"与"尊"同时又是酒器之称，这就很有趣了。（与之平行、并具有可比性的，是贵、贱二字。这二字战国以来从贝，贝是货币，由此构成了另一问题。）此时我想就尊、爵两个概念问题，在前人基础上再做若干推论。

这些推论的出发点，就是中国爵制的演生，与使用酒尊、酒爵的饮酒礼有关。酒尊、酒爵，以及饮酒礼上的坐席次序，曾发展为身份与地位的一种标识方式，不妨称为"原生可视等级标识"；中国爵制，就是由这种等级标识发展而来的，所以它以"爵"为称。爵级用以确认贵族的尊贵程度，是一种正式行政制度，而"原生可视等级标识"呢？某种意义上只是一种礼俗。这样一来，正式制度与原生礼俗，就构成了制度发展的两个不同阶段。

在中国历代，曾发展出形形色色的品秩勋爵、位阶衔号。复杂的位阶衔号、周密的升降规则和严整的等级待遇，必定是行政体制充分发展的产物。比如说，在战国时代出现的军功爵制，便达到了这样的发展程度。

秦之军功爵级多达 20 级。授爵的条件，是斩一甲首者爵一级、斩二甲首者爵二级。依爵级而授田授宅的制度，整齐有序。彻侯有封国封户了，所以不以顷计。关内侯以下以顷计，授田 95 顷，还授与 95 个单位的宅地。等而下之，是 95、90、88、86、82……。第十级与第九级爵之间还能看到一个断层，从 74 顷直接降到了 25 顷。一直到最低的公士，是 1.5 顷田、1.5 个单位的宅地。当时的观念是"一夫百亩"，如某人拥有了一级爵，就授予他 1.5 顷田，即 150 亩田。至于二十等爵的继承，也存在着精致的规则。"后子"是法定继承人，随后是"二子"与"它子"，三种身份按三种不同待遇袭爵。在一定段落上，大致是每传袭一代，爵级要下降两等，大约五代之后，就无爵可袭了。这样的授爵之制、授田宅之法、继承制度及等级待遇，都表明当时等级管理体制的行政化，已达到了可观的程度。

这样整齐复杂的等级体制，当然不是一蹴而就的，必定其来有渐。向前去看周爵，那就简单粗糙多了。近些年学界有若干论文，为人们提供了新鲜认识：西周尚没有礼书所说的五等爵制。公、侯、伯、子、男等作为尊号，在西周倒是都有，不过它们并没有组成为一套高下有序的爵列，也没有拾级而上、循序晋升之制。（五等爵的循序晋升的制度，是在中古之后才出现的。）至于卿、大夫、士这些名号，作为职名，在西周倒是有的。但职名不等于爵级，它们跟春秋以下作为爵级、组成为一套爵列的卿、大夫、士，还不是一回事。总之，五等爵与公卿大夫士爵这两套爵，在西周尚未成形或成熟，它们很可能是在两周间或东周时，才逐渐形成的。而东周的五等爵、公卿大夫士爵，在爵列结构、升降规则、等级待遇诸方面，其精致复杂的程度，仍是远逊于二十等军功爵的。若按上述标准，则不妨说西周是前行政化时代，春秋是准行政化时代，战国则决定性地跨进了行政化时代。

西周很可能尚无爵制，然而在这时候，大小贵族的权势地位肯定是有区别的，有的家族权势更为显赫，有的家族财富更为丰厚。以贵族权势财富的实际差异为基础，就会滋生出一些原生性等级标识来。什么是

"原生性"呢？社会生活中肯定会有集体活动，还会有隆重的典礼。每逢一群人"欢聚一堂"，谁地位高、谁地位低，行事时谁居先、谁居后，有时候就"自然而然地"固化了，成了一种可视化的权力关系。这是"位置与动作中的可视化权力"。此外，地位不同、财富不同的人，其用品的质料、样式与用法，自然也是有差异的，其中一些具有"独占"性质的特征，便会得到青睐，被有意强调与显示，由此"自然而然地"固化为等级标识了。这也是实体化、可视性的等级标识。

坐席次序、行礼次序与特殊用品等，其特点是实体化、可视性，看得见、摸得着，直接诉诸视觉形象，激发心理感受，一望即知，一目了然。正式化的行政级别则不相同，它们通常是一次性的创制结果，在某年某月某日被制订出来，采用成文法规的形态，本身是看不见、摸不着的。例如，某人是二千石，某人是三品官，某人是处级或厅级干部，这"二千石""三品""处级"或"厅级"，本身是抽象概念，看不见、摸不着。在行政化时代，原生可视等级标识不但没消失，反而升华了，整齐有序了，被纳入成文法规了，体现为朝堂班位之类，体现为舆服等级之类。这样看来，从"自然状态"的实际权势财富差异中，滋生出原生可视等级标识来，再进化到行政化位阶，就大致呈现为三个拾级而上的不同层次。参看下图：

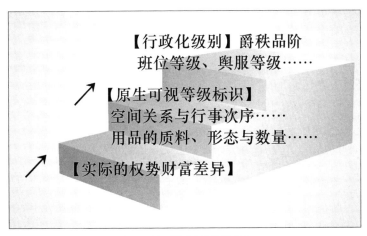

图1　原生可视等级标识的地位

（素材选自讲演时使用的 PPT 课件、重新绘制，后同）

即便在现代生活之中，可视化等级标识依然存在着，究其特点，同样是直接诉诸外部形象、制造心理感受，所以老少咸宜，妇孺皆知。回想我还是一个小学生的时候，我对少先队干部的臂章，即一道杠、两道杠、三道杠，便有一种敬畏之感。它让我从小就形成了一个意识：人类分为两大类，一类是群众，一类是干部。曾在网上读到，美国的阿灵顿公墓的场面很感人，体现了"生而平等，死而平等"。后来便去阿灵顿公墓探访，确实看到了一个场景——每一块墓碑的形制大小完全一样，尽管军衔各自不同。可以参看图 2-1。不过在阿灵顿公墓，我又走进了另一个墓区，那个墓区中的墓碑就形形色色、五花八门了，非常"不平等"了。参看图 2-2、图 2-3，均是当时所拍。我研究了一下后二图那些墓碑上的军衔，没看到任何规律。那就只能归结为"孩子孝顺，家里有钱"了，于是就给父亲修了一个又漂亮又高大的墓碑；倘若家人们认为这个并不重要，less is more，那么一个朴素的、普通的墓碑就足够了。无论如何，这个墓区中的坟墓与墓碑的大小形制，都是个案；这种"不平等"是原生态的，宛如野地中的杂草，自然而然地参差不齐。

此外在这世界上，还会出现另一种墓地，其墓区划分、墓地面积、墓碑形制等，都严格依照官阶，不得僭越。若夫妻官阶不同，则不能合葬。在这时候，墓葬等级就"行政化"了。原生态的"不平等"，人为的"平等"，及"行政化的不平等"三种情况，由此就呈现在眼前了。

让我们回到主题上来，回到酒爵、酒尊的问题上来。爵、尊都是酒器。"封爵"和"酒爵"使用同一个"爵"字，"尊卑"与酒尊使用同一个"尊"字，这是为什么呢？这就是原生可视等级标识所留下的两个历史胎记，在汉语史上留下的胎记。由此顺藤摸瓜，就可以发现这样一些事实，它们表明，在历史早期的某个时候，饮酒礼上的酒器与坐席，曾发挥着重要的等级功能。

图 2　阿灵顿公墓的两种墓区示例

二、爵位、齿位与遵者

认定封爵的演生与酒爵相关，日本学者西嶋定生已经有论在先。他慧眼独具，利用若干清代学者的推测，提出了这样一个论点：氏族时期就存在着集体宴飨活动，由此发展出了饮酒之礼。饮酒礼上的坐席布局和行爵次序，都严格依照于长幼尊卑次序，这就构成了最原始的爵位、爵序。

我觉得西嶋的论点相当精彩，揭示了酒爵和封爵之间的内在联系。在早期社会生活中，平时人们各自忙于自己的生计，互不见面，然而也有集体饮酒的礼俗，这时候乡区成员们就欢聚一堂了。在这时候，饮酒礼上执爵而饮的席位，就是原生态的"爵位"。如西嶋所说："坐席序列成了爵的巡行序列，亦即爵列、爵次，这个次序本身就叫做爵。"西嶋定生还提供了一个有趣的细节：汉代赐民爵时，同时赐"女子百户牛酒，酺五日"。即，向男的赐爵，对家庭主妇，则按照一里百户的标准赐牛酒。为什么赐民爵的同时又要赐牛酒呢？就是为了让社区举行饮酒礼，大饮五天。本来依照汉律，三人以上无故群饮违法，属于非法群体活动，饮酒礼则是朝廷所允许的。赐爵意在行饮酒礼，按照一个古老的传统，赐爵就应置酒。赐爵的本身就指明了饮酒礼的举行。"赐爵的意义是否就是饮酒礼本身呢？"西嶋意谓"爵位"本来就是饮酒礼上的席位，赐爵意味着地位的提升，可以在更高的坐席就坐了。所以就要举行一次饮酒礼，给当事人一个改变席位的机会，等于向社区做了一个宣示——我地位上升了，今非昔比了，大家请看，我现在坐到这个新席位上来了。这时的感受，跟上主席台、上贵宾席很相近吧。由此，"爵位"就落在实处了。由此反推在更早时候，在品阶制度尚没有"行政化"的时代，典礼上的"席次"，作为一种直观可视的人际空间关系，早已被周人用作区分地位、维系身份的重要手段了。

西嶋的杰出之处，还在于他进而讨论了"爵位"与"齿位"之关系。孟子说"朝廷莫如爵，乡党莫如齿"；庄子也说"朝廷尚尊，乡党尚齿"。"齿"就是年齿。传统社会敬老，乡饮酒礼也是一个敬老之礼，敬老就是"尚齿"。因此爵位、齿位之关系，就成了一个有趣问题。《周礼》云："饮酒于序，以正齿位，一命齿于乡里，再命齿于父族，三命而不齿。"《荀子》等书也有类似记载。西嶋说，这个礼制就反映了"爵位"优于"齿位"。以国家权力为基础的爵命，优于乡里中的父老子弟身份。这个结论，应该说无可置疑。

对"一命齿于乡里，再命齿于父族，三命而不齿"的礼制，西嶋定生就文义做出了理论发挥，但对其空间场面没有做具体推演，因为他视线的焦点，是秦汉的二十等军功爵，周代饮酒礼对他来说，只是背景、旁证而已。我现在来具体阐述这个事情。

请大家看几张礼图。图3出于宋代杨复的《仪礼图》。

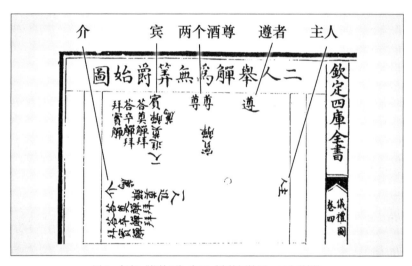

图3　杨复《仪礼图》卷四《乡饮酒礼图·二人举觯》

我为这幅图增添了文字说明，便于大家看清乡饮时的各种角色。主人，宾，介是主角。介也是来宾之一，是辅佐主宾的。再看北墙这地方摆放着两个酒尊，两个酒尊之东，写着一个"遵"字。"遵"是一种特殊身份的人，随即就要讨论。不妨再看另一幅礼图。图4是清代张惠言绘制的《仪礼图》。

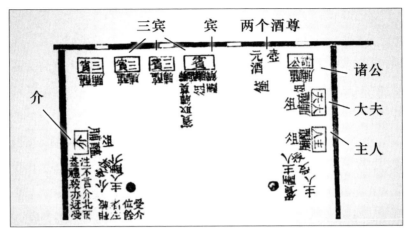

图 4　张惠言《仪礼图》卷三《乡饮酒礼图·旅酬》

北墙偏东处摆放着两个酒尊。东边的那个"壶"字，就是两个酒尊之一。西边那个酒尊没写"壶"字，而是注为"元酒"。"元酒"就是"玄酒"。据说"玄酒"实际是清水，这个盛清水的酒尊更尊贵一些，所以特予注明。主人居于整个场面的东侧。酒尊西侧依次排列着宾与三宾。这里是介，与主人相对。酒尊之东的大夫、诸公，也就是前一幅图上的"遵"。

为了让大家看得更清晰一些，我参考上述二图，把乡饮酒礼图重新制作了。参看图 5。

图 5　重绘乡饮酒礼图

在北墙偏东处摆着两个酒尊，来宾处于酒尊之西，这个是宾，也就是主宾，来宾之首；这是三宾；这个是介，介相当于主宾之副。这些来宾是乡里之中的年高德劭、众望所归的父老，可以说乡饮酒礼就是为他们举办的。父老有资格在堂上就坐，沿着北墙东西排列，脸朝南，越靠东的人地位越高，这个姿态叫"南面东上"。至于子弟辈分的青年来宾，在堂下西阶处站立，"东面北上"，就是脸朝东，越靠北的人、即离堂上越近的人地位越高。那么堂上坐位与堂下站位之别，构成了又一个身份差异。

有时候会出现这么一种情况——一些拥有朝廷爵命、有官爵的人，应邀前来观礼了。就像今天的社会活动，会邀请领导、要员到场助兴、好给活动装点门面一样。这些人如果到场光临的话，该怎么就坐呢?《仪礼·乡饮酒礼》说："宾若有遵者诸公、大夫，则既一人举觯乃入，席于宾东。"这些贵宾诸公、大夫被称为"遵"或"遵者"。他们在"一人举觯"这个环节之后入场，然后坐在来宾之东，也就是酒尊之东。酒尊之东，由此构成了一处贵宾席。酒尊之东的"遵者"，在全场地位最尊。这种坐席布局，就是周代饮酒礼的基本"人—尊"关系之一。

对乡饮酒礼上的官员坐席，《周礼》一书也有一个叙述："一命齿于乡里，再命齿于父族，三命而不齿。"拥有朝廷爵命的官员入场之后，一命的官儿跟堂下子弟站在一起，以年龄为序，这就是"一命齿于乡里"，也就是全依"齿位"决定站位先后。再命的官儿跟堂上父老坐在一起，且居父老之先，除非遇到了父族之人，那就得同父族之人序齿了，这就是"再命齿于父族"。可见在堂上，"爵位"就开始凌驾"齿位"了，仅仅对"父族"还保留了几分礼让。"三命而不齿"，说的是酒尊之东系三命以上"遵者"的贵宾专席，在这里无须序齿，惟以爵命为差，只有"爵位"的支配，绝无"齿位"的空间。由这种坐席布局，对"爵位优于齿位"的了解就更具体了。参看图6。

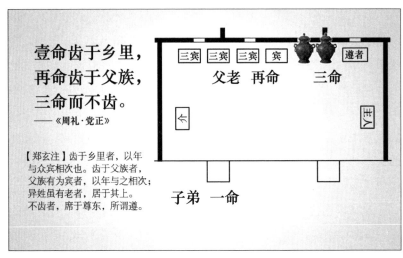

图 6   爵位、齿位与遵者

两个酒尊之东是三命以上贵宾的专席，在这里就坐的"遵者"包括诸公、大夫两等人。大夫若达三命之高，那就是执政之卿了，不太恰当地说，也算是国家领导人了，地位相当高贵。而"诸公"的坐席离酒尊更近，比三命之卿更高贵，那他们是什么人呢？很遗憾，从秦汉至今都不得正解。对之我将另做考察。

刚才大家在饮酒礼图上看到了两个酒尊。自春秋战国之交始，有些铜器上出现了刻纹，包括狩猎、水陆攻战、大射等画面，此外还有宴乐图。宴乐图在很多地方都有发现，从山西到四川，一直到江南。那些宴乐图中所看到的酒壶，大多数是成双使用的，跟乡饮酒礼图一样。宴乐图是士大夫以上互相宴请的场面，跟乡饮酒礼有所不同，但由此也可以看到，"两壶"的礼俗是普遍存在的。参看图 7。

礼书所记录的乡饮酒礼，应是这个古老礼俗到春秋为止的发展状态，也就是"准行政化时代"的状态。所以在其中已能看到一命、再命、三命的概念，以及不同爵命的官员的坐席安排了。通过人际空间关系来区分身份、展示地位的做法，已经同爵列相辅相成、相得益彰了。在《左传》《国语》中，"班""位"等具有空间位置意义的字眼，

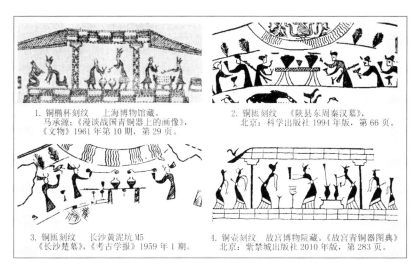

1. 铜椭杯刻纹　　上海博物馆藏。
马承源：《漫谈战国青铜器上的画像》，
《文物》1961 年第 10 期，第 29 页。

2. 铜匜刻纹　《陕县东周秦汉墓》，
北京：科学出版社 1994 年版，第 66 页。

3. 铜匜刻纹　　长沙黄泥坑 M5
《长沙楚墓》，《考古学报》1959 年 1 期。

4. 铜壶刻纹　故宫博物院藏。《故宫青铜器图典》
北京：紫禁城出版社 2010 年版，第 283 页。

图 7　战国宴乐图献酒场景

与"爵"字，几乎就是同义词。而在西周和商以及更早时候，还没形
成五等爵和公卿大夫士爵呢，但若由乡饮酒礼向前推求，则堂上父老
执爵坐饮的席位，堂下子弟立饮的站位，以及父老、子弟由序齿而确
定的先后次序，在这"前行政化"时代，应该已成礼俗了。还可以推
测，乡饮酒礼的主人就是共同体的首领，两个酒尊之东的贵宾席，最
初是氏族元老之席。这个礼俗的场面布局、人与人的相对位置，就是
共同体中尊卑长幼秩序的集中体现；每个人的席位——坐席或站位，
都与其地位相称相符，等于是一种原生态的"爵位"。

三、"统于尊"或"统于君"

西嶋定生只讨论了乡饮酒礼，尚没有涉及燕礼。我们来看一看燕
礼，也会收获很多相关信息。燕礼的样式之一，就是国君宴请自己
的臣子。国君出场了，大小贵族官员也到场了，那么这就是"国宴"
了。在这时候，席次、爵次仍跟爵级息息相关。

首先来看席次。《礼记·燕义》："席：小卿次上卿，大夫次小卿，士、庶子以次就位于下。"上卿、小卿、大夫、士、庶子五种身份，各就其位、等而下之。其中"小卿"也就是"少卿"。后代仍有"少卿"这个官名。

随后再看爵次。爵次就是举爵献酒的次序。《礼记·燕义》："献君，君举旅行酬；而后献卿，卿举旅行酬；而后献大夫，大夫举旅行酬；而后献士，士举旅行酬；而后献庶子。"国君地位崇高，不会亲身献酒，臣下也没资格与国君酬酢，所谓"臣莫敢与君亢礼"。所以要由"饮食之官"宰夫担任献主，做燕礼的主人，承担"代君酌臣"的责任。宰夫首先献国君，随后献卿、献大夫、献士、献庶子，完全依照爵级，自上而下地献。这些人也一个个地旅酬，即举杯相互致意，像接力赛似的从卿、大夫、士直到庶子，依次酬答。

仍然提供礼图，以供具体了解。图8中的这幅"主人献大夫图"，出自宋代杨复《仪礼图》。图中的"公"就是国君，春秋的国君于境内称公。公的对面摆放着四个酒壶，北边这两个叫"方壶"，南边这两个叫"瓦大"。方壶是给卿大夫用的，瓦大是国君个人专用的。大夫们沿着北墙，由东向西依次就坐，"南面东上"。

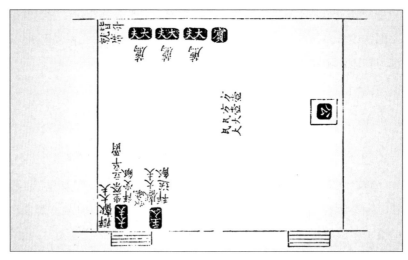

图8　杨复《仪礼图》卷六《燕礼·主人献大夫图》

大射礼的饮酒环节，跟燕礼相类，那么也不妨一观。图9是大射礼中的"主人献大夫图"，也出自杨复《仪礼图》。这是卿、小卿、大夫，他们照例沿北墙依次就坐，依照"南面东上"排列。这个是公，就是国君，比卿更高的就是诸公。公所面对的四个酒尊，北边的两个仍称方壶，这两个方壶又叫散尊；南边的两个"膳尊"，相当于前图中的"瓦大"。两对酒壶中，都是靠南边的那个装"玄酒"，也就是清水。"诸公"的坐席，移至东南一隅、阼阶以西了。

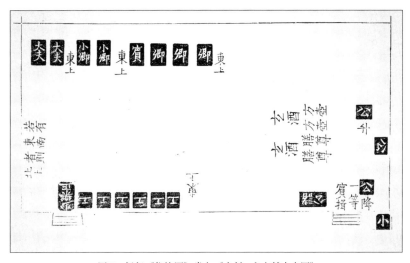

图9　杨复《仪礼图》卷七《大射·主人献大夫图》

图10来自清人张惠言的《仪礼图》，可供互相参照。卿大夫依"南面东上"排列，在末尾的地方，因为坐不下，还拐出弯来了，这里的大夫东向而坐。"公"也就是国君，他正面对着四个酒尊，北边的两个即散尊，靠南的那一个盛玄酒；南边的两个即膳尊，靠南的那一个盛玄酒。

卿、大夫、士、庶子这一套品位，在春秋这个"准行政时代"已很清晰整齐了，在西周则不是这样的，如前所述，西周尚不存在这套爵列。然而，西周必有国君燕飨臣子之事，席次和爵次必已具有了等级意义；在西周这个"前行政时代"，原生可视化的等级手段，在燕

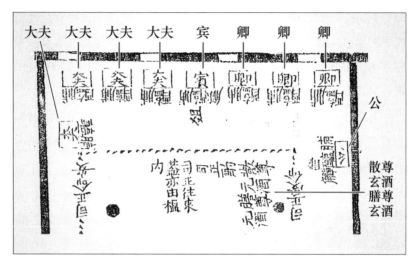

图 10　张惠言《仪礼图》卷九《燕礼·立司正图》

礼上也必已大行其道了，这一点是同于乡饮酒礼的。

在利用席次、爵次区分身份上，燕礼与乡饮酒礼存在着共同之处。同时，由于燕礼的参与者不同于乡饮酒礼，则二者的空间布局就不会完全相同。其间差异之一就是"人—尊关系"，也就是各色人等与酒尊的空间关系。乡饮酒礼所遵循的，是"统于尊"的原则；而燕礼所遵循的，是"统于君"的原则。详下。

《礼记·玉藻》这样叙述燕礼上的人—尊关系："唯君面尊，大夫侧尊，士侧尊。"什么是"唯君面尊"呢？就是只有国君才能正面对着酒尊。在图9、图10及后文图11中，所看到的方壶与瓦大、或散尊与膳尊等四个酒尊，都要用正面朝着君主，而且只有国君才能面对酒尊的正面，这就是"唯君面尊"。至于沿着北墙"南面东上"而坐的卿大夫们，他们所面对的是酒尊侧面，而不是正面，这就是"大夫侧尊"。此外，堂下站立的士、庶子们，位于酒尊背面的西南处，而且距离很远，当然也是看不到酒尊的正面的，是所谓"士侧尊"。"唯君面尊"的意义是什么呢？孔颖达疏云："谓人君宴臣子，专其恩惠，故尊鼻向君。"酒尊有鼻的一面算是正面，"尊鼻向君"也就是"唯君面尊"，这种摆放之法表明四个酒尊系国君所有，给臣子喝的酒来自国君的恩惠。总之"面尊"与"侧尊"之异，被认为大有深意，用来尊君卑臣，凸显国君是核心、是主子。国君在饮酒礼上一出场，立刻造成了人—尊关系的变化。

附带说，什么是"尊鼻"呢？《礼记》注释之书大多没说清楚，而我有专文考辨。据我所考，铜罍这种盛酒器的下腹部通常铸有一个兽首装饰，这就是礼书所说的"尊鼻"。所以在制图时，我采用了铜罍的图像。大家在画面上看到的两个膳尊，就是耸肩敛口的铜罍，其下腹部的凸起物就是"尊鼻"。为便于读者看清"尊鼻"，所以没让"尊鼻"朝着国君。

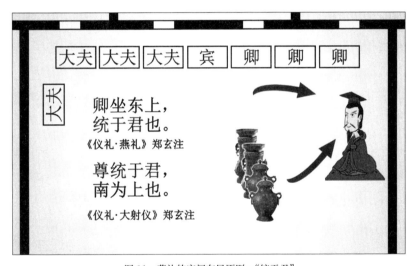

图 11　燕礼的空间布局原则："统于君"

燕礼布局所遵循的原则，东汉郑玄称之为"统于君"。参看图11。在燕礼上，人与尊的空间关系，人与人的空间关系，全都体现了"统于君"。首先，堂上的卿大夫坐席按"南面东上"排列，对此郑玄概括说："卿坐东上，统于君也。"亦即，以国君为基准来安排卿大夫们的坐席，以及其他所有人员的坐席。对于四个酒尊的排列，郑玄又说："尊统于君，南为上也。"酒尊南北排列、以南为上和"唯君面尊"几点，也都体现了"统于君"。赘言之，"统于君"有两个意思：一是卿大夫的坐席与朝向以君主为基准点，一是四个酒尊的摆放方式以君主为基准点。

再回过头来，拿燕礼对比乡饮酒礼，其间差异及意义，自然就浮现出来了。在乡饮酒礼上，来宾跟主人平起平坐、身份相敌；即便有卿大夫前来观礼，其地位也与主人相去不远。凡此种种，坐席布局就以两个酒尊为准了，用郑玄的话说就是"统于尊"。参看图12。什么叫"统于尊"呢？就是越接近酒尊的坐席越尊贵。在酒尊的西侧，最接近酒尊的人是宾，所以他地位最高。在酒尊的东侧，"遵者"诸公、大夫处在来宾之东，然而郑玄特别指出"不言东上，统于尊也"，"不言东上"意思是说，在酒尊的东侧，并非越往东地位越高，而是越接近酒尊地位越高。比较而言，大夫离酒尊较远，所以其地位较低，低于诸公；诸公紧挨着酒尊，所以其地位高于大夫。总之在这个场面中，酒尊是其东西两侧的坐席布局的基准点，此即"统于尊"。

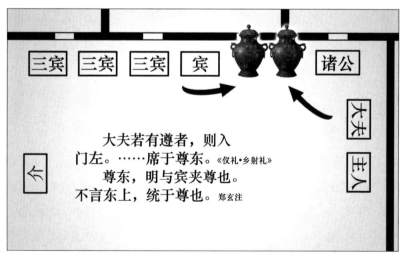

图12　乡饮酒礼的间布局原则："统于尊"

　　概而言之，乡饮酒礼的"统于尊"，是因为宾主身份相敌，所以两个酒尊被放在北墙偏东之处。燕礼之"统于君"，是因为国君宴请臣子，因君尊臣卑，四个酒尊就改置于东楹之西，"唯君面尊"了。除此之外，《礼记》孔颖达疏还讨论了第三种情况，就是君主以燕礼宴请前来访问的他国国君。

　　两国国君相见，二者有宾主之异，而无贵贱之别，坐席布局就要显示双方对等。按照传统礼俗，庭中或堂上都以西侧为来宾之位，与东侧的主人相向而立或相向而坐。简言之，主人居东，来宾居西。这时候的人—尊关系为何呢？或说酒尊应如何摆放呢？《礼记》孔颖达疏认为："则尊鼻于两楹间，在宾主之间夹之，不得面向尊也。"所谓"尊鼻于两楹间"，就是在东西楹柱间画一条连线，各个酒尊都应面向这条连线；"宾主之间夹之"，就是在连线的中点上再画一条南北向的竖线，以这条竖线为准，各个酒尊左右对称排列，也就是两边的景象形成镜像；所谓"不得面向尊也"，是说酒尊的尊鼻、也就是酒尊的正面，不朝向两君的任何一方。其具体场面，在传统礼图中没找到，姑且认为是图13那个样子吧。

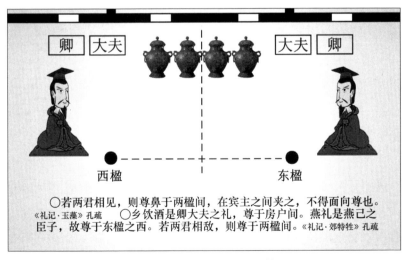

图13　两君相见时的人—尊关系推测

总之，乡饮酒礼、燕礼一共展示了三种人—尊关系，三者都表明酒尊的摆放方式，涉及了场面的性质，取决于各种参与者的尊卑关系。酒尊之"尊"，之所以引申为尊卑之"尊"，也是基于它在典礼上发挥的等级功能吧。当然也不仅仅如此。酒尊之"尊"与尊卑之"尊"之间，还存在着更多联系。

金文中的"尊"字形象，是两只手捧着一个酒壶。参看图14左图。《说文解字》说："尊，酒器也。从酋，廾（gǒng）以奉之。以待祭祀、宾客之礼。""酋"就是酒壶，"廾"是两手捧物之形。这个构形跟"爵"字神似，"爵"也是一只手或两只手捧着一个酒爵的形象。两手捧着这壶酒要干什么呢？"以待祭祀、宾客之礼"。

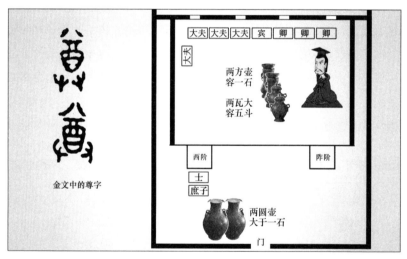

图14　左：金文中的"尊"字
右：不同容量的三等盛酒器：瓦大、方壶、圆壶

下面来看唐兰、谭介甫两位学者的相关论述。首先，唐兰有这样一个论点："陈设之器为尊器。"这时的"尊"是一个动词，是两手拿着酒器去陈设，把它摆放在那里。郑玄说"置酒曰尊"，把一件礼器摆放在特定的位置，这个动作就叫"尊"。"樽以鲁壶"，就是在典礼上陈设鲁壶；"侧尊一甒醴"，就是把一个装醴酒的瓦壶单独陈设在那

里。这两个"尊"字都是"陈设"的意思。进而用于陈设的礼器，就是"尊器"了。研究商周铜器"自名"的论文已有了很多。在铜器的自名中，能看到"尊缶""尊盘""尊匜""尊鼎"这样一些自名，同时又能看到"盥缶""食鼎"之类自名。"尊缶"是用来陈设的缶，是行礼用的，"盥缶"就是日常洗漱用的了；"尊鼎"是用来陈设的鼎，是行礼用的，"食鼎"就是日常饮食用的了。铜器自名中的"尊"字表明，用于陈设的器物就是尊器。辉煌富丽的青铜礼器专门用于陈设，以此炫耀主人的尊贵富足，在这时候，"尊器"就成了尊者身份的物化可视标识了。

再看谭介甫的论点，他强调"尊"字有"奉酒以敬"之义："尊"是一个动作，双手奉酒，以此向神、向人致敬。在铜器铭文中，"用尊事于皇宗"，就是向鬼神、向祖宗敬酒；"尊俎于王姜"，就是向贵宾王姜敬酒。这两处"尊"字，恰好对应着《说文解字》释"尊"时所说的"以待祭祀、宾客之礼"。由此引申，奉酒致敬的对象便也成了"尊者"了。"尊者"这个称谓的初义，也许就是"奉酒致敬的对象"之意。"奉酒为尊"，是一种动作与姿态中的人际关系。"酒"作为一种奉献物，具有特殊性。虽然食器如鼎、簋、豆等，其使用也有等级性，但"献食"远不如"献酒"的致敬功能强大，因为酒具有强大的麻醉和兴奋功能，其在行礼时所激发出的情感、所营造的气氛，是食物难以比拟、无法替代的。由此酒器压倒了食器，酒尊之"尊"成了身份用词，所以人们不说"鼎敬""簋敬""豆敬"，却会说"尊敬"。了解了"置酒曰尊"与"奉酒以敬"，对尊卑之"尊"来自酒尊一点，就有更丰满的理解了。

下面再看一个现象：酒尊本身也是有等级的，以容量为别，"以小为贵"。图14右图是燕礼的场面，其时使用着几种不同的酒尊。君主专用的那两个叫"瓦大"，容量五斗；供卿大夫饮用的两个方壶，容量一石；门内西侧放着两个圆壶，其容量估计比一石更大，里面装的酒给士、庶子喝。这六个酒尊分成三等，以小为贵。《礼记》曾阐述说，礼器有"以大为贵"的，有"以小为贵"的。"以小为贵"这种事儿，其实我们身边也有。在生活中，大碗喝酒的是一等人，小杯喝酒的又是一等人；出门坐小车的是一等人，出门乘大巴、挤地铁的又是一等人。大个酒尊所装的，是众人所喝的酒；君主的酒尊最小，表明那壶酒只供他个人专用，体积小，反而显示了他身份最贵。酒尊以其不同的体积、外形，直接体现了尊卑之"尊"。

古人还有一个有趣的说法，叫"五十而爵"。《礼记·王制》有"五十而爵"之文，郑玄解释说"贤者命为大夫"，那么"爵"是就大夫而言的。《礼记·郊特牲》也有"古者五十而后爵"之文，郑玄仍解释说"年五十乃爵为大夫也"。于是，东汉的《白虎通义》便认为"士非爵"，因为"四十强而仕"，四十岁入仕了却不说"爵为士"，所以士就不是爵，"至五十爵为大夫"，大夫以上才算"爵"。这说法很有意思，为什么到五十岁才授爵，为什么士不算"爵"，这背后一定有某种缘由。我猜想这也跟饮酒礼有关。

《礼记·乡饮酒义》说"六十者坐，五十者立侍"。刚才大家已看到，乡饮酒礼的来宾，分"父老"和"子弟"两等。父老就是五六十岁以上的人，他们在堂上有坐席。五十岁以上的人按年齿而坐，这是敬老之意。大家也知道，所谓"父老"其实也是氏族、乡区的领袖，"子弟"须听命于父老。如果把执爵而饮的堂上席位看成一种原生性爵位的话，那么父老在堂上有坐席，就意味着父老有爵位。父老人数很少，其乡饮席位已固定化了，谁居前、谁居后、谁坐在哪里，已成惯例了，一般不会被冒昧僭越。堂下站立的是子弟、是晚辈，是二十以上、五十以下的人，他们人数众多，其站立饮酒之处并不固定，每次乡饮，其站位都可能发生变动。而且站立饮酒，也不会铺设席子，无"席位"可言。由此我滋生了一个判断：在某个较早的历史阶段，第一，坐在堂上还是站在堂下，取决于年龄、辈分；第二，在堂上拥有固定坐席就是有爵位，堂上没固定坐席就等于没有爵位，堂下站立之处是随机变动的，不被看成"爵位"。

再回到"一命齿于乡里，再命齿于父族，三命而不齿"这个礼制上。一命之士，最多"四十强仕"，通常不到五十岁，层级又低，所以观礼时只能与子弟为伍，他们没有堂上的坐席，只能在堂下"立侍"。在这个意义上，"士"就不是爵，因为他没有堂上安坐执爵而饮之位。而"年五十乃爵为大夫也"，大夫拥有在堂上安坐执爵而饮的固定席位，所以大夫被看成有爵位的人。古人曾有一个说法："大夫以上与宴享，然后赐爵以章有德，故因谓命秩为爵。"这句话所说的是燕礼。国君宴请卿、大夫，赐给他们酒喝，"赐爵以章有德"，这个"爵"指酒爵，让他们在堂上安坐执爵而饮；"故因谓命秩为爵"这句话中的"爵"是朝廷命秩，卿、大夫成了爵级之称了。小范围的燕礼，士通常没份儿；大范围的燕礼虽然会邀请士参加，但士只能站在堂下，不能上堂，所以"士非爵"，"士"之称谓一时不被视为爵级。

到了汉代，官吏是否有资格上堂，依然具有身份意义。汉初有个叔孙通，给刘邦制定朝礼，汉七年十月正会时正式实施。行礼之时，功臣、列侯、诸将军、军吏列于西方，文官丞相以下列于东方，留下了一个"文东武西"的规矩。刘邦乘着辇车出场，坐在堂上，诸侯王以下到六百石依次奉贺，一个个地祝刘邦万岁万万岁，然后在堂上饮酒。请注意这个"六百石"。按照汉代礼制，六百石就进入了大夫层次，等于大夫朝贺时可以上堂饮酒。大夫在朝堂上拥有个人朝位，大夫以下的官吏即便参与朝会，也没有上堂资格，没有个人朝位，只有堂下的集体朝位。这样的礼制，同周代饮酒礼上的堂上堂下之别，显有"先河后海"之关系。

甚至地方官府也有类似现象。比如这种堂上堂下之别，在汉代画像石中的一幅"谒见图"中，就能看到，参看图15。这是一个地方官府的朝见场面，可能同节庆有关。场面中的人员，一部分有堂上坐席，另一部分没有堂上坐席。堂下的人员又分东西两群，东边的人员似乎比西边的地位低，正在向西边的人员致敬。这时的东西之别，不知是否也遵循"文东武西"的礼数。这幅图像具体怎么解释，可以再行推敲，无论如何，其堂上堂下对应着身份尊卑。

图15　山东诸城汉墓画像石·谒见图

历代朝班，都具有鲜明的等级意义。不过品阶与班位之关系，各时代是有变化的。魏晋时"官品"问世了，直至唐代，班位都以官品为准。唐朝的班位排列，首先是供奉官、即门下省与中书省的官员有特殊班位，在百官之前各为一班，形成东西两个横列，有如眉毛，故称"蛾眉班"。随后，品官按"文东武西"东西分列；两个队列之内，分别按官品递降；各品之内，再以职官、散官、封爵、勋官为序，有条不紊。请注意在这时候，爵位拥有者被纳入官品框架了，没有独立的班位。

宋朝出现了"石位"，即在石块上刻上官衔，竖立在紫宸殿、垂拱殿等处，用来标识百官的站位。宋朝的"石位"是什么样子，似乎已无实物可征了，韩国李朝的品阶石，尚可参考。在韩国李朝（1392—1910）的若干宫殿中，如正宫景福宫、离宫昌德宫之中，都能看到品阶石，参看图16。这跟宋朝的石位，应有一些类似之处。

图 16　韩国景福宫（左）和昌德宫（右）的品阶石

　　唐宋时，五品以上官几乎人人有爵，而明清骤然一变。朱元璋定制："凡爵，非社稷军功不得封。"文臣若无军功，基本就得不到封爵了，与爵位告别了。在这时候，因"社稷军功"而拥有爵号的勋臣，反而被给予了特殊班位。图 17 出自明朝徐显卿的《宦迹图》，所选是"皇极侍班"一图，所绘是皇极殿前的朝会场景。（皇极殿原称奉

图 17　徐显卿《宦迹图·皇极侍班》

天殿，清朝改称太和殿。）东班中书之官、西班翰林之班，都是清要之官；文武品官以"品级山"为标识，东西列队，参照清朝的情况，品级山应为铁铸，上有一品、二品、三品……直到九品字样。而在西侧的武职品官之前，便能看到一群"勋臣"，他们应是爵号的拥有者，因其"社稷军功"而自成一班。

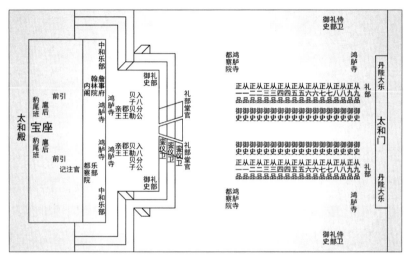

图 18　清太和殿朝贺位次图，参照《清会典》卷二六改绘

图 18 是清朝的太和殿朝贺位次图，因原图不便投影展示，我就花了一些功夫，把它重绘了，改成了横向。可以看到，百官依照九品官品列队于丹墀，相当于堂下；亲王、郡王、贝子、贝勒、入八分公等爵位拥有者，立于丹陛之上，相当于在堂上拥有特定站位。

四、饮酒庆功礼：书勋、书名、书服

中国古代的爵列，发挥着两大功能：第一个是身份功能，用于尊崇亲贵，如宗室封爵，就体现了这个意义；第二个是激励功能，用以奖酬功勋，如功臣封爵，就体现了这个意义。西嶋定生从乡饮酒礼上寻找爵的起源，把爵的身份功能追溯到了一种古礼之上，为什么爵是一套尊卑贵贱体系，由此得到了更深入的理解。进而爵的第二个功能，即激励奖酬的功能，是否也可以追溯到某种古礼呢？我觉得也是可以的。比如说，可以尝试追溯到饮酒庆功之礼上去，例如饮至礼。

饮至，就是打了胜仗、凯旋之后，举行的一种饮酒庆功礼，其中包含"舍爵"的环节，"爵"就是酒爵。饮酒当然就得使用酒爵了，所以酒之爵和人之爵在饮至礼上再次发生关系。"既饮置爵"之后还要书勋于策，把战功记在功劳簿上，"速记有功也"。

大致说来，商周的饮酒庆功礼，主要举行于如下几样事务完毕之后：战胜，田猎，藉田，出使。战胜凯旋之后举行饮至，已如前述。田猎相当于军事操演，所捕获的禽鸟、野兽也算是战利品，所以事毕之时，比照战争胜利而举行饮至。"藉田"就是在春耕之际，天子或国君率领百官举行的一个耕田之礼。耕田在理论上是个需要出力的劳动，所以礼毕会有一场饮至，所饮之酒叫"劳酒"，用以奖酬耕田的辛劳。后代藉田礼也都有"劳酒"环节，一脉相承。离境出使，旅途劳顿，折冲樽俎，为国家争取利益，所以国君有义务加以慰问，在使节归国时设宴饮至。

饮至庆功礼的流程，大致包含三个环节：一是设爵饮酒；二是"策勋"，即把功劳记入勋书，归档保存；三是"大赏"，即赏赐财物。三者是一个连续的流程，一环扣一环。"策勋"时记录归档的，主要包括以下三事：一是"书勋"，即记录功劳业绩；二是"书服"，即记录"大赏"的物品；三是"书名"，即记录因功所获得的新的名位。

饮酒庆功礼上既然要饮酒，酒爵和功绩之间就将发生直接关系了。刚才提到西嶋定生的一个判断：赐爵的本义可能就是饮酒礼本身。这时他举了一个"曲突徙薪"例子。这个故事见于《史记·霍光传》，说是有个人家的烟囱和柴火的堆放有隐患，有人劝主人整改，不然就可能有火灾。那主人并不在意，后来真就失火了。靠邻居们帮助救火，火被扑灭了。事后，主人就杀牛置酒答谢邻居。这个酒宴的坐席很有趣："灼烂者在于上行"——被烧得焦头烂额的坐上座；"余各以功次坐"——其余的人按功劳大小，来决定位次。我觉得让功劳大的人坐上座、先向他们敬酒的做法，很符合人类一般心理，古今中外往往如此。这虽是一个汉朝人讲的故事，先秦可能也有类似的意识。清华简《耆夜》一篇，记载了周初的一场饮至，在敬酒时，诸公、周王都先敬毕公。为什么先敬毕公呢？有学者判断：因为在这一次战争中，毕公的战功最大。据此可以推测：饮至礼上可能会存在一个做法，功大者坐上座、先饮酒。在饮酒环节上，席次、爵次跟功次成正比。进而在《吴子》一书中，我们真的看到了这样的记载。此书的《励士》一篇说，吴起为魏武侯领兵治军，曾使用"三行"之法来激励有功将士。具体说来，就是在宗庙举行庆功宴，把将士分为上功、次功、无功三等，把坐席分为前行、中行、后行三行，把酒肴、茵席、餐具也分成三等；随后向将士的父母妻子颁赐，所赐物品也分三等。这个记载显示，先秦庆功礼上的席次、爵次，确实是依照功次而定的。

进而再看"书勋""书名""书服"诸环节。

"书勋"即由有司来认定与记录功勋。据史料所记，重大的"书勋"事宜，由最高行政长官司徒、司马、司空主持，其规格甚高。勋书则由内史、太史、司勋等负责制作与保藏。收藏勋书的地方，在周廷是"盟府"，在列国是"公府"。我推测在授勋之时，功臣也会得到一份内容相同的勋书文本，作为凭据。功臣随后会以勋书为依据，铸造一件青铜器，铭铸受勋之事，让自己的光辉业绩永志不灭，传之子孙。推测商周青铜器上的每一篇军功铭文，在天子或者国君的档案馆里，都有一份同样内容的勋书存档。用古话说，就是"勋在王室，藏之盟府"。

周代铜器铭文中有一个"爵"字。这个字有人读"爵"，有人读"庸"，朱凤瀚认为应该读"功"，也就是功勋、功劳的"功"。"尊"字是两手捧着一个酒尊，而这个"爵"字是两手捧着一个酒爵。这个字出现在"爵勤大命""有爵于周邦"这样的文句之中。参看图19。"爵勤大命"也就是"功勤大命"。"功"是功勋，即特殊贡献；"勤"

是勤务，即日常业绩。汉唐文献中"功勤"及"勋劳""功劳"并称，都是从周代铭文发端的。汉代的功劳考核，"功"按大中小记录，如"大功一"或"中功二"之类；"劳"以年月日为单位计算，如三个月零多少天，或五个月零多少天之类。

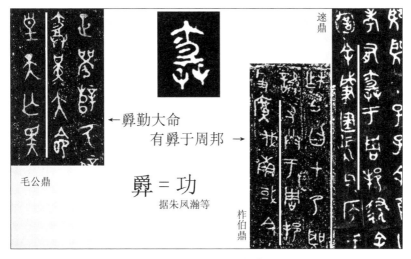

图 19　金文中的从爵的"功"字

　　再看"有爵于周邦"，也就是"有功于周邦"了。我想这是以"勋在王室，藏于盟府"为背景的。然而这个写法的"爵"字，我觉得与"功"字还是有所不同的。"功"字泛指客观上已经完成的功，但未必得到过王朝奖励，未必经过正式认定，未必记录在勋书之中。而"爵"字就不同了，它的字形是两手捧爵，爵是酒器，那么"爵"字中两手所捧的爵，必是"舍爵策勋"之爵。"爵"就是经过了饮至之礼、喝过庆功酒的功，是已写入勋书、收藏在周廷档案馆里的功，这就是"有爵于周邦"的真意。所以说，"有爵于周邦"是以"勋在王室，藏于盟府"为背景的。学者读"爵"为"功"，从文字学上说精确无误。另从制度史的角度看，这个"爵"就不同于"功"了："功"未必得到褒奖，而"爵"必定经过褒奖认定、记录在案。"有爵于周邦"的潜台词是：你的功绩曾被写入勋书，收藏在周王的盟府里，有案可稽。

再看"书服"。什么是"服"呢？各种可以享用的物品都叫"服"。这些物品是论功行赏之时赐予的。"书服"就是记录所赐物品。"书服"之事显然发生在"大赏"环节。由周代铭文所见，册命授官时会赐物、赐服，授勋时也会赐物、赐服。我推测青铜器上的每一篇赐物铭文，都在天子或国君的档案馆里，存有一份同样内容的书服记录。

在各种各样、五花八门的赐物之中，有一些物品的等级性特别鲜明。在西周的命服中，芾与珩的等级性就特别强。《诗·小雅·采芑》："服其命服，朱芾斯皇，有玱葱珩。"芾是蔽膝，珩是佩玉。朱红色的芾与叮咚作响的葱珩，组成了一套堂皇耀目的命服，给人以强烈的高贵之感。芾与珩的组合，在金文中写成芾与黄的组合。有人说黄是系芾的丝带。但《采芑》"有玱葱珩"显示，这珩是玉器，则与芾搭配的璜也应该是玉器。《礼记·玉藻》："一命缊韨幽衡，再命赤韨幽衡，三命赤韨葱衡。"可见命服有"一命之服""再命之服""三命之服"的区别。这个就有意思了。三等命数应该同册命有关，是由册命的次数发展而来的。

西周的命服等级，主要体现于芾与珩的不同组合。春秋时的命服有所不同，主要体现于路车与冕服的不同组合。鲁成公曾赐给晋国的三位统帅以"先路、三命之服"，赐司马以下诸官一命之服；鲁襄公在战争胜利后宴请晋国的六卿——这就是饮酒庆功之事了——随后赐晋国六卿以三命之服，赐军尉以下一命之服。又，郑国以子展做统帅，以子产做副帅，进攻陈国打了胜仗。回国后郑伯举行饮至，宴享他们，随后"大赏"，赐主帅子展"先路、三命之服，先八邑"，赐副帅子产"次路、再命之服，先六邑"。由此大家就看到了两样东西：一是路车与冠服的搭配，二是命服与命数的对应。路车和冠服的搭配，系由物品差异所构成的可视化权势；而命数，就有抽象等级的意义，有位阶的意义了。

命数可以视为"行政化位阶"的一个前奏，一个萌芽。这就涉及"书名"之事了。"书名"就是确认名位，我认为，"命数"就是一种名位，"书名"包括授予与命服相应的命数。

为理解命数的意义，再看《左传》中一个鲁国的故事。叔孙昭子被鲁昭公任命为卿，当时其位阶是再命。季平子讨伐莒国取得胜利后，叔孙昭子升为三命。杨伯峻推测说，授予叔孙昭子三命，是因为其家族为战争做出了贡献。即，叔孙昭子的三命因功绩而来。若然，这就表明命数与功绩相关。当时有个叫叔仲子的，想挑拨叔孙氏和季孙氏两大家族，就对季平子说，叔孙昭子不应该受三命，"三命逾父兄，非礼也"。读者肯定能看懂这句话，因为前面刚刚讲解过"一命齿于乡里，再命齿于父族，三命而不齿"的礼制。在叔孙昭子"再命为卿"时，按照"再命齿于父族"的规矩，他在乡饮酒礼上应同父族的父兄序齿，大致仍在父兄的行列之中；而升为三命之后，其坐席就变为酒尊之东了，此处的贵宾席为三命显贵所独占，父兄哪怕年逾七十也不准问津——叔孙昭子因"三命而不齿"，而"逾父兄"了。《左传》这个记载，证明了三等命数及"齿"或"不齿"的礼制，是确确实实存在着的。

季平子听了叔仲子的话，心想不能让叔孙昭子这家伙"逾父兄"。于是就告知叔孙昭子，要免掉他的三命。叔孙昭子回答说，我们叔孙家族出了家祸，嫡长子被人杀了，所以我以庶子的身份做了一族之长，若你打算制造灾祸把我除掉，那我知道你的意图了；如果不废君命，那么国君授给我的三命依然有效，"固有著矣"。什么叫"固有著矣"呢？"著"或"著定"是朝堂上的朝位标志物，是草本或木本的。刚才说到的宋代石位、明清品级山，可以说就发源于周代的"著"。所谓"朝有著定，会有表"，"著定"用于朝会，"表"用于野会。叔孙昭子意思是说，若维持国君的任命，那我新朝位的那个"著"、那个标识物既已立在朝廷之上，便不可改变。亦即，叔孙昭子寸步不让，与"著"相对应的那个三命不容改变。

这故事证明春秋时代的命数，与乡饮酒礼上的席位、进而是朝堂上的班位，直接挂钩，是"联动"关系。郑国有一位优秀外交家公孙挥,《左传》说,此人对东南西北四边各国的大夫的族姓、班位、贵贱、能否,全都了如指掌。"班位"知识,就是公孙挥的外交专业知识之一。"班位"由"著"来标识,亦即其人在本国的政治地位。

《左传》昭公十六年还有一个故事。晋国的韩起到郑国出使,郑伯将设宴款待。大臣子产预先发布命令:"苟有位于朝,无有不共恪。"只要是拥有朝位的人,这次一定要认认真真地把这次外事活动做好了。从"苟有位于朝"这五个字可以看出,有的人在朝堂上有位,有的人在朝堂上没位。在朝堂上有位的,爵位至少是大夫。有位孔张迷迷糊糊来晚了,找不到自己的席位在哪里,竟跑到客人之中了。司仪之官把他赶跑了。但他还是找不到自己的地方,又跑到客人后面去了,司仪之官说那也不是你的地儿,又把他轰走了。孔张不知道何去何从,只好"适县间"。"县"就是悬挂乐器的架子。孔张站在乐器架子那儿,傻乎乎的,"客从而笑之"。外事活动出娄子了,给国家丢脸了,子产气坏了,大发雷霆,说孔张你小子是国君的后代,又是"执政之嗣也",你爷爷曾是国家领导人,"已有著位,在位数世,世守其业,而忘其所"!你们家世代相传的朝位就在那个地方,你怎么就找不着呢!由此大家又知道了一件事儿:朝位是可以世代相袭的,为某个家族固定拥有。这便证明了开头的推测:集会坐位或站位可以固定化,表示各人的不同地位。在"前行政化"时代的贵族权势,催生了这种可视化标识。

"命数"起源于册命的次数。贵族制度下,人的身份地位是不大变动的,然而也会有官职变迁,也会有晋升现象。迁官就要册命,册命授官的次数多,官儿就大一些。由此,"命数"即册命次数,就逐渐被弄成了一种级别。首先,命数涉及了物品等级——佩戴什么带、什么珩,乘哪种车、穿哪等冕服,与命数相关;其次,命数涉及席次与爵次,再命就跟父老坐在一块,三命就"不齿""逾父兄",朝堂班位也要随之上调。白川静曾提到,铜器铭文中有一个人,经历了三次册命迁官,每次册命时所赐命服都不一样。官职变了,命服跟着变了,命数当然也变了。虽然命数之法仍很粗糙、很不严整,但确实是一种原始位阶，具有了"爵"的意义。

　　叔孙昭子的"更受三命"，与军功相关。既与军功相关，受命时就可能经过饮酒庆功之礼。《易·中孚》中有一句歌谣："鸣鹤在阴，其子和之；我有好爵，吾与尔靡之。"这歌谣所说的，其实就是一次战前动员。大鹤在叫，小鹤们都要跟着叫；意谓君主发号出令了，你们要死力应之。只要勇敢作战，我便有"好爵"与你们共享。这个"好爵"一语双关：既是一爵实实在在的庆功酒，也意味着你今后的新名位，包括典礼上的新席次、新爵次。

　　现在借助图20来做一个总结。在获得军功后，则有饮酒庆功之事。饮酒之时，大功居前行、先敬酒，小功居后行、后敬酒，其时的席次与爵次，跟功劳大小相关相称。随后经过书勋、书服和书名，立功者将获得新命服、新命数，以及与之相称的新班位。这新的命数、班位，又将对其人在饮酒礼及各种典礼上的席次与爵次，发生影响。而这种席次与爵次，就是一种原生态的爵。由此，日人西嶋定生的论点就被推进了：他把"爵"的身份功能追溯到了一种古礼，即乡饮酒礼；我把"爵"的激励功能也追溯到了一种古礼，即饮酒庆功礼。

立功 ➡ 饮酒庆功 ➡ 书勋 书服 书名 ➡ 新命服／新班位

图20　周代功绩制示意

"爵"本是饮酒器之名，后来又指封爵；"尊"本是盛酒器之名，后来用为尊卑之尊。西周春秋的等级制寄托于直观可视的形态之中，由此一直影响到了汉语的发展，导致了"爵""尊"的一字二义。所以说，这两个字就是早期原生可视等级标识所留下的历史胎记。

侯外庐有一个论述："礼者别贵贱、序尊卑者也，这样一种制度藏在尊爵彝器的神物之中，这种宗庙社稷的重器代替了古代法律。……尊、彝、鼎、爵，所谓'唯名与器不可假人'，就是指贵族的专政。"这个认识非常独到。照他说来，这些宗庙社稷的重器代替了古代法律，就相当于贵族社会的习惯法，也就是说它们本身就是政治制度。"尊"指地位，"彝"指法律，"鼎"指政权，"爵"指身份，这些青铜礼器就是物化的政治制度。"礼"这东西的特点之一，就是直接诉诸感性、诉诸视觉，由此影响、改变、重塑相关人等的心理结构和社会认知。"法"就不同了，"法"是高度分化的一种制度形态。礼、法的区别分化问题，在梅因的《古代法》一书里，已就有讨论了，不妨参看。

新制度主义组织学有一个看法，说组织有两面性，一个是效率的方面，一个是仪式的方面。这对观察组织很有启发。我在《中国古代官阶制度引论》一书中，把"仪式组织"和"功能组织"视为组织的两个方面，进而又把"身份组织"和"功能组织"视为组织的两个方面。什么样的组织其仪式性最强呢？教团就在其例。宗教组织的形成及其感召力，相当程度上就在于它的强大仪式性。教团同时也是一个身份组织，大主教、红衣主教一直到牧师，等级分明。至于功能组织，我想公司、工厂最典型了。因为市场经济中的公司或工厂，其生命线就是效率、利润，不能盈利、没利润、发不出工资、还不上贷款，就会破产。所以它们的功能性特别强。至于政府这种公共管理组织，就有点儿复杂了。可能有一些政府组织，其功能性比较强；而另一些政府组织，其仪式性、身份性比较强。这甚至也会体现在集会的空间布局上。至于中国王朝的政治体制，其"功能组织"的方面，似强于很多类似的政治实体，然而无可避免地，仪式性、身份性比现代法治政府浓厚很多很多。

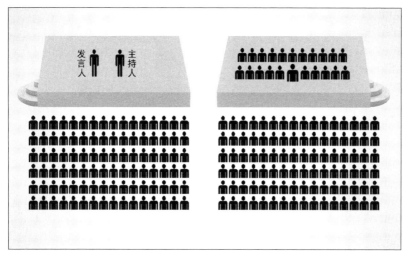

图21　功能性会场（左）与身份性会场（右）

在《中国古代官阶制度引论》一书中，我就分出了两类会场布局：一类是功能性的会场布局，一类是仪式性、身份性的会场布局。二者之异，参看图21。这两种会场，在当代世界不同地区，都能找到各自的实例，而且你能看到其间异同，跟政治体制密切相关，某一种体制倾向某一种会场布局，另一种体制倾向于另一种会场布局。看来，"坐席布局和行事次序中的可视化权势"这个研究模式，对于现代政治体制研究，也有意义，能够成为一个独特观察视角。